● 本书系全国教育科学"十三五"规划2020年度教育部重点课题
"基于核心素养培育的数学思想方法渗透教学实践体系研究"
（DHA200374）研究成果

指向核心素养的
小学数学思想教学研究

孙政 著

上海社会科学院出版社

图书在版编目(CIP)数据

指向核心素养的小学数学思想教学研究 / 孙政著
. — 上海：上海社会科学院出版社，2024
ISBN 978-7-5520-4402-7

Ⅰ.①指… Ⅱ.①孙… Ⅲ.①小学数学课-教学研究 Ⅳ.①G623.502

中国国家版本馆 CIP 数据核字(2024)第 103308 号

指向核心素养的小学数学思想教学研究

著　　者：孙　政
责任编辑：路　晓
封面设计：裘幼华
出版发行：上海社会科学院出版社
　　　　　上海顺昌路 622 号　邮编 200025
　　　　　电话总机 021-63315947　销售热线 021-53063735
　　　　　https：//cbs.sass.org.cn　E-mail：sassp@sassp.cn
照　　排：北京林海泓业文化有限公司
印　　刷：上海颛辉印刷厂有限公司
开　　本：787 毫米×1092 毫米　1/16
印　　张：16.5
字　　数：355 千
版　　次：2024 年 6 月第 1 版　2024 年 6 月第 1 次印刷

ISBN 978-7-5520-4402-7/G·1324　　　定价：95.00 元

版权所有　翻印必究

序言

核心素养是学生在接受相应学段的教育过程中,逐步形成的适应个人终身发展和社会发展需要的必备品格和关键能力[①]。当下,人们关注学生的核心素养,本质上就是关注"面向未来教育要培养什么样的人、怎样培养人和为谁培养人"的问题,也是落实国家"立德树人"的根本要求。

近年来,国内许多的专家学者对数学核心素养的内涵及表现水平进行了不同维度和不同程度的解析,注重对数学思想方法内涵的探索与研究,并聚焦于如何将其运用于课程实践来达成对学习者核心素养的培养。孙政老师在他主持的全国教育科学规划2020年度教育部重点课题"基于核心素养培育的数学思想方法渗透教学实践体系研究"中,提出了基于核心素养培育的数学思想方法渗透教学实践体系,把培养学生核心素养真正纳入小学数学教与学的目标,充分认识数学思想方法在数学教育中的价值,抓准数学思想方法的渗透点,有效利用"互联网+"技术,改进教学策略,形成实践体系,促进学生思维发展,提升师生数学素养。他紧扣当下教育热点,立足当前教育信息化发展现状和儿童认知发展心理特点,发挥信息技术优势,将教育的着力点从"知识与技能层面"推进到"核心素养层面"。一是形成了数学思想方法在数学素养培养目标中的育人价值体系。根据课程内容"数与代数""图形与几何""统计与概率""综合与实践"四大领域,从学段内容和学生年龄特点出发,分析学生学习现状,设定目标能级,在具体的单元目标和课时目标中充分挖掘相应的数学思想,建构指向数学素养发展的学科育人价值,促进学生全面发展。二是形成了小学数学教材蕴含数学思想方法的学段框架体系。全面系统梳理小学阶段数学教材中蕴含的数学思想方法,按照四大领域分年级整理形成表格,有一定的可操作性。同时还梳理同一种数学思想方法在不同年级教材的渗透,这样纵横交错,打通知识间横向和纵向关系,便于教师学习对照并付诸实践,具有实践操作创新性。三是形成了小学数学课堂渗透数学思想方法的教学策略体系。结合教材内容阐述了渗透数学思想方法的教学策略和模式,较好地归纳和总结了渗透数学思想方法的教学方法,尝试建构"自主预习—同伴互助—拓展探究"的教学策略体系,探索了小学阶段数学课堂教学中渗透数学思想方法的有效系列策略,并通过四个领域和不同课型的教学实践案例进行有效呈现,对小学数学教学中加强数学思想方法的渗透起到借鉴作用,形成一定的理论框架,具有理论创新性。四是形成了"互联网+"视阈下培育学生核心素养教学实践体系。在"互联网+"视阈下,融合信息技术与数学课程,探索以数据循证为根基的新型课堂教学实践变革,重组教材,改进教学策略,达到教学的精准性、高效率和个性化,促进教师教和学生学的方式变革,实现教学环节中基于数据证据改进和反馈渗透数学思想策略,发展学生素养,实现学生思维进阶。

---

① 马玉冰.对于教育培养学生核心素养的思考[J].黑河学刊,2020(04):111—112.

孙政老师在本书中一方面简要阐述了小学数学课程目标演进，从核心素养角度对《义务教育数学课程标准(2022年)》中11个核心词的具体素养表现，主要是从内涵、在数学中的表现、学业质量描述及应用四个方面进行一体化阐述，帮助建立学生核心素养培养的"连续统一"的概念，丰富学生对相关知识的认识和新的学习方式的体验。同时基于核心素养视角下的数学思想和数学方法的认识，分析了在小学渗透数学思想方法的重要性，不仅能使小学生更好地理解和掌握数学内容，更有利于小学生理解数学内容的精神，贴近数学的本质，初步感受数学学科的精髓，帮助小学生学习用数学的眼光看待世界，初步学会数学思维，发展数学素养。另一方面以"聚焦数学思想方法，培养学生思维品质，发展学生核心素养"为宗旨，突出梳理小学数学常见的几种数学思想，主要是围绕每种数学思想的意义、教学策略和应用挑战三个方面，突出数学思想的教学实践应用。特别是对于小学数学新教材内容对应的单元核心素养主要表现及蕴涵数学思想方法的梳理，不仅便于教师对照并付诸实践，而且具有可操作性。孙政老师还结合教材内容阐述了渗透数学思想方法的教学策略，较好地归纳和总结了渗透数学思想教学方法，并通过实践案例进行呈现，可以对小学数学教学中加强数学思想方法的渗透起到借鉴作用。

相信通过本书，广大的小学数学教师能够进一步认识核心素养培养在数学教育中的价值，把培养学生核心素养真正纳入小学数学教与学的目标，深入钻研新课程新教材，充分发掘其中隐含的数学思想方法，有机地结合显性数学知识的教学，精心设计学习情境，优化教学过程，在发展学生思维的过程中，让数学素养真正地落地生根。

江苏省教育科学规划领导小组办公室主任，特级教师，二级教授　董林伟

目录

序言　1

第一章　核心素养：小学数学课程目标　1

第一节　小学数学课程目标演进 / 2
　　一、小学数学课程目标综述 …………………………………………… 2
　　二、小学数学课程目标的演进历程 …………………………………… 3

第二节　数学核心素养 / 15
　　一、数感 ……………………………………………………………… 15
　　二、量感 ……………………………………………………………… 26
　　三、符号意识 ………………………………………………………… 32
　　四、运算能力 ………………………………………………………… 43
　　五、几何直观 ………………………………………………………… 50
　　六、空间观念 ………………………………………………………… 58
　　七、推理意识 ………………………………………………………… 64
　　八、数据意识 ………………………………………………………… 74
　　九、模型意识 ………………………………………………………… 80
　　十、应用意识 ………………………………………………………… 87
　　十一、创新意识 ……………………………………………………… 93

第二章　数学思想：核心素养的视角　99

第一节　数学思想与方法 / 100
　　一、小学数学思想方法概述 ………………………………………… 100
　　二、小学数学教学中渗透数学思想方法的要求 …………………… 100
　　三、在小学数学教学中渗透数学思想方法的必要性 ……………… 100
　　四、在小学数学教学中渗透数学思想方法的途径与策略 ………… 102

第二节　数学思想及其分类 / 104
　　一、分类思想 ………………………………………………………… 104
　　二、转化思想 ………………………………………………………… 110
　　三、数形结合思想 …………………………………………………… 114
　　四、对应思想 ………………………………………………………… 120
　　五、方程思想 ………………………………………………………… 125

　　　　六、函数思想 ·· 131
　　　　七、统计思想 ·· 137
　　　　八、集合思想 ·· 144
　　　　九、极限思想 ·· 149

第三章　数学教学：小学数学教材中数学思想的教学及梳理　159
　　第一节　基本数学思想和核心素养 / 160
　　　　一、核心素养的内涵 ·· 160
　　　　二、数学基本思想和核心素养的关系 ·································· 160
　　　　三、发展核心素养的教学策略 ·· 161
　　第二节　数学思想方法教学的基本原则 / 166
　　第三节　数学思想教学的一般策略 / 170
　　第四节　第一学段教材内容对应的核心素养主要表现及蕴涵数学思想方法的梳理 / 179
　　第五节　第二学段教材内容对应的核心素养主要表现及蕴涵数学思想方法的梳理 / 184
　　第六节　第三学段教材内容对应的核心素养主要表现及蕴涵数学思想方法的梳理 / 190

第四章　小学数学思想教学的实践案例　199
　　一、分数的初步认识 / 200
　　二、分数单位 / 203
　　三、用字母表示数（二）/ 208
　　四、数量关系的分析（一）/ 215
　　五、简单的数量关系 / 218
　　六、用数对确定位置 / 221
　　七、三角形的三边关系 / 229
　　八、立体图形体积复习 / 232
　　九、按不同标准分类整理数据 / 236
　　十、可能性 / 239
　　十一、百分数的认识 / 242
　　十二、有趣的乘法计算 / 245

参考文献　252

后记　254

第一章

核心素养:
小学数学课程目标

第一节　小学数学课程目标演进

教育是一项育人的活动,为社会发展提供人力支撑。而育人需要一定的要素,课程就是其中的一个核心要素。

新中国成立以来,我国中小学数学课程在整个教育体系中有着重要的地位,为学生全面发展奠定了坚实的基础。小学作为基础教育的开始,随着时代的变化,课程的改革也在不断变化和发展。

一、小学数学课程目标综述

一般而言,课程目标是指学习者期望经学习后获得的结果、发展状态和达成标准。也有学者认为,课程目标是指在课程设计与开发过程中,期望一定阶段的学生在品德、智力、体质、素养等方面所能达到的发展程度。可见,课程目标作为课程本身要实现的具体目标和意图,既是指导整个课程最为关键的准则,也是确定课程内容、教学目标和教学方法的基础。[①]

纵观我国小学数学课程的改革,可以看出,我国的小学数学教育根据实际情况不断作出调整、完善且形成义务教育的小学数学教学体系的演变过程。

1912—2022年,我国先后颁布的小学数学教学大纲与课程标准中,包括课程标准10部、教学大纲9部、教则及课程表1部、施行细则1部,共计21部,全称、简称及颁布时间等基本信息具体呈现,如表1-1-1所示。

表1-1-1　1912—2022年我国颁布的小学数学课程文件

颁布时间	全称	简称	学制
1912.11	《小学数学教则及课程表》	《1912标准》	四、三制
1916.01	《国民学校令施行细则》	《1916标准1》	四年制
1916.01	《高等小学令施行细则》	《1916标准2》	三年制
1923.06	《新学制课程标准纲要·小学算术课程纲要》	《1923标准》	六年制
1929.06	《小学课程暂行标准·小学算术》	《1929标准》	六年制
1932.10	《小学各科课程标准·算术》	《1932标准》	六年制
1936.02	《小学算术课程标准》	《1936标准》	六年制
1941.08	《小学算术科课程标准》	《1941标准》	六年制
1948.12	《算术课程标准》	《1948标准》	六年制
1950.07	《小学算术课程暂行标准(草案)》	《1950标准》	五年制

---

① 陈国益. 我国小学数学课程目标的百年演变研究[D]. 兰州:西北师范大学,2022.

续表

颁布时间	全称	简称	学制
1952.12	《小学算术教学大纲（草案）》	《1952 大纲》	五年制
1956.01	《小学算术教学大纲》	《1956 大纲》	四、二制
1963.05	《全日制小学算术教学大纲》	《1963 大纲》	六年制
1978.02	《全日制十年制学校小学数学教学（试行草案）》	《1978 大纲》	五年制
1986.08	《全日制小学数学教学大纲》	《1986 大纲》	五、六年制并存
1988.11	《九年制义务教育全日制小学数学教学大纲（初稿）》	《1988 大纲》	六年制
1992.06	《九年义务教育全日制小学数学教学大纲（试用）》	《1992 大纲》	六年制
2000.03	《九年义务教育全日制小学数学教学大纲（试用修订版）》	《2000 大纲》	六年制
2001.04	《全日制义务教育数学课程标准（实验稿）》	《2001 标准》	六年制
2012.01	《义务教育数学课程标准（2011 年版）》	《2011 标准》	六年制
2022.04	《义务教育数学课程标准（2022 年版）》	《2022 标准》	六年制

应该说这些教学大纲(课程标准)的颁布和实施,确立了小学数学教育的基本方向,对数学教育教学起着指导性作用,在数学课程的理念、目的、内容及课时安排等方面,起到了重要的指导作用。

二、小学数学课程目标的演进历程

（一）新中国成立至改革开放前小学数学课程目标的演变

新中国成立初期,我国的小学数学课程在继承、改造及借鉴苏联模式等方面有了一定的发展。这一阶段我国教育部颁布的小学数学教学大纲主要有:《1950 标准》《1952 大纲》《1956 大纲》及《1963 大纲》,根据"目标内容"分析框架,对上述标准(大纲)中的小学数学课程目标内容进行归类处理,结果如表 1-1-2 所示。

表 1-1-2 新中国成立至改革开放前的小学数学课程目标内容

文本	维度	内容
《1950 标准》	A. 知识内容	增进儿童关于新社会日常生活中数量的正确观念与常识。
	B. 基本技能	指导儿童具有正确和敏捷的计算技术与能力。
	C. 数学能力	
	D. 一般能力	训练儿童善于运用思考、推理、分析、总结和钻研问题的方法与习惯。
	E. 情感态度价值观	培养儿童爱国主义思想,并加强爱科学、爱护公共财物等的国民公德。

续表

文本	维度	内容
《1952大纲》	A. 知识内容	保证儿童自觉地和巩固地掌握算术知识和直观几何知识，并使他们获得实际运用这些知识的技能；学生在两年内，应该学会加、减、乘、除4种基本算法，并成为熟练技巧。
	B. 基本技能	掌握整数四则运算的巩固知识、口算和笔算的熟练技巧……解各种应用题的技能；学会"斤两歌"的简单应用，至于在笔算中所学到的各种应用题，在解答的步骤和算法确定后，运用珠算来计算。
	C. 数学能力	培养和发展儿童的逻辑思维，使他们理解数量和数量间的相依关系，并能做出正确的判断，强调算术具有严格的系统性与逻辑性，借以养成儿童的基本数学知识、技能与熟练技巧；应当先把正规的拨珠法教熟，并在每开始教一种算法时，必须使儿童牢固地掌握该算法中的定位法。
	D. 一般能力	
	E. 情感态度价值观	
《1956大纲》	A. 知识内容	使儿童能够自觉地、正确地和迅速地进行整数运算。
	B. 基本技能	掌握整数四则运算的巩固知识、口算和笔算的熟练技巧，各种度量单位的运用及测量技巧，简单的分数、小数及百分数的初步运用技巧，简单的统计图表与简单的簿记的初步运用技巧，解答算术应用题的技能。
	C. 数学能力	能够运用已经获得的知识、技能与技巧去解答算术应用题和解决日常生活中简单的计算问题。
	D. 一般能力	
	E. 情感态度价值观	有助于儿童智慧的发展与道德品质的培养，以促进全面发展的教育任务的实现。
《1963大纲》	A. 知识内容	使学生牢固地掌握算术和珠算的基础知识。
	B. 基本技能	培养学生正确地、迅速地进行四则计算的能力，正确地解答应用题的能力。
	C. 数学能力	具有初步的逻辑推理的能力和空间观念。
	D. 一般能力	适应参加生产劳动和进一步学习需要。
	E. 情感态度价值观	

这一时期我国小学数学课程目标内容涵盖的维度有所扩展,形成"知识内容＋基本技能＋数学能力＋一般能力"的目标内容陈述框架。在具体内容中最突出的基本教育目标就是"双基"(让学生获得数学基本知识和基本技能)。

20世纪五六十年代,提出"双基"教学目标。我们在小学数学教学中,对小学生的运算能力非常重视,例如,九九乘法表的背诵、理解掌握,两位数加减法的口算等,这些都是我们"双基"目标下的要求,让小学生先在"算"上打下坚实基础,才能在数学思想、数学能力、情感态度上有所发展。所以,让学生牢固掌握数学的基础知识和基本技能,是后续学习强有力的后盾。为此,课标强调要夯实"双基"地位,继续坚持我国数学教育的特色,落实好"双基"。

（二）改革开放至20世纪末小学数学课程目标的演变

1977年,党中央召开会议着手整顿停滞了十年的教育事业,会议强调："我们要赶上世界先进水平,要从科学与教育着手,要重视中小学。"特别是1978年召开的党的十一届三中全会,标志着我国进入了改革开放时期,国家提出了关于教育思想及系列举措,促进了小学数学教育发展。

这一阶段我国教育部颁布的小学数学教学大纲主要有:《1978大纲》《1986大纲》《1988大纲》《1992大纲》及《2000大纲》,根据"目标内容"分析框架,对上述教学大纲中的小学数学课程目标内容进行归类处理,具体结果如表1-1-3所示。

表1-1-3 改革开放至20世纪末的小学数学课程目标内容

文本	维度	内容
《1978大纲》	A. 知识内容	理解和掌握数量关系和空间形式的最基础的知识; 掌握有关整数、小数、分数、百分数、比例、正负数和简易方程的基础知识; 掌握简单几何图形的基础知识; 掌握常用的一些计量单位; 掌握统计的一些初步知识。
	B. 基本技能	能够正确地、迅速地进行整数、小数、分数的四则计算,会进行简单的正负数四则计算,会解简易方程; 掌握初步的计量方法,计算一些几何形体的周长、面积和体积; 能够绘制简单的统计图表。
	C. 数学能力	初步了解现代数学中的某些最简单的思想,具有初步的逻辑思维能力和空间观念。
	D. 一般能力	能够运用所学知识解决日常生活和生产中的简单的实际问题; 能进行简单的土地丈量和土、石方等的计算。
	E. 情感态度价值观	结合教学内容对学生进行思想政治教育。

续表

文本	维度	内容
《1986大纲》	A. 知识内容	理解、掌握数量关系和几何图形的最基础的知识； 掌握有关整数、小数、分数、百分数、比例、用字母表示数和简易方程的基础知识； 掌握几何图形的初步知识，能够识别几何形体； 掌握常用的一些计量单位和初步的计量方法； 统计的一些初步知识。
	B. 基本技能	能够迅速地、正确地进行整数、小数、分数四则计算能力，会解简易方程； 正确计算周长、面积、体积； 掌握初步的计量方法； 能够绘制简单的统计图表。
	C. 数学能力	具有初步的逻辑思维能力和空间观念。
	D. 一般能力	能够运用所学的知识解决生活生产中的简单的实际问题； 能够进行简单的土地丈量和土、石方等的计算。
	E. 情感态度价值观	结合教学内容对学生进行思想品德教育。
《1988大纲》	A. 知识内容	理解、掌握数量关系和几何图形最基础的知识； 获得有关整数、小数、分数、百分数、比例的基础知识，常见的一些数量关系； 用字母表示数和简易方程、量与计量、简单几何图形、珠算、统计的一些初步知识。
	B. 基本技能	使学生具有进行整数、小数、分数四则计算能力； 对所学内容进行初步比较、分析、综合、抽象、概括，对简单问题进行判断、推理； 逐步形成几何形体形状、大小、相互位置关系的表象，识别几何形体并根据名称再现表象。
	C. 数学能力	培养初步的逻辑思维能力和空间观念。
	D. 一般能力	初步运用所学的数学知识与方法解决一些简单的实际问题。
	E. 情感态度价值观	使学生受到思想品德教育； 根据数学学科特点，进行学习目的的教育，爱祖国、爱社会主义的教育，辩证唯物主义观点的启蒙教育； 培养学生良好的学习习惯和独立思考、克服困难的精神。

续表

文本	维度	内容
《1992 大纲》	A. 知识内容	理解、掌握数量关系和几何图形最基础的知识； 获得有关整数、小数、分数、百分数和比例的基础知识； 常见的一些数量关系； 用字母表示数和简易方程、量与计量、简单几何图形、珠算、统计的一些初步知识。
	B. 基本技能	使学生具有进行整数、小数、分数四则计算的能力； 结合有关内容的教学，培养学生进行初步的分析、综合、比较、抽象、概括，对简单的问题进行判断、推理，逐步学会有条理、有根据地思考问题，注意思维的敏捷和灵活； 逐步形成简单几何形体的形状、大小、相互位置关系的表象，识别几何形体并根据名称再现表象。
	C. 数学能力	培养初步的逻辑思维能力和空间观念。
	D. 一般能力	能够运用所学的知识解决简单的实际问题。
	E. 情感态度价值观	使学生受到思想品德教育； 根据数学学科特点，进行学习目的的教育，爱祖国、爱社会主义的教育，辩证唯物主义观点的启蒙教育； 培养学生观察和认识周围事物的兴趣和意识； 培养学生良好的学习习惯和独立思考、克服困难的精神。
《2000 大纲》	A. 知识内容	理解、掌握数量关系和几何图形最基础的知识； 获得有关整数、小数、分数、百分数和比例的基础知识； 常见的一些数量关系； 用字母表示数和简易方程、量与计量、简单几何图形、珠算、统计的一些初步知识。
	B. 基本技能	使学生具有进行整数、小数、分数四则计算的能力，具有估算意识和初步的估算能力； 引导学生进行观察、操作、猜测，培养学生进行初步的分析、综合、比较、抽象、概括，对简单的问题进行判断、推理，逐步学会有条理、有根据地思考问题； 逐步形成简单几何形体的形状、大小和相互位置关系的表象，识别几何形体并根据名称再现表象。
	C. 数学能力	培养初步的思维能力和空间观念。
	D. 一般能力	能够探索和解决简单的实际问题。培养学生观察和认识周围事物间的数量关系和形体特征的兴趣和意识，感受数学与现实生活的密切联系，通过观察、操作、猜测等方式，培养学生探索意识，初步运用所学数学知识和方法解决一些简单的实际问题。
	E. 情感态度价值观	使学生能够具有学习数学的兴趣，树立学好数学的信心，受到思想品德教育； 根据数学学科特点，进行学习目的的教育，爱祖国、爱社会主义的教育，辩证唯物主义观点的启蒙教育； 培养学生良好的学习习惯和独立思考、克服困难的精神。

这一时期我国小学数学课程目标内容的发展经历了由宏观转向细致,课程内容的各维度均得到发展,基本形成了涵盖"知识内容＋基本技能＋数学能力＋一般能力＋情感态度价值观"小学数学课程目标内容陈述框架。特别突出的是在"情感态度价值观"层面的目标内容更细致具体一些,如"根据数学的学科特点对学生进行学习目的教育,爱祖国、爱社会主义、爱科学的教育、辩证唯物主义观点的启蒙教育"的描述,①由关注学生思想品德教育转向学生思想品德教育与学生数学情感目标并举的发展新局面,这都为新世纪数学课程的发展奠定基础。②

(三) 21世纪以来小学数学课程目标的演变

进入21世纪,以第八次基础教育课程改革为转折点,全面进入基础教育改革阶段,从目标体系、目标内容、目标密度以及价值取向四个维度呈现小学数学课程发展变化过程。

21世纪以来我国教育部颁布的小学数学课程标准是《义务教育数学课程标准(2011年版)》与《义务教育数学课程标准(2022年版)》,对这两版数学课标中的小学数学课程目标内容进行梳理归类,如表1-1-4所示。

表1-1-4 21世纪以来的小学数学课程目标内容

文本	维度	内容
《义务教育数学课程标准(2011年版)》	A. 知识内容	学生能够获得适应未来,社会生活和进一步发展所必需的重要数学知识(包括数学事实、数学活动经验)以及基本的数学思想方法和必要的应用技能; 经历将一些实际问题抽象为数与代数问题的过程,掌握数与代数的基础知识和基本技能。
	B. 基本技能	经历探究物体与图形的形状、大小、位置关系和变换的过程,掌握空间与图形的基础知识和基本技能; 经历提出问题、收集和处理数据、作出决策和预测的过程、掌握统计与概率的基础知识和基本技能。
	C. 数学能力	初步学会运用数学的思维方式去观察、分析现实社会,去解决日常生活中和其他学科学习中的问题,增强应用数学的意识;体会数学与自然及人类社会的密切关系,了解数学的价值,增进对数学的理解和学好数学的信心; 初步建立数感和符号感,发展抽象思维; 建立初步的空间观念,发展形象思维; 经历运用数据描述信息、作出推理的过程,发展统计观念; 经历观察、实验等数学活动过程,发展合情推理能力和初步的演绎推理能力。

---

① 孔凡哲,史宁中,赵欣怡.《义务教育数学课程标准(2022年版)》的主要变化特色分析[J].课程·教材·教法,2022(10):42—47.
② 陈国益.我国小学数学课程目标的百年演变研究[D].兰州:西北师范大学,2022.

续表

文本	维度	内容
《义务教育数学课程标准（2011年版）》	D. 一般能力	具有初步的创新精神和实践能力； 初步学会从数学的角度提出问题、理解问题，并能综合运用所学的知识和技能解决问题，发展应用意识； 形成解决问题的一些基本策略，体验解决问题策略的多样性、发展实践能力与创新精神； 学会与人合作，并能与他人交流思维的过程和结果。
	E. 情感态度价值观	在情感态度和一般能力方面都能得到充分发展； 能积极参与数学学习活动，对数学有好奇心与求知欲； 在数学学习活动中获得成功体验，建立自信心； 初步认识数学与人类生活的密切联系，以及对人类历史发展的作用，感受数学的严谨性以及数学结论的确定性； 形成实事求是的态度以及进行质疑和独立思考的习惯。
《义务教育数学课程标准（2022年版）》	A. 知识内容	获得适应社会生活和进一步发展所必需的数学的基础知识、基本技能、基本思想、基本活动经验； 掌握数与代数的基础知识和基本技能； 掌握图形与几何的基础知识和基本技能； 掌握统计与概率的基础知识和基本技能。
	B. 基本技能	参与综合实践活动，积累综合运用数学知识、技能和方法等； 解决简单问题的数学活动经验。
	C. 数学能力	体会数学知识之间、数学与其他学科之间、数学与生活之间的联系，运用数学的思维方式进行思考，增强发现和提出问题的能力、分析和解决问题的能力； 建立数感、符号意识和空间观念，初步形成几何直观和运算能力，发展形象思维与抽象思维； 体会统计方法的意义，发展数据分析观念； 在参与观察、实验、猜想、证明、综合实践等数学活动中，发展合情推理和演绎推理能力。
	D. 一般能力	从数学的角度发现问题和提出问题，综合运用数学知识解决简单的实际问题，增强应用意识，提高实践能力； 获得分析问题和解决问题的一些基本方法，体验解决问题方法的多样性，发展创新意识； 学会与他人合作交流，初步形成评价与反思的意识。
	E. 情感态度价值观	了解数学的价值，提高学习数学的兴趣，增强学好数学的信心，养成良好的学习习惯，具有初步的创新意识和科学态度； 对数学有好奇心和求知欲； 在数学学习过程中获得成功的乐趣，建立自信心； 体会数学的特点，了解数学的价值； 养成认真勤奋、独立思考、合作交流、反思质疑等习惯； 形成坚持真理、修正错误、严谨求实的科学态度。

新世纪的小学数学课程目标内容中将"基本知识"与"基本技能"整合呈现,将知识学习融入提升学生基本技能,获得基本活动经验。

《义务教育数学课程标准(2011年版)》的小学数学课程目标内容形成了"基础知识+基本技能+数学能力+一般能力+情感态度"基本陈述框架,通过从"数与代数""图形与几何""统计与概率"及"综合与实践"四大领域内容表述"四基"目标。

《义务教育数学课程标准(2022年版)》基于义务教育培养目标,将党的教育方针具体细化为数学课程应着力培养的核心素养,体现正确价值观、关键能力和必备品格的培养要求。

《义务教育数学课程标准(2022年版)》将《义务教育数学课程标准(2011年版)》中提出的"四基"(基础知识、基本技能、基本思想、基本活动经验)、"四能"(发现问题、提出问题、分析问题、解决问题的能力)发展为"四基""四能""三会"。("会用数学的眼光观察现实世界,会用数学的思维思考现实世界,会用数学的语言表达现实世界")

《义务教育数学课程标准(2022年版)》将《义务教育数学课程标准(2011年版)》"散状"的十个核心词(数感、符号意识、空间观念、几何直观、数据分析观念、运算能力、推理能力、模型思想、应用意识、创新意识)聚拢成一体,凝练出数学核心素养"三会",即会用数学的眼光观察现实世界(即数学眼光),主要表现为抽象能力(包括数感、量感、符号意识)、几何直观、空间观念与创新意识;会用数学的思维思考现实世界(即数学思维),主要表现为运算能力、推理能力(推理意识);会用数学的语言表达现实世界(即数学语言),主要表现为数据观念(数据意识)、模型观念(模型意识)、应用意识,体现中小学数学课程培养核心素养的整体性,体现出小学、初中、高中数学核心素养培养"整体性、一致性和阶段性"。(如图1-2-1)[①]

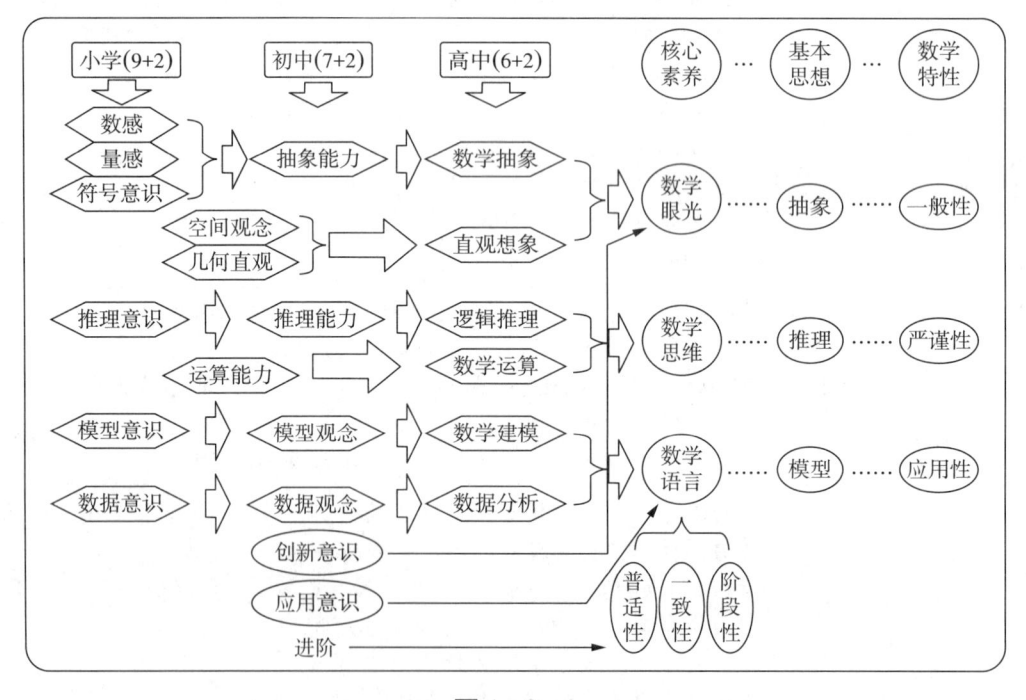

图1-2-1

---

① 孔凡哲,史宁中,赵欣怡.《义务教育数学课程标准(2022年版)》的主要变化特色分析[J].课程·教材·教法,2022(10):42—47.

（四）感悟渗透数学思想方法的目标演变

翻开我国"数学教学目标"的历史记录，不难看出，关于数学思想方法教育的目标发生了几次变化：从1903年的《癸卯学制》到1923年的《中学新学制数学课程标准》，都有让学生掌握"数学的方法"的要求，但到了1929年和1933年颁布的《课程标准》中就没有了这个要求，后来又在1941年颁布的《数学课程标准》和1952年颁布的《数学教学大纲》中重新提出这方面的要求，并改提为"数学的思想"。遗憾的是，后来于1956年、1960年和1963年颁布的三个《数学教学大纲》中，再次取消了数学思想方法方面的教学目标。

掌握基本数学思想方法能使数学更易于理解与记忆。"文革"前的数学教学的实践，更注重数学事实的教学，"文革"后的中国数学教育界，不断有人提倡数学思想的教学、数学观点的教学、数学方法的教学。[①] 1980年第1版、1987年第2版的全国高师院校数学教育专业所用教材《中学数学教材教法》的总论中都明确指出："数学教学必须教会学生掌握数学思想方法，并发展学生数学思维能力。"

1978年由中华人民共和国教育部颁布的《全日制十年制学校小学数学教学大纲(试行草案)》，再次提出要"适当渗透一些现代的数学思想"的要求，1986年颁布的《全日制小学数学教学大纲》在要求"结合有关内容，适当渗透一些数学思想和方法"的同时，进一步指出"渗透要做到自然，不要增加学生的负担"。1992年颁布的《小学数学教学大纲》中也继续强调"结合有关知识的教学，适当渗透集合函数等数学思想和方法，以加深对基础知识的理解"的要求。

2001年7月颁布的《全日制义务教育数学课程标准(实验稿)》指出"数学为其他科学提供了语言、思想和方法，是一切重大技术的基础"，"数学是人类的一种文化，它的内容、思想、方法和语言是现代文明的重要组成部分"。通过数学教育，使学生能够获得"适应未来社会生活和进一步发展所必需的重要数学知识(包括数学事实、数学活动的经验)以及基本的数学思想方法和必要的应用技能"。

2011年11月颁布的《义务教育数学课程标准(2011年版)》明确指出"数学是人类文化的重要组成部分，数学素养是现代社会每一个公民应该具备的基本素养。作为促进学生全面发展教育的重要组成部分，数学教育既要使学生掌握现代生活和学习所需要的数学知识和技能，更要发挥数学在培养人的思维能力和创新能力方面的不可替代的作用"，通过义务阶段的数学学习，使学生能够"获得适应社会生活和进一步发展所必需的数学的基础知识、基本技能、基本思想、基本活动经验"。

2022年4月颁布的《义务教育数学课程标准(2022年版)》继承了《义务教育数学课程标准(2011年版)》界定的"四基"目标，即"学生通过数学课程的学习，掌握适应现代生活及进一步学习必备的基础知识和基本技能、基本思想和基本活动经验"。但对能力目标进一步明晰，增加

[①] 付艳芳.数学思想方法在义务教育数学课程中的地位[J].价值工程,2013,32(27):238—239.

正确价值观目标,即"激发学习数学的兴趣,养成独立思考的习惯和合作交流的意愿;发展实践能力和创新精神,形成和发展核心素养,增强社会责任感,树立正确的世界观、人生观、价值观"。

从数学学科学习角度看,数学思想和方法在课程中应占有重要地位,应作为教育任务的重要内容,甚至"在学校课程中数学的思想和方法应当占有中心的地位,占有把教学大纲所有的为数很多的概念、所有的题目和章节联结成一个统一的学科的这种核心的地位"。

数学思想方法是数学知识的精髓、灵魂,它是对数学本质的理解和认识,是数学学习的根本目的。在数学教学中注重思想方法的渗透,重视数学思想方法的教学,是提高个体思维品质和数学素养、发展智力的关键所在,也是现代社会对人才培养的基本要求。[①]

《义务教育数学课程标准(2011年版)》指出:"数学思想蕴含在数学上形成、发展和应用的过程中,是数学知识和方法在更高层次上的抽象与概括,如抽象、分类、归纳、演绎、模型等。"其中最基本的数学思想是抽象、推理、模型。在义务教育阶段应结合具体的教学内容逐步渗透数学的基本思想。

(1) 数学抽象的思想

数学,是研究数量关系和空间形式的一门科学,其本质的研究对象就是抽象的东西,它的发展所依赖的抽象是最基本的数学思想之一。抽象,是指舍弃事物个别的、非本质的属性,抽取事物本质属性的过程和方法。数学抽象是一种特殊的抽象,仅仅是从事物量的属性上进行抽取的抽象,将数学研究对象中的数量关系和图形关系引导到数学内部,主要是数量与数量关系的抽象、图形和图形关系的抽象。其中,数量与数量关系的抽象是建立在长期的实践形成的自然数基础上,把数量抽象为数,并且用数学符号和数来表示。数量关系的本质是把它抽象为数学表示就是数字的大小,后来逐渐演变成自然数的加法、减法、乘法、除法等简便运算。数字的运算本质就是加减混合四则运算,通过对运算性质的分析,抽象出运算法则,再通过对运算结果的分析,抽象出数的集合。另一方面图形与图形关系的抽象是建立在欧几里得针对几何学研究抽象出的点、线、面的基础之上,到1898年,希尔伯特重新定义了点、线、面,即用大写字母 A 表示点,用小写字母 a 表示线,用希腊字母 α 表示面,这些完全是脱离了数学对象的实际,进行符号化的定义。接着借助关联公理、顺序公理、合同公理、平行公理、连续公理这五组,实现了几何研究的公理体系。"这些公理体系的建立,完成了数学的第二次抽象。"比如说,个体在现实世界中看到了足球或者篮球,便在头脑中形成了圆的概念,这种概念就是一种抽象的存在,这种存在已经脱离了具体真实的足球或篮球。借助这种抽象的概念,我们可以通过工具画出圆,可以研究圆的属性等。这种抽象的方式使得现实事物具有了一般共性和真实性,得到了数学抽象的真实过程和本质,为数学研究奠定了基础,使其具有广泛的应用。

因此,数学抽象脱离了现实模型,只着眼于事物存在的数量关系和空间形式,凭借明确的

---

① 张金魁.中学数学思想方法教学策略和方法[J].和田师范专科学校学报,2010,29(01):186—188.

定义和推理,进行多层次抽象,具有内容量的特定性、方法的逻辑建构性和抽象程度的高度性。一般来说,数学抽象的思想包括分类的思想、集合的思想、数形结合的思想、有限和无限的思想、符号表示的思想、"变中有不变"的思想、对称的思想,等等。[①] 通过数学抽象得到的数学基本概念的第一次抽象,如数学研究对象的解释、研究对象之间关系的运算方法等,都是一种从感性认识到理性认识的过程,而第二次抽象的核心是符号化,通过此次抽象得到那些不是直接来源于现实的数学概念和运算方法,方便接下来数学行为的开展。

一般来说,具体的抽象方法可分为强抽象和弱抽象。从事物具有的若干属性中,强化或者添加某些属性的抽象称为强抽象。举例来说,以任意的四边形为基础,经过一组对边平行强抽象后成为梯形,两组对边平行抽象为平行四边形,再对角相等抽象为长方形,最后通过对边相等抽象为正方形,这是一种扩大内涵、缩小外延,从一般到特殊的抽象。而事物的若干属性中减弱或者去掉某些属性的抽象称之为弱抽象。以等边三角形为例,经过两角相等抽象为等腰三角形,经过无三个角相等限制抽象后变为任意三角形,它是一种缩小内涵、扩大外延,从特殊到一般的抽象。也就是说,强抽象和弱抽象是完全相反的两种抽象。

在小学数学教学里,相关的数学概念、计算法则、运算定律、数学公式等都是抽象思想的结果,在教学中,教师要重视运用数学抽象的思想来逐步提高小学生的概括能力和逻辑思维能力,充分尊重学生年龄小、知识储备有限、学习能力不强等特点,从实际出发,激发学生的数学学习兴趣,调动学生多角度主动参与数学活动,在逐步形成数学概念的基础上引导学生得出数学结论。在运用数学抽象思想解决问题时,要注意分层抽象,不可操之过急,充分发挥抽象对于数学表象的理解作用,重视抽象过程中数学语言的运用和受教育者直观能力的培养,让数学抽象的思想真正成为学生学习数学的好帮手。

(2) 数学推理的思想

《义务教育数学课程标准(2011年版)》认为:"推理能力的发展应贯穿在整个数学学习过程中。推理是数学的基本思维方式,也是人们在学习生活中经常使用的思维方式,在解决问题的过程中,推理有助于探索解决问题的思路,有助于证明结论的正确性。推理能力的形成和提高需要一个长期的、循序渐进的过程。义务教育阶段要注重学生思考的条理性,不要过分强调推理的形式……"。通常来说,个体的思维形式有三种:形象思维、逻辑思维和辩证思维。在数学学习中,主要依赖的是逻辑思维,而逻辑思维的关键就是逻辑推理,它能够帮助个体更全面、更深刻地理解数学对象之间的逻辑关系,进而更高效地开展数学行为,是个体数学内部发展的主要依据。

所有数学的结论都是命题,它可以提供正确或者错误判断的陈述。推理正是从一个或几个已有的命题判断得出另一个命题判断的思维过程,其中推理所依据的命题判断叫前提,根据前提所得到的命题判断为结论。数学结论之所以具有高度的严谨性,就是因为它严格地进行

---

① 孙恭伟.怎么理解数学的基本思想[J].江西教育,2012(32):48.

了推理的过程。

数学推理的思想分为两种形式：一是归纳推理，指根据某类事物的部分对象具有某些特征，推出该类事物的全部对象都具有这些特征的推理，也可以说是由部分到整体、由特殊到一般的推理，需要的前提是个体丰富的经验或者想象力。它分为完全归纳推理和不完全归纳推理，完全归纳推理是根据某类事物中的每一个事物都具有某种性质，从而推理出该类事物全具有这种性质的一般性结论的推理，由于它考察了所有研究对象，因此得出的结论是可靠的；不完全归纳推理是通过观察某类事物中部分对象发现某些相同的性质，从而推导出该类事物具有这种性质的一般性结论的推理，由于它考察的研究对象仅是部分的，因此得出的结论可能为真也可能为假，需要再进一步证明结论的真实性和可靠性。但是人们基于归纳推理，能偶然从经历过的东西出发推断出还没有经历过的东西，指引了数学学习的方向。二是演绎推理，指根据命题的内涵进行由整体到部分、由一般到特殊的推理，多借助于反证法、三段论等。人们进行演绎推理需要的前提是：公理或者假设，按照规定的法则或者提前的假设验证那些通过推断得到的结论，也就是数学中常说的"证明"。比如说，三角形只分为锐角三角形、直角三角形和钝角三角形，在此前提下，如果推论条件为这个三角形不是锐角三角形，也不是钝角三角形，那么它只能是直角三角形。或者常见的证明等式或者不等式关系具有传递性：$a = b(a > b)$，$b = c(b > c)$，则可以推理出 $a = c(a > c)$。需要说明的是，演绎推理只能用来验证知识，却不可以用来发现知识，因为发现知识需要从条件预测结果和从结果探究原因的能力。所以在运用时要结合归纳推理，一起完成从经历过的东西推断出未经过的东西的过程。

数学推理的思想作为数学基本思想之一，在小学数学探究学习中有着广泛的应用，贯穿于数学教学的始终，许多数学知识点的背后都渗透着数学推理思想，无论是找数列和图形的规律、加减混合运算定律，还是面积、体积的推导公式等都属于推理思想的范畴。个体通过归纳推理得到结论，再运用演绎推理来证明结论的正确性。《标准(2011年版)》中要求教师在教学过程中应该设计适当的学习活动，引导学生通过观察、尝试、估算、归类、类比、画图等活动，发现一些规律，猜测某些结论，发展归纳推理的能力。通过实际案例使学生逐步意识到，结论的正确性需要演绎推理的确认，在此过程中要根据学生的年龄特征提出不同程度的要求："第一学段让学生初步学会选择有用的信息进行简单的类比和归纳；在第二学段能够让学生在活动中进行有条理的思考，能比较清楚地表达自己的思考过程与结果即可，把握好推理思想教学的层次性和差异性。"

(3) 模型的思想

为了使描述的对象更具有客观性、科学性、逻辑性和可重复性，人们常常采用一种比较严谨的语言来表述，这种语言就是数学，而被使用数学语言描述的事物就被称为数学模型。[①] 数

---

① 聂守丰. 数学建模有关问题简述[J]. 科技信息, 2010(22):172.

学模型的出现将数学回归到现实世界,讲述的是现实世界的内容,成为了沟通数学与现实世界的桥梁。按照徐利治先生在《数学方法论选讲》一书中的解释:"所谓数学模型,是指针对或者参照某种事物的特征或数量相依关系,采用形式化的数学语言,概括地或近似地表述出来的一种数学结构。"也就是说所有的数学概念、数学理论、数学公式、数学方程等都可以称为数学模型。在《标准(2011 年版)》中主要要求受教育者掌握两个模型:一是总量模型,也被称为加法模型,其公式为总量 = 部分 + 部分,部分 = 总量 − 部分;二是路程模型,也被称为乘法模型,其公式为路程 = 速度×时间,速度 = 路程÷时间。数学模型的主要表现形式是数学符号表达式和图表,因而它与符号化思想有很多相通之处,同样具有普遍的意义。

建模思想就是指用抽象出来的数学模型作为实际物品的代替而进行相应的数学行为的一种数学思想,要求个体将实际问题经过分析和简化,然后转化为一个数学问题,通过数学的计算、分析,找到解决问题的有效途径,最后用适当的数学语言和方法去解决。数学建模的思想内涵丰富:量化的思想、抽样统计的思想、方程与函数的思想、随机的思想等都属于数学建模思想的范畴。

数学建模思想的合理运用,不仅为人们加大了将数学和生活实际相互关联的机会,为数学表达和交流提供有效途径,也可以帮助学生准确、清晰地认识、理解数学的意义,体验从实际情境中发展数学的过程,为解决实际问题提供了重要的工具。在小学数学的教育教学过程中,教师也应该加强数学建模思想的渗透,从学生已有的生活经验出发,将他们面临的实际问题抽象成数学建模,注重数学问题到数学模型的过渡,巧妙地运用数学的思想方法,把握住建模的关键,在进行解释和运用建模思想的过程中,促进学生的数学理解,满足多样化学习的需要。

综上所述,数学的基本思想:数学抽象的思想、数学推理的思想、数学建模的思想,都为由现实到数学、由数学到现实提供了帮助。数学教学虽然以教会个体必要的数学知识和数学方法为主,但是让学生在掌握这些知识的同时了解数学的基本思想,更好地帮助他们理解数学、建立数学世界观,在数学教学中重视数学基本思想的渗透是十分必要的。

第二节 数学核心素养

一、数感

(一) 数感的涵义

《义务教育数学课程标准(2022 年版)》(以下简称《2022 标准》)中明确指出:"数感主要是指对于数与数量、数量关系及运算结果的直观感悟。能够在真实情境中理解数的意义,能用数表示物体的个数或事物的顺序;能在简单的真实情境中进行合理估算,作出合理判断;能初步体会并表达事物蕴含的简单数量规律。数感是形成抽象能力的经验基础。建立数感有助于理解数的意义和数量关系,初步感受数学表达的简洁与精确,增强好奇心,培养学习数学的兴趣。"[①]一个人建立数感就能够潜移默化地理解数、运用数。现实生活经验也告诉我们,如果一个人具有良好数感,那么他对数的意义与运算就会有敏锐的感受力,而且在面对数学问题时,能作出迅速而又准确的判断。所以,在小学数学教学中培养学生数感,不仅能加深小学生对数的意义理解,还可以提升其数学素养。

1. 数感的内涵

数感来自数学实践,又指导数学实践,是个体一种主动地、自发地理解和运用数字的意识。数感主要表现在能够在真实情境中理解数的意义;能用数来表示物体的个数或事物的顺序;能在具体情境中把握数的相对大小关系;能用数来表达和交流信息;能为解决问题而选择适当算法;能够在简单的真实情境中进行估算,作出合理的判断;能初步体会并表达事物蕴含的简单数量规律。它是个体的一种基本的数学素养,是学生认识数学对象从而获得数学技能的重要途径,其形成不是一蹴而就的,需要一个循序渐进的过程。

让学生通过充分感受和理解数字,结合实际情况,把数的概念运用到生活中,这样他们在掌握数字意义的同时,也能把握数字的大小关系。通过各种数学活动,让学生亲身体验到数字的魅力,学会用数字来表达和交流,而不是单纯靠教师讲解来培养他们的数感。

2. 对数感的理解

(1)数感是一种敏锐的感受力。我们知道,运动员打球时有球感,歌唱家唱歌有乐感。在小学数学教学过程中,我们不难发现这样的情形:当教师呈现一个数学问题情境时,有的儿童能够迅速地作出反应,并且思维清晰、思路简洁,但有些儿童却苦思冥想后仍然没有实质性认知。从心理学的角度来判断,这是儿童面对数学问题表现出来的一种独特的心理结构。有人把这种心理结构称之为素养。因此,心理学家把个体能够自发或自觉地倾向于自觉的数学棱镜去认识数学对象定义为数感。众所周知,小学数学教学内容中大部分知识都蕴含着计算或者与计算有关的内容。所以,在教学中如何让学生体会计算的实际意义,这是关系到学生是否能够认识数学的价值与作用的问题。只有认识到计算的实际意义,才能有效地发展学生数学应用意识。因此,在小学数学教育的课堂上,教师应当如同引航员,引导孩子们在探索数学奥秘的旅程中充满热情地参与计算过程,让他们亲身体验到计算对于发展数学思维的重要性。如此一来,孩子们将逐渐产生对数字的敏锐感知,如同拥有了一双能够洞察数字秘密的慧眼。

(2)数感是人的一种基本素养。数感的形成是潜移默化的,数感是人在面对数学问题时主动而自觉地理解问题所表现出来的态度,属于思维意识的反映。实践证明,一个具备良好数感的人能够对数的意义与运算产生敏锐的感悟能力。数感在学习数学过程中体现在诸多方面,如对数的意义的理解,甚至对数学符号的理解。数感好的人能够运用多种方法来表示数,

---

[①] 中华人民共和国教育部.义务教育数学课程标准(2022年版)[M].北京:北京师范大学出版社,2023.

并且能够把握数的大小关系等。良好的数感有利于用数来表达具体的数学情境,为信息交流提供便捷。因而,数感好的人解决数学问题的能力也比较强。

众所周知,数学领域逻辑严谨,数学问题更是抽象至极。犹如一个人需逐步摸索山的隐喻,方能领略山的真谛。同样的,唯有通过深入探究数的抽象表达,我们才能逐渐建立起对数的清晰概念。在这一过程中,我们不仅培养了扎实的数学基础,更是塑造了一种独特的品质,那就是数学素养。

(3)数感是一种思维认知活动。教育心理学研究认为,数感是人在面对数学问题时表现出来的一种主动的、自觉的或者自动的心理活动的过程。思维认知的过程是心智活动的体现,具体表现在理解数与运算时的态度与意识。小学数学教学中存在着大量的运算,都需要通过思维认知活动来进行。因此,数感是人的数学素养的具体体现。解决数学问题,就是把数学与现实问题联系到一起,然后用数学的眼光与思想方法来分析问题,寻找解决问题的办法。数感让人在认识事物时产生量化的意识,当一个人能把问题与数联系到一起时,就会有意识地利用数学思维解决问题。因此,从这个意义上说,数感是一种思维认知活动。

3. 数感的价值

(1)建立数感有助于提高学生素养。有研究表明,一个人如果建立了数感,他就会用数学的眼光观察世界。因此,要让学生建立数感来感受数学知识的抽象化。我们知道,数学具有实用价值,是解决问题的工具。然而,传统的小学数学教育中过多地强调单纯数学知识的获得与数学技能的形成,忽视了数学与现实生活的联系。所以,数学应用价值没有体现出来。例如:很多小学生出现把铅笔盒的长写成2米,把一个鸡蛋的重写成2吨等笑话。因此,《2022标准》中把培养学生的数感作为小学数学学段目标之一。

(2)建立数感有助于学生理解数学问题。数感,即对数的敏锐感知能力,是数学素养的重要组成部分。培育学生的数感,旨在帮助他们更深入地理解数学问题,并能够自觉地将现实生活中的实际问题用数量关系加以表述。例如,今年家中收获水稻5000公斤,每公斤3元,那么可以收入多少人民币?就要估计每公斤大约是多少,还要对总金额进行估算。又如,开学了小明需要购买学习用具,书包、钢笔、练习本、文具盒等价格各不相同。这就要考虑每件商品的数量、单价,然后准备带去多少钱等。对这样问题的思考过程就是数感的过程,可以帮助小学生理解数学问题。

(3)建立数感有助于学生解决数学问题。数学的学习过程是解决问题的过程。面对数学问题情境,需要找到解决问题的策略。心理学研究认为,解决问题需要建立假设,然后把知识与技能联系起来,建构与具体事物相联系的数学模型。具备一定的数感是完成具体任务的重要条件。例如,如何为参加学校运动会的全体运动员编码,这是一个日常生活中常见的实际问题。由于不存在固定的方法,需要针对具体情况展开分析,以找出最符合实际需求的解决方案。众所周知,各种编排方案均会影响其实用性与简便性。例如,编码顺序可以反映出所属班级,或区分性别,以及运动员所参加的项目类别等。

（4）建立数感有助于提高学生的心智技能。前苏联心理学家加里培林提出了心智动作按阶段形成的科学论断。他认为,心智技能是由一系列的心智活动构成的。数感说到底就是一种心智技能。我们知道,动作技能是由肌肉运动完成的,具体表现在人的外部行为。然而,心智技能是人的大脑中的思维意识活动,离开大脑就没有活动。因此,具有良好数感的人面对数学情境时就会发挥数感的作用。心智技能的形成需要一个长期的、潜移默化的培养过程。所以,在小学数学教学中要根据学生的心理发展水平与已有的生活经验。众所周知,数学知识源于日常生活。在教学过程中,我们始终引导学生将所学的数学理论与实际生活情境相结合,使数学知识更具生活化特点。通过在解决问题中培养学生的数感,逐步形成心智技能。心智技能的提升有助于发展学生的数学思维方法,而掌握数学思维方法又有利于构建数学模型。这一良性循环对提高学生的数学素养具有举足轻重的影响。

总之,数感是一种内隐的、非结构的程序性知识。对于一个人来说,数感不是与生俱来的,也不可能立竿见影地取得成效,而是在学习过程中慢慢形成的,需要一个渐进的过程。作为一线的教师,我们要努力钻研教材,适时渗透,加强对学生数感的培养。只有这样,才能帮助学生逐步建立数感。

（二）数感在小学数学中的表现

《2022标准》指出,数学眼光主要表现为抽象能力,其中就包括数感。小学阶段,核心素养主要表现为11个方面,其中第一个就是数感。

相比《2011标准》,《2022标准》中的阐述更具体,其中对于真实情境中理解数的意义提出了新的表达,主要包括理解数的数学意义,即"数的本质结构就是计数单位与其个数乘积的累加";还包括理解数的现实意义,即"对数量多少的直观感悟",也就是数感。因此,用"能够在真实情境中感知并估计(或直接说出)数量的多少及进行数量的比较"作为数感的行为表现会更清楚、更具体,更加强调了数感的估算、推断的价值。

《2022标准》在学段目标、内容要求和学业要求中,对于不同学段学生数感的发展提出了不同的要求。第一、二学段是发展数感的关键时期,第三学段是发展数感的重要时段。所以数感的教学重点在第一、二学段。

第一学段的要求是"形成初步的数感","数与运算"中主要是在情境中感悟并理解万以内数的意义,理解数位的含义;能说出不同数位上的数表示的数值;能用符号表示数的大小关系。"数量关系"中主要是在简单、熟悉的生活情境中运用数和数的运算,解释并解决简单实际问题。

在我们的教育体系中,对学生的数学教育一直秉持着循序渐进的原则。这个原则体现在从一年级开始,我们就逐步引导学生了解和掌握十进制计数法的基本原理和思想。十进制计数法是我们日常生活中最常用的一种计数方法,它不仅可以帮助学生更好地理解和处理数字,更是他们未来学习更深入的数学知识的基础。

在十进制计数法的教学中,我们重点关注三个核心概念:数位、计数单位和十进制。这三个概念中,数位被认为是最为关键的一个。掌握数位的概念,有助于学生理解数字的组成和意义,为进一步的数学学习打下坚实的基础。

数位是指数字中每个位数的位置,它代表了数字的大小。在我们的十进制计数系统中,每一位的权重都是10的幂次方。例如,数字"123"中,百位上的"1"表示的是100,十位上的"2"表示的是20,个位上的"3"表示的是3。因此,理解数位的概念对于正确理解和使用数字至关重要。

计数单位则是表示数字的基本单位,它是十进制系统中每个位数的单位。从一年级开始,我们就引导学生认识和掌握这些单位,包括个、十、百、千、万等。通过掌握计数单位,学生可以更好地理解数字的进位和退位,从而在进行加减乘除等运算时更加得心应手。

十进制则是我们的计数系统的基础,它意味着每相邻的两个计数单位之间的进率都是10。这种计数方法使得我们可以方便地进行数字的表示和运算。例如,从十进制的角度来看,数字"101"实际上表示的是"100+1",这就体现了十进制的进位特点。

从一年级开始引导学生逐步掌握十进制计数法的基本原理和核心概念,有助于他们建立扎实的数学基础。在这个过程中,数位作为最关键的概念,需要学生投入更多的精力去理解和掌握。通过深入理解数位、计数单位和十进制的含义,我们的学生将能够在未来的数学学习中更加游刃有余。

十进制计数法是人类文明发展的重要里程碑,也是我们日常生活中最为常用的计数方法。在十进制中,每一位都有固定的数值范围,这种规定使得我们能够准确地表示出任何数字。例如,个位表示1—9,十位表示10—99,百位表示100—999,以此类推。这种表示方法不仅简单易懂,而且能够容纳极大的数值范围。

数位是十进制计数法中的核心概念之一。它表示在一个数的位置上可以放置的数字的个数。例如,在十进制中,个位、十位、百位等都是数位。数位的设置使得我们能够更清晰地表达数值的大小和相对关系。例如,在百位上放置一个数字,就可以表示出一个三位数,而在十位上放置一个数字,就可以表示出一个两位数。

教材中把"10的产生是算术发展史上的里程碑"凸显出来,是因为10的意义非同寻常。10的产生是人类文明发展的重要里程碑,它使得计数变得更加简单、准确和方便。在古代,人们通常使用手指或者石子来计数,但是这种方法有很大的局限性。而10的产生使得人们可以使用较小的物品(如手指)来表示较大的数字,从而大大提高了计数的效率和准确性。

此外,10的产生还促进了数学的发展。例如,在十进制中,任何一个数都可以表示为10的倍数加上一个小于10的数。这种表示方法使得数学运算变得更加简单和方便。例如,在加法和减法中,我们只需要考虑小于10的数就可以了;而在乘法和除法中,我们只需要考虑10的倍数就可以了。

十进制计数法是人类文明发展的重要里程碑之一。它不仅使得计数变得更加简单、准确和方便,还促进了数学的发展。在新教材改革中,我们应该更加重视十进制计数法的教学,帮助学生掌握核心概念,理解其基本原理和思想,从而更好地应用它来解决实际问题。(图1-2-2)

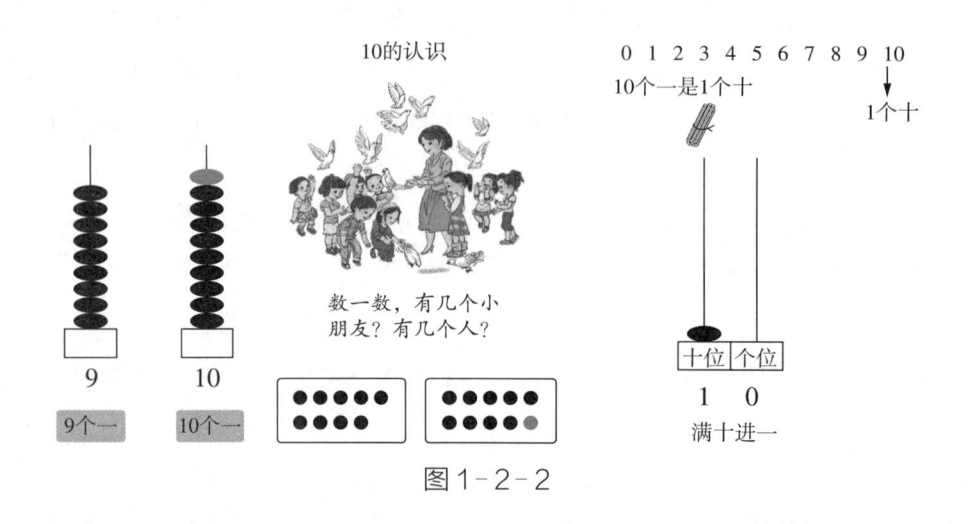

图1-2-2

第二学段的要求是"形成数感","数与运算"中主要是在具体情境中认识并理解万以上的数的含义;能说、读、写万以上的数,会用万、亿为单位表示大数;能直观描述小数和分数,能比较简单的小数大小和分数大小;会进行同分母分数的加减法运算和一位小数的加减运算。

例如,在数学学习中,同分母加减法是一个重要的概念。通过同分母加减法,我们可以将分数相加或相减,从而得到一个新的分数。这个过程需要我们将分数转换为具有相同分母的形式,然后进行分子的加减运算。

在计算同分母加减法时,我们通常会用一个整体中平均分的份数增减来表示分数运算。这意味着我们将每个分数视为一个单位,然后根据分母的不同,将它们划分为不同的份数。在进行加减运算时,我们只需要考虑分子部分的加减,而不需要考虑分母。

通过这种方式,我们可以更清晰地理解分数单位的加减关系。当两个分数相加时,它们的分母保持不变,分子相加。类似地,当两个分数相减时,它们的分母保持不变,分子相减。这个原则可以用于任何分数的加减运算,无论它们的分母是否相同。

此外,我们还可以通过一些实例来加深对同分母加减法的理解。例如,我们可以考虑两个分数$\frac{3}{4}$和$\frac{2}{4}$。这两个分数的分母都是4,因此我们可以将它们转换为具有相同分母的形式。然后,我们可以将它们的分子相加或相减,得到一个新的分数。

同分母的加减法,是数学学习中不可或缺的一个环节。通过以均分的份数进行加减,我们可以更直观地理解分数单位的增减关系。这一法则适用于任何分数的加减运算,无论其分母是否相同(如图 1-2-3)。

第三学段的要求是"进一步发展数感","数与运算"中结合具体情境探索并理解小数和分数的意义,感悟计数单位;会进行小数、分数转化;能比较两个分数和两个小数大小;能在实际问题情境中运用分数和小数解决问题。

在数学体系中,分数除法占据着至关重要的地位,它与整数除法、分数乘法存在紧密的内在联系。为准确理解和掌握分数除法的计算方法,我们必须系统回顾整数除法和分数乘法的相关理论,并深入探究这三者之间的相互关系。通过严谨的学术研究和深入的理论分析,我们能够更好地理解分数除法的实质和应用。

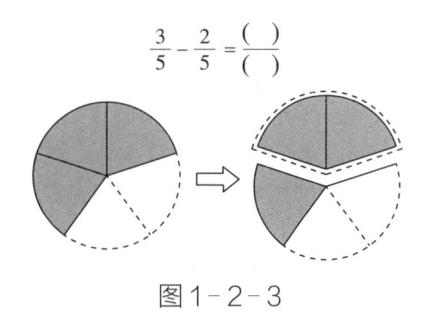

图 1-2-3

首先,整数除法是我们在日常生活中经常遇到的一种计算方式。它的基本思想是将一个数(被除数)平均分成若干份(除数),每份的大小(商)乘以除数得到一个结果(被除数)。例如,10 除以 3 可以得到 3 余 1,也就是说,10 可以被 3 整除,商为 3,余数为 1。

其次,分数乘法是另一种数学运算,它与整数除法有着密切的联系。分数乘法的基本思想是将一个分数与另一个分数相乘,即将分子乘以分子,分母乘以分母。例如,$\frac{1}{2}$ 乘以 $\frac{2}{3}$ 可以得到 $\frac{1}{3}$,即将 $\frac{1}{2}$ 和 $\frac{2}{3}$ 的分子、分母分别相乘得到结果。

在理解了整数除法和分数乘法之后,我们就可以探究分数除法的计算方法了。分数除法的基本思想是将一个分数除以另一个分数,即将分子除以分子,分母除以分母。例如,$\frac{4}{5}$ 除以 $\frac{2}{3}$ 可以得到 $\frac{6}{5}$,即将 $\frac{4}{5}$ 的分子除以 $\frac{2}{3}$ 的分子得到 6,$\frac{4}{5}$ 的分母除以 $\frac{2}{3}$ 的分母得到 5,得到结果 $\frac{6}{5}$。

通过比较整数除法、分数乘法和分数除法的计算方法,我们可以发现它们之间的一致性。整数除法和分数乘法是基础运算,而分数除法则是它们的扩展和延伸。这种内在的联系不仅让我们更好地理解了分数除法的计算方法,也让我们更加深入地认识到数学中不同知识点之间的联系和整合。

除了以上的例子,我们还可以通过更多的例题和分析来加深对分数除法的理解。例如,我们可以探究不同分数的除法、带分数的除法、小数和分数的互化等。这些知识点虽然看似复杂,但只要我们抓住了整数除法、分数乘法和分数除法之间的内在联系,就可以轻松理解和掌握。

在数学教学中,教师可以通过引导学生探究整数除法、分数乘法和分数除法之间的内在联系来激发学生的学习兴趣和主动性。学生可以在掌握基本概念的基础上,通过自主探究和实践操作来加深对知识点的理解和掌握。这样的教学方式不仅可以提高学生的数学成绩,还可以培养他们的思维能力和创新能力。

总之,整数除法、分数乘法和分数除法之间的一致性和联系是数学中的一个重要思想和方法。通过深入探究和理解这些知识点之间的内在联系,我们可以更好地掌握分数除法的计算方法,同时也可以更加深入地认识到数学中不同知识点之间的联系和整合。这对于提高学生的数学成绩和培养他们的思维能力和创新能力都具有重要的意义。

(三) 数感的学业质量描述及应用

1. 数感的学业质量描述

数感是一种对数的感悟能力,包括对数的意义、数的运算、数的相对大小、数与量的对应等方面的理解。学业质量描述是对学生在完成阶段性学习后的学业成就表现进行刻画,以评估学生核心素养达成及发展情况。[①]

以下是对数感学业质量描述的几个方面的修正:

1. 数的概念理解:学生应能在具体情境中认识万以内的数,理解其大小关系,掌握数的组成和十进制计数法。此外,学生应能用数表示物体的数量、顺序和位置,从而初步形成数的概念。

2. 数的运算能力:学生应能进行简单的整数四则运算,培养初步的数感、运算能力和符号意识。在具体情境中,学生应能选择合适的单位进行量的比较和转换,掌握基本的估算方法。

3. 数的大小比较:学生应能运用数的大小关系,对物体、图形或数据进行分类、排序和比较,培养初步的量感和数据意识。

4. 数与量的关联:学生应能运用数与量的对应关系,描述现实生活中的实际问题,如用数表示物体的数量、距离、时间等,培养初步的应用意识和解决问题的能力。

5. 数学思维与方法:学生应能运用数学思维和方法,发现和提出问题,用数学语言分析和解决问题。

总体而言,数感学业质量描述的目标是培养学生运用数学知识和方法解决实际问题的能力,同时注重培养学生的数学思维、好奇心、求知欲和自信心等核心素养。

2. 数感的学业质量应用

数感在小学数学的学业质量应用中起着至关重要的作用。数感是指个体对数字、数量和空间关系的直观理解和把握能力,它是学生在学习数学过程中形成的一种基本素质。在小学阶段,培养学生的数感对于提高其数学学业质量具有重要意义。以下是数感在小学数学学业质量应用中的几个方面。

(1) 数感的培养:学生计算速度与准确性的关键。

在数学的学习中,我们常常强调数感的培养。良好的数感不仅有助于学生更好地理解数字和运算规则,还能有效提高他们的计算速度和准确性。数感,简单来说,就是对数字的直觉

---

① 王永春. 小学数学与数学思想方法[J]. 小学教学(数学版),2015(01):6.

和敏感度。具备良好数感的学生,能够更快地掌握各种计算技巧,如乘法口诀、加法交换律等,从而在计算过程中减少错误,提高计算效率。

首先,数感的培养有助于学生更好地理解数字。在我们的日常生活中,数字无处不在,从购物、理财到科学研究,都离不开对数字的理解和运用。通过培养数感,学生能够更深入地理解数字的含义和背后的逻辑关系,从而更好地运用数字进行计算和理解各种复杂的数学问题。

其次,数感的培养对于学生来说,无疑是一种强有力的助力,它能帮助学生更快地掌握计算技巧,提升计算能力。当学生具备了良好的数感,他们在面对各种计算问题时,能迅速理解和运用乘法口诀、加法交换律等在内的各种计算规则和技巧。这些计算技巧的熟练运用,不仅可以极大地提高学生的计算速度,而且还能降低他们在计算过程中出现错误的几率,从而提高计算的准确性。

在学生的学习过程中,数感的培养是一项至关重要的任务。数感是一种基础性的能力,它可以帮助学生更好地理解和学习其他相关学科,如物理、化学、地理等。因此,我国教育部门高度重视学生数感的培养,致力于在各个阶段为学生提供充足的数学教育。

此外,数感的培养还有助于提高学生的数学自信心。在计算过程中学生如能迅速得出正确答案,他们就会感到自豪和满足,这将大大提高他们对数学学习的兴趣和自信心。

为了有效地培养学生的数感,教师可以采取以下措施。

① 注重基础训练:从基本的计数开始,逐步引导学生掌握各种运算规则和技巧。例如,通过计数游戏、数字谜题等方式,帮助学生建立对数字的直觉和敏感度。

② 结合实际生活:将数学问题与实际生活相结合,让学生更好地理解数字的含义和应用。例如,通过解决实际问题,如购物找零、规划假期等方式,引导学生运用数学知识和技能解决实际问题。

③ 鼓励自主学习:引导学生自主探索和学习,让他们在解决问题的过程中发现自己的潜力和能力。例如,通过组织数学竞赛、成立学习小组等方式,鼓励学生自主学习和合作探究。

④ 及时反馈与评价:及时给予学生反馈和评价,帮助他们了解自己的学习状况和进步情况。例如,通过作业批改、考试分析等方式,为学生提供有针对性的指导和建议。

总之,数感的培养是提高学生计算速度和准确性的关键。通过培养学生的数感,我们不仅能够提高他们的数学成绩,还能帮助他们更好地理解数字和运算规则,提高他们的思维能力和解决问题的能力。因此,我们应该注重数感的培养,为学生提供更好的教育和发展机会。

(2) 提高学生的空间想象能力:数感的培养与学生空间关系的直观理解。

在几何学中,空间想象能力是一种非常重要的素养。它要求学生能够直观地理解空间关系,从而解决各种几何问题。而这种能力的培养,离不开数感的培养。数感,顾名思义,是对数字的感知能力,它不仅包括对数量的理解,更包括对形状、大小、方向等空间关系的理解。因此,提高学生的空间想象能力,需要从培养学生的数感入手。

具备良好数感的学生,能够更好地理解图形的性质和关系。例如,他们可以轻松地理解平行线、垂直线等基本几何概念,并且能够准确地判断出不同图形之间的关系。这种能力不仅有助于解决基础的几何问题,而且对于解决更复杂的几何问题也至关重要。

为了培养学生的数感,教师可以采取一些有效的方法。首先,通过教授学生基础的数学概念和原理,帮助他们建立扎实的基础知识体系。其次,引导学生通过观察、实践和思考,逐渐培养他们的空间思维能力和想象力。此外,还可以通过一些几何问题的训练,让学生在实际操作中加深对空间关系的理解。

在教育实践中,许多学校已经意识到了数感培养的重要性。例如,一些教师在几何课程中引入了实物教学,通过让学生观察实物模型,帮助他们建立对形状、大小、方向等空间关系的直观理解。此外,还有一些教师采用项目式教学法,让学生在解决实际问题的过程中,培养空间想象能力和解决问题的能力。

培养学生的数感不仅有助于提高他们的空间想象能力,还有助于培养他们的创新思维和解决问题的能力。具备良好数感的学生不仅能够更好地理解抽象的数学概念,还能够将这种理解转化为实际的应用。这对于学生未来的学习发展以及职业生涯都具有重要的意义。

总之,提高学生的空间想象能力需要从培养学生的数感入手。通过教授基础知识、引导观察和实践、引入实物教学和项目式教学法等方法,教师可以帮助学生建立对空间关系的直观理解,提高他们解决几何问题的能力。这种能力的培养不仅有助于学生的数学学习,还将对他们未来的学习和职业生涯产生积极的影响。

(3) 培养学生的逻辑思维能力:数感的培养与学生逻辑推理的直观理解。

数感的培养对于提高学生数量关系和逻辑推理的直观理解有着至关重要的作用。培养数感可以帮助学生深入理解数学概念,从而提高他们在解决数学问题时的逻辑思维能力。

具备良好数感的学生在理解分数、比例等数学概念时,能够更加得心应手。这是因为数感的培养有助于学生形成对数量关系的直观理解,从而更好地掌握数学概念和定理。当学生在面对复杂的数学问题时,他们能够更加条理清晰地分析问题,运用逻辑推理来寻找解决方案。

为了培养学生的数感,教育工作者可以采取多种方法。其中之一是通过实际操作,让学生亲身参与到数学问题的解决过程中。例如,教师可以组织一些数学游戏或活动,让学生在轻松愉快的氛围中锻炼自己的数学技能。通过实际操作,学生可以更好地理解数学概念,提高自己的逻辑思维能力。

此外,教育工作者可引导学生进行自主学习,以锻炼其数感。在导师的辅导下,学生可独立探究数学问题,通过自主思考与协同交流,深化对数学原理和定理的理解。此举既有助于激发学生的学习热情,培养其自主学习能力,又能进一步提升他们的逻辑思维能力。

数感的培育对于提升学生的逻辑思维能力具有重大意义。经过数感培育,学生能更深入地理解数学原理和定理,增强解决数学问题的能力。为实现此目标,我们可以采取多种方式,如实践操作和自主学习。借助这些方法,有助于学生对数学问题形成直观理解,提升他们的逻辑思维能力,为他们的未来发展奠定坚实基础。

(4) 提高学生的解决问题能力:数感的培养与学生解决问题的能力。

我们一直在寻找各种方法来提高学生解决问题的能力。数感的培养作为其中的一种方法,已经引起了广泛的关注。数感简单来说,就是对数字和运算的直观感知和理解。它不仅涉及我们的日常生活,更在学术、职业和科技领域中有着广泛的应用。具备良好数感的学生在解决问题时,往往能够更加直观地理解问题的本质和关键信息。他们能够运用自己的数感知识,迅速地把握问题的核心,提出有效的解决方案。这样的学生在解决问题时,往往能够更加迅速、准确。

数感的培养对于学生解决问题能力的提升,主要表现在以下几个方面。

① 直观感知:数感使得学生能够更加直观地理解问题的核心,对问题有更深入的认识。例如,在解决一个涉及比例的问题时,具备良好数感的学生可以迅速地把握问题的本质,运用比例知识进行有效的计算。

② 分析能力:数感的培养有助于学生提高分析问题的能力。在面对一个复杂的问题时,具备良好数感的学生可以更加清晰地分析问题的各个方面,从而找到解决问题的最佳途径。

③ 创新思维:数感的培养还有助于学生创新思维的发展。由于数感强调的是对问题的直观感知和理解,因此,具备良好数感的学生往往能够在解决问题时提出独特的观点和方案。

在学生的成长过程中,数学能力的培养占据着举足轻重的地位。其中,数感的培养更是关键环节,它对于学生在学习数学过程中建立自信心和兴趣具有重要作用。当我们谈论数感,我们其实在谈论一种对数字和数学概念的直观理解,它能够帮助学生更好地理解数学知识,提升数学应用能力。

首先,数感的培养有助于学生在学习数学过程中建立自信心。当学生具备良好的数感时,他们在面对数学问题时能更加从容应对,因为他们知道如何运用数学知识来解决问题。这种自信心会使他们在学习数学时更加积极主动,从而形成良好的学习态度和习惯。

其次,数感培养能激发学生对数学的兴趣。在学习过程中,具备良好数感的学生能更好地体会到数学的乐趣,这是因为他们在解决数学问题时能感受到数学的美妙和逻辑性。这种兴趣会使他们对数学有更深的热爱,进而投入更多的学习中,形成一种积极的循环。

最后,良好的数感对于学生的未来学习和职业发展具有重要意义。在许多领域,尤其是科学、工程和金融等领域,数学技能都是必备的。具备良好数感的学生在这些领域中更具竞争力,他们的数感能力能帮助他们更好地理解和解决实际问题,从而在职业生涯中取得成功。

综上所述,数感的培养对于学生在学习数学过程中建立自信心和兴趣具有重要意义。我们应该在教学过程中重视数感的培养,通过各种教学方法和手段,帮助学生提升他们的数感能力。这样,我们的学生在面对数学挑战时会更加从容自信,他们的未来学习和职业发展也会因此受益。在我国教育体系的不断完善中,培养学生的数感能力将成为提升学生整体素质的重要环节。

二、量感

(一)量感的涵义

《义务教育数学课程标准(2022年版)》中明确指出:"量感主要是指对事物的可测量属性及大小关系的直观感知。知道度量的意义,能够理解统一度量单位的必要性;会针对真实情境选择合适的度量单位进行度量,会在同一度量方法下进行不同单位的换算;初步感知度量工具和方法引起的误差,能合理得到或估计度量的结果。建立量感有助于养成用定量的方法认识和解决问题的习惯,是形成抽象能力和应用意识的经验基础。"

首先,教师应当让学生明白度量的意义,理解统一度量单位的必要性。这可以通过具体的实例和实践来帮助学生加深理解。

以长度单位"米"为例,教师可以让学生用直尺量一量自己的铅笔、书本等物品的长度,让他们感受到"米"这个单位的意义。通过实际操作,学生可以体会到度量单位在生活中的实际应用,并理解到统一度量单位的必要性。

同时,教师还可以通过比较不同物品的长度,让学生进一步理解统一度量单位的必要性。例如,教师可以让学生比较一下教室的长度和宽度,然后问他们:"为什么我们能够比较出教室的长和宽,而不需要使用不同的长度单位呢?"这样可以引导学生理解到,只有使用统一的度量单位,才能方便地对不同物品的长度进行比较和计算。

此外,教师还可以通过一些具体的实例,让学生进一步了解统一度量单位的实际应用。例如,教师可以告诉学生,如果使用不同的长度单位,会给生活和工作带来很多麻烦。比如,如果我们在购买鞋子时,鞋子的尺寸是以厘米为单位,而我们却使用英尺来测量自己的脚长,那么就会导致购买的鞋子不合适。这样,通过具体的实例,学生可以更加深入地理解统一度量单位的必要性。

让学生明白度量的意义和统一度量单位的必要性,是数学教育中一个非常重要的环节。通过实践和实例的结合,可以帮助学生更好地掌握度量的概念和方法,为他们的数学学习和日常生活打下坚实的基础。

其次,教师应当让学生学会针对真实情境选择合适的度量单位进行度量。这一能力的培养不仅有助于学生更好地理解度量单位的意义,还能够让他们在日常生活中更加灵活地运用这些单位。

以质量单位"千克"为例,教师在教学过程中可以准备一些真实的物品,如一袋米、一桶油、一个水果等,让学生选择合适的单位进行度量。这样的教学方式能让学生更加深入地理解质量的概念,并了解不同物品的质量对应的度量单位是什么。同时,通过实际操作,学生还能够培养运用数学知识解决实际问题的能力。

教师还可以通过引入更多的例子和实证研究来支持自己的观点。例如，可以引用一些真实的案例，说明在现实生活中，人们是如何根据不同的情境选择合适的度量单位的。同时，还可以进行一些实验和调查，收集数据和结果，让学生更加深入地了解度量单位的实际应用。

教师应当注重培养学生的实际应用能力，让他们学会选择合适的度量单位进行度量。通过引入更多的例子和实证研究，教师可以帮助学生更好地理解度量单位的意义和应用，从而为他们的未来生活打下坚实的基础。

最后，在教育过程中，教师的角色至关重要，他们不仅要传授知识，还要培养学生的实践能力和综合素质。在度量知识的教授中，教师的一个重要任务就是让学生认识到度量工具和方法可能引起的误差，并帮助学生学会合理地得到或估计度量结果。

度量误差虽然无法避免，但我们可以通过一些方法来减小误差，提高测量的准确性。在教学过程中，教师可以设计一系列实践活动，让学生亲身体验到误差的存在，并学会如何应对和减小误差。

总之，在度量知识的教学中，教师应引导学生充分认识到度量误差的存在，并通过实践活动中多次测量、使用先进技术等方法来减小误差，提高测量的准确性。在学习度量知识的同时，培养学生的实践能力、观察能力，形成创新意识，为未来发展奠定基础。

（二）量感在小学数学中的表现

量感在小学数学中扮演着重要的角色，它不仅表现为对事物的可测量属性的直观感知，还体现在对度量单位的选择和使用上，以及对度量工具和方法引起的误差的感知和估计上。这种能力对于小学生来说是至关重要的，因为它可以帮助他们更好地理解和解决日常生活中的各种问题。

首先，量感是对事物的可测量属性的直观感知。例如，在小学数学中，学生们需要学习如何使用长度、重量、时间等度量单位来测量事物。通过这种方式，他们可以更准确地描述和比较不同事物的大小、轻重和快慢。这种能力不仅有助于提高他们的数学技能，还可以帮助他们更好地理解周围的世界。

其次，量感还体现在对度量单位的选择和使用上。在小学数学中，学生们需要学习如何选择和使用适当的度量单位来测量不同的事物。例如，对于较长的距离，我们通常使用米作为单位；对于较短的长度，我们则使用厘米或毫米作为单位。这种能力可以帮助学生们更好地理解和解决与测量相关的问题，同时也可以提高他们的数学素养。

最后，量感还体现在对度量工具和方法引起的误差的感知和估计上。在小学数学中，学生们需要学习如何使用各种度量工具和方法进行测量，并且能够估计由此产生的误差。例如，在使用尺子测量长度时，学生们需要了解尺子的最小刻度和估计误差的范围，以便更准确地比较和描述不同长度的差异。这种能力可以帮助学生们更好地理解和解决与测量相关的实际问题,并且提高他们的数学思维能力和解决问题的能力。

总之,量感在小学数学中扮演着重要的角色。它不仅有助于提高小学生的数学技能和数学素养,还可以帮助他们更好地理解和解决日常生活中的各种问题。因此,教育工作者应该注重培养学生的量感能力,以便更好地促进他们的全面发展。

1. 量感表现在生活实践中

在小学数学的教学中,教师需要通过各种实例和实践活动,让学生感受到这些可测量的属性,从而培养他们的量感。

举个例子,当教师在教学生认识长度单位"米"时,可以通过实践活动,让学生用直尺量一量教室的长度和宽度。通过亲手测量,学生可以真实地感受到"米"这个单位的意义和实际应用。这种实践活动不仅可以帮助学生建立对长度单位的直观感受,还可以激发他们的学习兴趣和积极性。

在教学过程中,教师不仅可以通过各种实例和实践活动来教授学生理论知识,还可以让他们亲身参与,从而深入了解并掌握各种可测量的属性,如质量、时间等。这样的教学方法既能丰富课堂内容,提高学生的学习兴趣,又能培养他们的实际操作能力和实践技能。

为了让学生更好地理解质量这一概念,教师可以准备一些具有不同质量的物品,让学生亲手掂量,通过实际感受不同质量物品的重量差异,加深对质量的理解。在这个过程中,教师可以引导学生观察和分析,发现质量与物体的大小、形状、材质等因素之间的关系,进一步丰富他们的感性认识。

同样的,在时间教学方面,教师可以利用钟表等工具,让学生亲自操作,观察并感受时间的流逝。通过这样的实践活动,学生可以更好地理解时间的概念,学会如何精确地测量时间,并培养珍惜时间的意识。此外,教师还可以结合实际生活场景,让学生了解时间在日常生活和工作中的应用,提高他们对时间的敏感度和管理能力。

在教学过程中,教师应注重理论与实践相结合,让学生在实际操作中掌握知识,不断提高实践能力和综合素质。

量感的培养不仅有助于学生更好地理解和掌握数学知识,还可以帮助他们更好地认识周围的世界。通过培养量感,学生可以更加准确地理解和描述事物的属性,从而更好地解决生活中的问题。

此外,教师还可以通过一些实例和统计数据,让学生了解数学在日常生活中的应用。例如,教师可以让学生统计一下班级里同学们的身高、体重等数据,然后进行一些简单的统计和分析。通过这些实践活动,学生可以更加深入地理解数学的应用价值,从而更好地掌握数学知识。

总之,量感的培养是小学数学教学中不可或缺的一部分。通过实践活动、实例讲解和统计数据的应用,教师可以帮助学生更好地理解和掌握数学知识,同时也可以激发他们的学习兴趣和积极性。在未来的学习和生活中,学生将受益无穷。

2. 量感表现在对度量单位的选择和使用上

在小学数学教育中,学生需要掌握各种度量单位的概念和应用,以便能够根据实际情况选择合适的单位进行度量。其中,质量单位"千克"是小学数学中一个重要的度量单位。为了让学生更加深入地理解这个概念,教师可以准备一些真实的物品,让学生选择合适的单位进行度量。

首先,教师可以向学生介绍"千克"的定义和意义。千克是一个国际通用的质量单位,它等于1000克。这个单位通常用于测量较重的物品,例如一袋米、一个西瓜等。通过讲解千克的定义和意义,教师可以帮助学生了解这个单位的应用范围和重要性。

接下来,教师可以准备一些真实的物品,例如一袋米、一个西瓜、一盒糖等,让学生选择合适的单位进行度量。学生可以通过观察、比较和思考,选择正确的单位来描述每个物品的质量。例如,一袋米的质量可以用千克来描述,而一盒糖的质量则可以用克来描述。这样的实践活动可以帮助学生更好地理解不同单位的应用和意义。

此外,教师还可以通过一些实例和练习题,帮助学生加深对质量概念的理解。例如,教师可以让学生判断一些物品的质量是否可以用千克来描述,例如一个苹果、一只鸡等。学生可以通过思考和讨论,了解不同物品的质量范围和单位的适用性。

总之,通过这样的教学方式,学生可以更加深入地理解质量的概念和单位,并通过实践活动和思考,掌握不同度量单位的意义和应用。

3. 量感表现在对度量工具和方法引起的误差的感知和估计上

在小学数学的教学过程中,误差意识的培养是十分重要的。由于工具和方法引起的误差是一种常见的现象,学生们需要了解其存在,并掌握减小误差的方法,从而提高测量的准确性。

以角度单位"度"的教学为例,教师可以借助量角器这一工具,让学生亲自量一量一些角度,从而感受到误差的存在。在测量过程中,学生们会发现由于工具和方法的不精确,每次测量的结果都会有所不同。这时,教师可以引导学生们认识到误差的产生是由于工具和方法的不完美,而这种不完美是可以通过改进方法和工具来改善的。

为了减小误差,提高测量的准确性,教师可以让学生们通过多次测量求平均值的方法来得到更准确的结果。在多次测量后,学生们会发现,随着测量次数的增加,测量的结果会越来越接近真实值。这是因为多次测量的结果会相互抵消误差,从而得到更准确的结果。

教师还可以通过引入更精确的测量工具和方法来降低误差。例如,教师可以介绍使用电子测角仪等更精确的测量工具,以及采用更科学的方法来减小误差。

在小学数学中,学生们需要了解误差的存在及其产生的原因,并掌握减小误差的方法。通过多次测量求平均值、使用更精确的测量工具和方法等手段,学生们可以提高测量的准确性,从而更好地理解数学概念和知识。

综上所述,量感在小学数学中有着广泛的表现。它不仅涉及对事物的可测量属性的感知和理解,还涉及对度量单位的选择和使用,以及对度量工具和方法引起的误差的感知和估计。

教师应当注重培养学生的量感，让他们通过实践操作、观察比较等方式来感知和理解事物的可测量属性和大小关系。这不仅有助于提高学生的数学素养和应用能力，还有助于培养他们的科学精神和探究意识。

（三）量感的学业质量描述及应用

量感是一个重要的数学素养，它描述了学生对事物的可测量属性的理解和感知能力。在小学数学中，学生的量感对于他们的数学学习和日常生活都有着重要的影响。因此，教师应当注重培养学生的量感，让他们能够准确地描述和理解事物的属性，从而更好地解决实际问题。

1. 量感的学业质量描述

在学业质量方面，量感的培养具有极其重要的意义。量感不仅涉及对数量大小、多少的理解，还涉及对物体形状、大小、长短、粗细、轻重等物理属性的感知和比较。

在培养学生的量感时，教师应当注重引导他们将数学知识与实际生活联系起来。例如，在教授长度单位时，教师可以引导学生思考日常生活中常见的物体长度，如手指的长度、铅笔的长度、教室的长度等，从而帮助他们建立对长度单位实际应用的理解。此外，教师还可以通过组织实践活动和统计数据来帮助学生了解数学在日常生活中的应用，从而更好地掌握数学知识。

学生应当具备根据实际情况选择合适的度量单位进行度量的能力。这需要他们理解不同度量单位的意义和应用场景，并能够根据实际情况进行选择和转换。例如，在测量物体的重量时，学生可以选择使用克、千克等不同的重量单位，而具体选择哪个单位需要根据实际情况进行判断。此外，学生还应当能够准确地感知和估计度量工具和方法引起的误差，从而减少测量误差对结果的影响。

除了选择合适的度量单位进行度量外，学生还应当能够通过实践活动了解数学在日常生活中的应用。例如，在学习几何知识时，教师可以引导学生探索不同形状物体的特征和性质，并让他们通过实践活动来了解这些特征和性质在实际生活中的应用。此外，教师还可以通过统计数据来帮助学生了解数学在数据处理、统计分析等方面的应用，从而让他们更好地掌握数学知识。

总之，培养学生的量感是提高学业质量的重要方面之一。教师应当注重引导学生将数学知识与实际生活联系起来，帮助他们建立对数量和形状的感知和理解。只有这样才能真正提高学生的实际应用能力，让他们更好地掌握数学知识。

2. 量感的学业质量应用

在应用方面，量感的培养可以帮助学生更好地解决实际问题。例如，学生可以通过测量自己的身高和体重来了解自己的身体状况，从而制定更加合理的锻炼计划。此外，学生还可以通过了解不同物品的质量和大小关系，来选择更加合适的购物和穿搭方案。这些实际应用不仅有助于提高学生的数学素养和应用能力，还有助于培养他们的科学精神和探究意识。

在现实生活中，量感的培养对于学生的全面发展至关重要。通过培养量感，学生可以更好地解决各种实际问题,提高数学素养和应用能力。首先,量感的培养有助于学生更好地理解数学概念。量感是学生对数量、大小、形状等直观感受的体现。在数学学习中,学生通过量感的训练可以更加深入地理解这些概念,从而更好地掌握数学知识。例如,在学习面积、体积等概念时,通过量感的训练,学生可以更加直观地理解这些概念的含义,从而更好地进行计算和应用。其次,量感的培养有助于提高学生的应用能力。数学是一门应用性很强的学科,而量感的培养可以帮助学生将数学知识应用到实际生活中。例如,在解决实际问题时,学生可以通过量感的训练更好地理解问题的实际情况,从而更好地选择合适的数学方法进行解决。此外,量感的培养还可以帮助学生更好地掌握一些实用技能,如测量、统计等。量感的培养还有助于提高学生的数学素养。数学素养是学生在数学学习中所获得的一种综合性素养,包括数学思维、数学方法、数学应用等方面的能力。通过量感的训练,学生可以更好地掌握数学思维和方法,从而更好地提高数学素养。例如,在解决一些实际问题时,学生可以通过量感的训练更好地理解问题的实际情况,并运用数学思维和方法来解决问题,从而更好地提高数学素养。

以身高和体重的测量为例,通过亲自测量自己的身高和体重,学生可以更加直观地了解自己的身体状况,从而制定更加合理的锻炼计划。这种实际应用不仅有助于学生提高自我认知,还有助于培养科学精神和探究意识。

此外,了解不同物品的质量和大小关系也是量感培养的一个重要方面。通过这种了解,学生可以更加准确地判断物品的适用性和实用性,从而选择更加合适的购物和穿搭方案。这种实际应用不仅有助于学生提高生活自理能力,还有助于培养他们的审美观和价值观。

为深入探讨量感的培养,我们可以从以下几个方面展开论述。

首先,通过了解时间的长短和快慢,学生可以更好地安排自己的学习和生活时间。时间的感知是量感培养的一个重要方面,它不仅涉及日常生活的方方面面,还与学习和工作的效率息息相关。学生通过学习时钟上的时针和分针,可以理解时间的流逝和分配。例如,他们可以学会在规定的时间内完成作业或项目,或者合理安排自己的休息和娱乐时间。这种能力不仅有助于提高学生的学习效率,还有助于培养他们的时间管理技能,从而更好地适应快节奏的现代生活。

其次,通过了解数量的多少和大小关系,学生可以更好地理解数学概念和算法。数量的感知是量感培养的另一个重要方面,它涉及数字的大小和比较。通过学习计数和比较,学生可以理解数值的概念和运算规则。例如,他们可以学会解决简单的加减乘除问题,或者比较两个数字的大小关系。这种能力不仅有助于学生掌握基本的数学技能,还有助于他们理解更高级的数学概念,如代数、几何和统计学。

最后,空间感知与量感培养在教育领域中占有举足轻重的地位。学生通过深入了解空间的大小和形状,可以更好地认知我们所处的世界以及浩瀚的宇宙。空间的感知是量感培养的另一个重要方面,它涉及物体的尺寸和形态,有助于学生建立对空间概念的全面认识。

为了提高学生的空间感知能力,教育者们采用了多种方法。其中之一便是教授地图和地球仪的使用。通过学习地图和地球仪,学生可以直观地了解空间的位置和方向,为进一步探索地理和物理知识打下坚实基础。例如,他们可以学会识别不同的地理形态和方向,或者使用指南针和GPS定位系统来导航。这些技能不仅有助于学生掌握地理和物理的概念,还有助于他们在现实生活中运用这些知识,探索更广阔的世界和宇宙。

此外,教育者们还通过开展各种实践活动,如实地考察、户外教学等,让学生亲身体验空间的魅力,从而培养他们的空间感知能力。这些实践活动使学生在实践中学习,在游戏中探索,不仅提高了他们的空间认知能力,还激发了他们对未知领域的好奇心和求知欲。

在我国,空间感知和量感培养也得到了高度重视。我国的教育部门不断推出相关政策,加大对地图、地球仪等教学器材的投入,以确保学生在课堂上能够接触到高质量的教育资源。同时,教育者们也在不断提高自身专业素养,以更好地教授空间感知和量感相关的知识。

空间感知和量感培养对于学生的认知发展具有重要意义。通过多种途径和方法,教育者们努力培养学生的空间感知能力,帮助他们更好地理解地理和物理概念,为未来的学习和生活打下坚实基础。随着科技的不断发展,空间感知和量感培养在教育领域的地位将越发重要,相信在不久的将来,会有更多学生受益于这一领域的教育,探索更为广阔的世界和宇宙。

综上所述,量感的培养在教育领域中具有深远的影响。通过了解时间、数量和空间的概念,学生可以更好地理解世界和自己所处的位置。这些能力的培养不仅有助于提高学生的学习成绩,还有助于培养他们的逻辑思维和问题解决能力。因此,教育工作者应该重视量感的培养,并将其纳入日常教学中,以帮助学生更好地应对未来的挑战和机遇。

三、符号意识

(一)符号意识的涵义

罗素说:"什么是数学?数学就是符号加逻辑。"众所周知,数学符号是一种简洁并抽象的数学语言。数学符号准确、清晰,并具有简约的特征,便于人们开展交流。

在小学数学教学中,首先要引导学生懂得数学符号的意义。其次,要学会运用符号来解决生活中的实际问题。这样,才能发展学生的数学符号感。所以,在小学数学教学中要结合具体的教学内容帮助学生逐步地建立符号意识。

1. 切合课标,渗透数学符号

《义务教育数学课程标准(2022年版)》中指出:"符号意识主要是指能够感悟符号的数学功能。知道符号表达的现实意义;能够初步运用符号表示数量、关系和一般规律;知道用符号表达的运算规律和推理结论具有一般性;初步体会符号的使用是数学表达和数学思考的重要形式。符号意识是形成抽象能力和推理能力的经验基础。"从中我们可以看出,数学符号就是一种特殊的语言。这种特殊的语言为发展人类的数学思维、开展数学交流、建立数学模型等提供了便捷的工具。数学符号不仅清晰地表达了科学思想方法,还包含着诸多方面的内容。其中,突出表现为叙述语言、符号语言及图形语言,它们的共同特点是准确、严密、简明。因此,数学教育理论认为数学教育的根本目的就是培养学生用数学的思想方法来解决生活实际中的数学问题,并通过数学语言或数学符号来表达与描述。从这个意义上我们应该意识到,培养小学生的符号意识是小学数学课程中必须加强的教学内容。作为一名一线的数学教师,我们应该对学生交代清楚数学符号的内涵与特征,在平时的教学过程中培养学生观察数学符号的能力,引导他们发现数学符号所呈现的各种特征,找出其中的规律,形成数学符号意识,从而提升自己的数学素养。

2. 提供机会,感知数学符号

众所周知,数学符号是一个丰富多彩的系统知识,有其自身的规律与价值,并随着数学学科的发展在不断地增多、更新。小学数学课本中出现的数学符号是所有数学符号的一部分。作为数学语言的数学符号,它可包含符号语言、图形语言与文字语言。数学符号化是数学学科的一个重要特征。在人类漫长的历史发展中,数学符号逐步演变,经历了发展到成熟的过程。今天,所有的数学思想内容都可以通过一整套完整的符号语言来精准地表述出来。当然,小学阶段的数学教学内容往往是由语言文字来描述的。小学数学是数学的基础,学生能初步认识理解一些数学符号即可。然而,对学生进行符号意识的培养可以让学生以后能更好地理解与应用数学。正因为数学语言是人工符号系统,因而在教学中它常成为小学数学教学的难点问题。不少小学生害怕学习数学,主要原因就是难以理解数学语言。因此,我们在教学中应该给学生提供足够的机会让他们感知数学符号。在教学过程中尽量用教师独特的表达方式来表示具体情境,同时把数量关系与变化的规律清晰地呈现给学生。能用符号表示的数量关系,就尽量用符号来表示。小学生在生活中已经具备了少量的生活经验,能用简单的符号来表示简单的数学问题。所以,教师要尽可能地给学生提供认识符号的机会,引导他们学会从具体事物到个体化的符号表示。同时,在教学中要引导学生养成对符号进行加工的意识与习惯。这样,学生的数学符号意识就会逐步得到加强。

3. 经历过程,理解数学符号

数学这门学科的特点是形式化与符号化,即每一个数学概念或数学关系都能用符号来表示。通常情况下,运用字母与符号来表示数及其运算关系。我们知道,小学生的思维以形象思维为主的,抽象的数学符号往往让他们感到枯燥、无味。因此,教师要让学生经历认识符号的过程。最有效的方法是创设符号认知情境,唤起学生已有的知识与经验,激发他们对符号的兴趣,使他们经历数学符号化的理解过程。用字母表示数是感受数学符号比较困难的过程。所以,在教学中要尽可能利用生活中的实际问题来引入。把一个具体的、确定的数通过用字母代换,表示一个新的数,从而实现由具体到抽象的过程。通过逐步的引导,使学生在思维中有用字母表示数的印象。例如,在教学"加法的交换律和结合律"时,就通过生活中的事例教学。引导学生通过观察与分析,发现不同算法间的联系。接着,要求学生举出类似的等式,并对这些等式进行分析与比较,从而主动地探究其中的规律。课本中把用符号表示规律逐步地过渡到用含有字母的式子表示运算规律,让规律表现得更加形象、准确、简明。这样,便于学生掌握规律的同时,也有效地发展了学生的符号感。

4. 构建关联,升华数学符号

现代教学理念认为,数学学习的过程本质上就是对数学符号的接受、理解、加工并形成解决问题能力的过程。低年级学生几乎没有符号意识,所以,小学数学教学首先要渗透数学符号意识。在帮助学生获得数学符号感的基础上,进一步深化符号意识,从而为其以后的自主学习、自主解决问题打下坚实的基础。现代教学理论认为,要发展小学生的符号意识,就必须使其在学习过程中形成对数学本质的认识。只有这样,才能丰富学生的数学素养。

首先,认识数学符号。小学生刚刚接触数学符号,必须通过一段时间的认知与磨合,才能产生约定俗成或公认的符号感。如当看到"＋－×÷"这四个符号时就知道这是四则运算符号,同时能理解这四个符号表示求和、求差、求积、求商,这就是对于数学符号的基本认识。随着年级的增高,要逐步在这种基本符号的基础上,学习更多的新符号及其运用,例如加法交换律 $a+b=b+a$ 与加法结合律 $a+b+c=(a+b)+c=a+(b+c)$。等到高年级的数学学习中,当看到 $y=kx+b$ 就能反应出这是一元一次方程,还会考虑到等号两边相等。学生这种本能的反应,不仅增强了符号意识,还提高了自主学习的能力。

其次,获得符号能力。心理学研究告诉我们,儿童天性就具有从符号中获得某种能力的可能。每个个体都具有学习迁移能力,当学会一种简单的符号表示方法后,就能自然地把简单的情形迁移到其他的问题情境中去。我们知道,小学生自主建构知识的能力还有待加强,这种自发产生的能力还不能用来解决更为复杂的数学问题。所以,我们要帮学生逐步获得数学符号的能力,让他们能够在更为复杂的数学问题中解决问题。有研究者认为,培养儿童的数学符号意识必须分三个阶段进行。第一个阶段是认识数学符号,理解符号之间的关系。第二阶段是理解数学符号与对象之间的关系。这与第一阶段所指不同,前者是指符号与符号之间的关系,而后者是指符号与对象之间的关系。第三阶段是理解符号与人之间的关系。

总之,小学生的数学符号意识是在学习过程中不断完善与发展的。因此,在小学数学教学中,要引导学生在学习、体验、分析与理解等活动的基础上,根据自己的感悟来建立符号意识。

(二)符号意识在教学中的表现

在小学数学学习过程中使用符号,可以帮助学生在日常的数学计算当中进行快速的推理运算。教师要积极地培养学生的符号意识,使学生在数学运算过程中能够主动地使用符号表达数学思想,并解答复杂的数学问题。

1. 联系实际,挖掘符号意识思想价值

在进行数学运算和推理的过程中,人们普遍将符号视为有效的沟通媒介。因此,深入探讨符号意识的思维价值,教导学生掌握思考方法,进而提升他们的数学素养,显得尤为重要。

(1) 有利于语言与符号转化。"数学本身是一种语言,一种简约的科学语言。"数学符号是数学语言的一种表达形式,是一种直观、形象的语言,是数学形象思维的载体和中介。要想实现数学文字语言与数学语言符号的完美转化,那就必须在教学中渗透符号化思想。一要让学生领会数学符号语言作为一种语言形式的特征。例如,教材中对加法结合律的语言叙述是三个数相加,先求前两个数的和,再加上第三个数等于第一个数加上第二个数与第三个数的和。随着数学符号的引入,加法结合律用字母表示为:$(a+b)+c=a+(b+c)$。二要让学生运用数学符号表示日常生活中的变量关系。比如,我们以"除以一个分数等于乘以这个分数的倒数"为例,[1]记住这个法则并不难,想要让学生理解"为什么乘以其倒数"却困难。教材中利用画直观图理解是一个很好的方法,但是在图与式的闭环内理解,总显得开放度不够。我们可以尝试把除法理解为乘法的逆运算,进行证明。

$$4 \div \frac{1}{3} = n \leftrightarrow n \times \frac{1}{3} = 4$$

右边的等式两边分别乘以 3,$n \times \frac{1}{3} \times 3 = 4 \times 3$ 等式不变。

于是,$n = 4 \times 3$,这样学生容易得出 $4 \div \frac{1}{3} = 4 \times 3$,进而将证明过程进一步推广到一般情况:$a \div \frac{1}{b} = a \times b$。

这样,除法计算从乘法运算突破,思维从除法运算的封闭走向了乘除的融合,同时对乘除互逆运算有了更深的理解。三要让学生学会两者之间的相互转化,即运用数学符号表示日常生活中的变量和了解符号所体现的数量关系。

当然渗透符号思想时,教师不能要求学生去盲目地记忆符号,因为在思绪紊乱的情况下,学生难以理解和掌握符号内涵,更不能形成符号化的思维方式。因此,教师应为学生提供尽可能多的实践机会,让学生在不断的探索与交流过程中,锻炼语言和符号的转化能力。

(2) 有利于提高学生学习兴趣。符号虽然比文字语言更具优越性,但是整个数学教学中符号的高频率出现,未免使学生出现审美疲劳的状况。同时,小学生注意力集中持续时间很短,如何赋予符号的趣味性,吸引学生的注意力呢?教师可以联系生活,设计丰富多彩的课堂活动,如趣味游戏、竞赛等,以提高学生课堂参与度为前提,活跃学习气氛,从而提高学生的学习兴趣。

比如,在学习字母表示数的练习中设计这样的习题。为庆祝"六·一"儿童节,某幼儿园举行用火柴棒摆"金鱼"比赛。如图 1-2-4 所示:按照上面的规律,摆成图(1)、(2)、(3)……,需用火柴棒的根数分别为多少根?

---

[1] 顾健,叶士江.学习进阶视域下小学数学理解性教学[J].生活教育,2020(08):94—98.

图 1-2-4

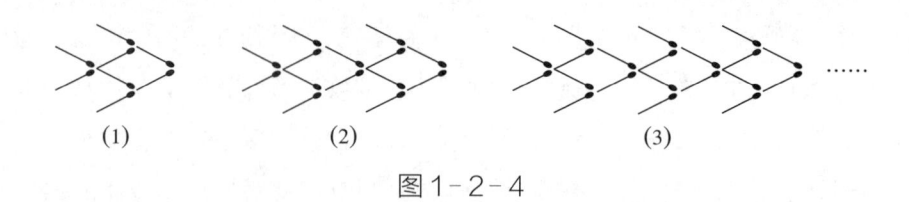

可以设计如下的动手操作环节:用火柴棒搭建小金鱼,一个小金鱼需要 8 根火柴棒,2 个需要 14 根火柴棒,3 个呢?至此都可以通过实际行动来验证,那么摆 20 个呢?摆 n 个呢?课前准备好的火柴棒便不足以解决这个问题,这就需要学生去思考,探索其中的搭建规律。只要发现了规律,并能够用符号表示出来,那么摆 n 个金鱼所需要的火柴棒数量问题便迎刃而解。所以说,利用符号提高学生学习兴趣,有利于符号思想的培养。

(3) 有利于简化学生思维过程。符号简化了思考和推敲过程,加快了思维的运转,从而提高了思维的活跃性。下面以整数乘法为例,设计教学框架。(如图 1-2-5)

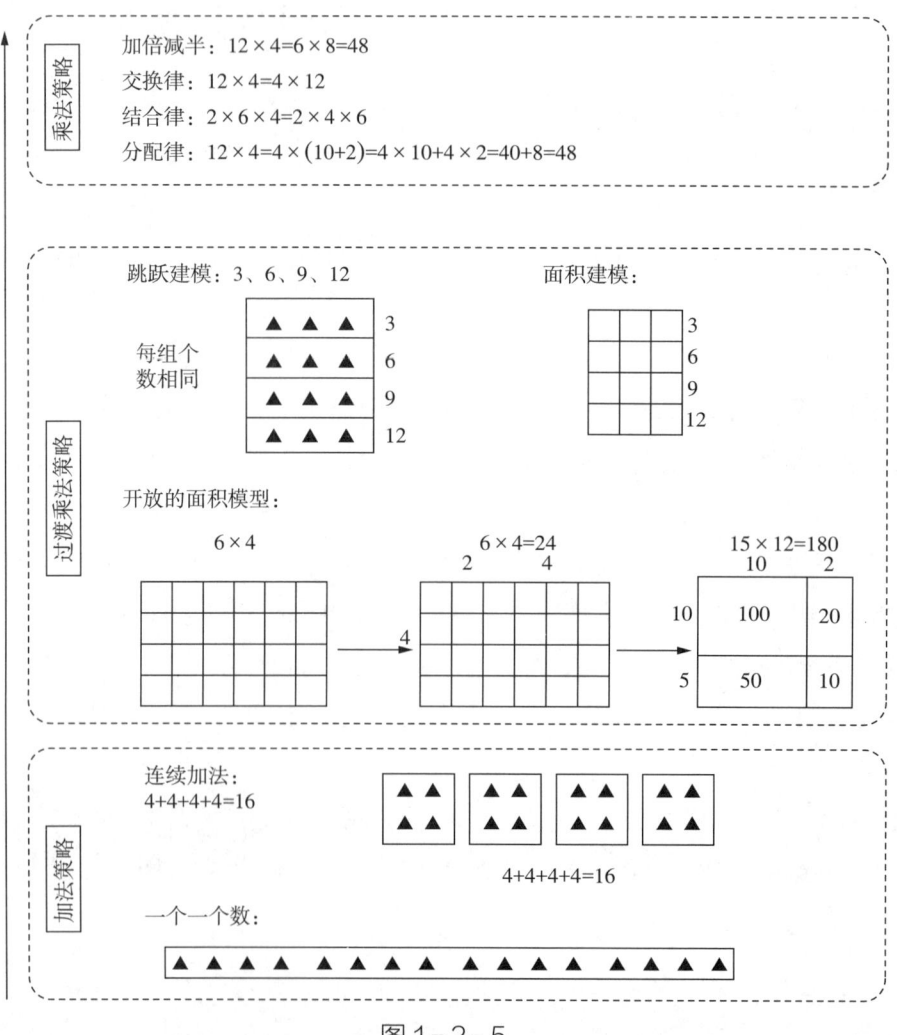

图 1-2-5

框架描述了学习发展包含3个层级：加法策略→过渡乘法策略→乘法策略。学生在不同年段依据生活情境的不同、数据大小等特点，计算时会选用不同的策略，也有可能几种策略交叉使用。

通过测评，如果学生对乘法的理解处于加法策略阶段，我们可以利用"过渡乘法策略"进行流程设计，大致如下（图1-2-6）：

实际问题：强调排列整齐
对应图形：强调行列相等
加法运算：强调加数相同
乘法运算：强调行列对应
回归实际：感悟乘法模型

图1-2-6

（4）有利于提升学生建模能力。小学数学教学的最终目标是学生能够运用所学知识解决实际问题。而建模对于解决问题具有重要的推动运用，模型是符号与图像的化身，是由两者之一或两者共同组成的。

例如，小明家到学校距离1500米，小明的步行速度为每分钟200米，问小明从家到学校需要多长时间？学生可以根据符号思想构建模型 $s \div v = t$，列式 $1500 \div 200 = 7.5(\text{m})$。可见公式是数学模型的一种主要形式，它用符号表达了数学问题的结构，帮助解决了实际应用问题。再如，在分数除以整数的学习中，从不同角度和层次丰富对分数除以整数算理和算法的理解，在原有经验基础上丰盈认知结构，使计算变得更易理解。（如图1-2-7）

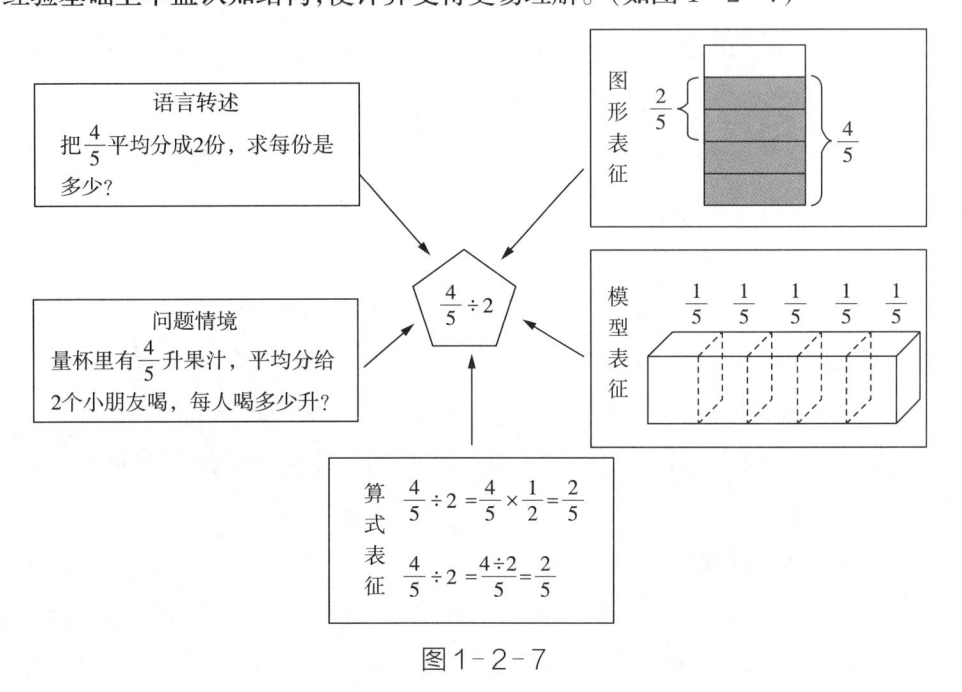

语言转述：把 $\frac{4}{5}$ 平均分成2份，求每份是多少？

问题情境：量杯里有 $\frac{4}{5}$ 升果汁，平均分给2个小朋友喝，每人喝多少升？

图形表征：$\frac{2}{5}$，$\frac{4}{5}$

模型表征：$\frac{1}{5}$ $\frac{1}{5}$ $\frac{1}{5}$ $\frac{1}{5}$ $\frac{1}{5}$

$\frac{4}{5} \div 2$

算式表征：
$\frac{4}{5} \div 2 = \frac{4}{5} \times \frac{1}{2} = \frac{2}{5}$

$\frac{4}{5} \div 2 = \frac{4 \div 2}{5} = \frac{2}{5}$

图1-2-7

学生的学习进阶并不是沿着统一路径攀升,这里用五种不同表征方式相互渗透,不同的学生可以用不同的方法解释和理解分数除以整数的算理和算法,不同的学生可能会遵循不同的路径加深理解。因此,教师应多设计一些建立模型的课堂活动,体现建模的灵活性特征,教学中以学生为主体,注重学生的参与度,从而逐步提升学生的建模能力。教师在教学活动中,应该给学生提供实践体验机会,激发其潜能,这样学生的符号化思想就会不断升华,有利于提高学生思维能力。

2. 结合情境,理解符号表示对象的实用价值

众所周知,小学生主要运用具体形象思维,他们在学习数学时往往需借助生活经验与具体情境的支撑。理解数学符号所表示的数学对象的价值,是学生数学学习的基本要求,也是培养学生符号意识的基本要求。数学符号的本质是抽象的,因此,学生理解和掌握数学符号表示数学对象的含义,离不开具体情境的支持。

(1) 建立符号意识,体验数学符号的简捷

对于小学阶段的数学教学,教师最重要的就是教会学生读懂由符号组成的数学语言。教师需要让学生们明白,数学语言就是课堂上常见的阿拉伯数字再加上所学习的简单的数学符号搭配而成的。当然,教师也要让学生们明白,学习这些数学符号并牢记和掌握,是需要进行日积月累的学习和训练的。数学符号的知识,往往存在于课本的每个章节的学习中,不会有专门的某个单元来进行汇总式的学习。在小学阶段,学生的符号意识产生、发展和形成的过程,是按照从简单到复杂,从具体到抽象的顺序,逐层进步、螺旋式上升的。为此,在小学阶段,培养学生符号意识应该是有步骤地实施。第一步是结合具体内容,启蒙学生符号意识。表现为:一是主要应用具有"半直观半抽象"特征的图形符号,引导学生开展数学表达和思考活动;二是数学符号的内涵指向具体和单一。第二步是开始引入字母符号表示数,构建数量关系模型,初步培养学生应用符号表达和思考数学的意识。比如,教学用字母表示数。一方面,与数字符号相比,用字母表示数比图形表示数更加抽象;另一方面,用字母表示数的内涵趋向丰富——不确定的。如此一来,学生们就能够逐步地打破头脑中固有的观念,认识到计算结果不一定是一个具体的数,并将其化具体为抽象,明白在今后的学习当中,有的数字不能够采取具体的某个数来表示,更多的是以一种规律的表达方式来完成的。作为教师,可能会发现学生们一开始难以理解这样的数学符号,但是在引导和帮助之下,通过观察、实践、分析、归纳,获得体验,感受符号化,逐步解决数学符号的抽象性和思维的形象性之间的矛盾。如果时间和条件允许,可以专门开设一堂专门的数学练习课,为学生们具体地、系统地讲一讲数学符号的价值以及使用的方法和作用。

(2) 发展符号意识,体验数学符号的实用性

为了更好地帮助学生发展数学符号意识,提高符号意识在数学学习中的应用,我们不妨为学生们提出一些与生活实景相关的数学问题,以帮助他们在解决问题的过程中主动发展符号

意识,从而初步体会符号意识在解决问题时的便捷。在问题解决与符号使用中,充分体验和感受到符号的发展。例如,在教学"周长公式和面积公式"这一内容时,圆周长的计算公式 $C = 2\pi r$,三角形的周长 $L = a + b + c$ 等,这些都是可以用简单的数学符号来表示。例如,在数学课上,教师可以给出如下问题让学生们去分组讨论和思考、总结规律:"摆 n 个正方形需要多少根小棒?"其实,学生们通过自己的双手,利用学具盒来摆一摆,自然就能够发现:第一个正方形用 4 根小棒,每增加一个正方形,增加 3 根小棒,并且增加的正方形个数与正方形总个数相差 1,因此,摆出 n 个正方形需要的小棒为"$3n + 1$"。再者,教师还可以让学生们假设去购买方便面,并告诉他们方便面的定价为 1.8 元,那么买 10 袋需要多少钱呢? 20 袋需要多少钱呢? n 袋需要多少钱呢? 如此一来,学生们便能通过计算和观察,一步一步地将原本具体直观的数学内容,逐步往抽象转化。只有充分掌握了这种化具体为抽象的数学思维模式,才能在今后的数学学习过程当中不断地提升分析能力,面对更加复杂困难的数学问题时,也才能够具备清晰的思路来解答,得出正确的答案。作为数学教师,自然应该善于捕获、挖掘各种教学资源,把符号情境的创设、符号意义的理解,以及符号的使用等结合起来,在充分激发学生对符号的兴趣的基础上,进一步培养其符号意识。

(3) 深化符号意识,帮助学生解决实际问题

学生能够熟练地使用数学符号来表达数学思想的前提就是将这些符号认识全面,了解其意义和用法。当然,对于学生而言,在短时间内想要用符号表达数学信息并不是一件容易的事。原因主要在于教师没能有意识地让学生养成用符号表示的习惯,这在低年级的课堂中尤为突出。在小学低年级阶段,学生们最常见的数学符号往往就那么几样:+、-、=、>、<。很多数学教师往往都是讲解一下某个符号所表示的意思,没有深究其中的原因,让某些学生在心里留有疑问,如此,也会对以后高年级的学习产生一些不良的影响。例如,在四年级学习有余数的知识之后,书本上有这么一道习题:在公园里的湖边种树,每两棵柏树之间种上柳树和桃树,已知第一棵种的是柏树,那么第 100 棵种的是什么树? 大多数学生可能会采取最笨的方式,就是用画图的形式将树从 1 - 100 排列出来,得出最终答案。但是,这明显不符合数学解题的要求。而教师往往采用口头讲解的方式,也只会给学生们一个模糊而不直观的概念,学生们实际上并不能真正地理解题目的含义。对于这种情况,教师不妨采取简单的数学符号"○□△○□△○□△……"来表示种树的方法,不仅让学生们感到简单直观,理解起来也相当的方便快捷。

(4) 升华符号意识,感受数学思想

符号意识是学好数学的根本。教师需要树立符号意识,有目的、有意识、有计划、有步骤地将培养学生的符号意识渗透于数学教学的过程中。不论是在低年级的数学教学上,还是在高年级的数学训练中,教师要将课本上的数学知识同生活实际相结合。举一个简单的例子,从小学一年级的第二单元开始,教师就需要学生们来学习和认识基本的阿拉伯数字"0~9",很多学

生在学习了数字之后，仅仅停留在认识这些数字，并不知道这些数字所表达的真正含义。此时此刻，为了更好地帮助学生们去理解这些数字的表达含义，不妨结合生活实际来提出问题，使得学生们在解答生活问题的过程中，自然而然地丰富有关"数字"符号的背景知识，从而经历从感性到理性、具体到抽象并最终形成形式化的抽象数字符号。如此一来，学生们就不会单一地停留在认识数这个层次上，而是对于数的大小概念都能一清二楚。在学习后面的单元">、<"时，为了帮助学生们进一步建立数字大小的认知，教师可以利用多媒体设备，给出许许多多的图片，让学生们通过解读图片来比较数字的大小：在图片中有6只小熊，4只松鼠，学生们便能迅速地明白小熊个数比松鼠多，也就明白了6比4要大。再者在水里有4只龙虾，4条鱼，学生们就建立了有关等式的概念。相比教师照着读书本上那种晦涩难懂的文字进行教学，这不仅可以吸引学生们学习的兴趣，同时也更好地帮助学生们建立一个清晰的数字的概念。

总之，在小学数学教学过程中培养学生的数学符号意识是至关重要的。数学符号也是一种完美的逻辑语言，它能够带给学生们独特的魅力，以吸引学生们去不断学习和认识新的数学知识。相反，拒绝运用数学符号或不恰当地运用数学符号，必然严重阻碍数学的发展。也就是说，数学语言系统是一个符号化的系统，学好数学的关键，就是熟练掌握这些数学符号，将文字转化为数学语言去解题。教师一定要在日常生活和学习中不断为学生们灌输这样的思想。

（三）符号意识的学业质量描述及应用

符号意识是指个体对于符号的认识、理解和运用的能力。符号是一种具有特定意义的标记或表示，比如语言、图像、数字等。

1. 符号意识的学业质量描述

（1）理解和运用数字符号

符号意识包括对数字符号的认识和应用，这包括数字的认知能力，比如数字的大小、顺序和关系；对数学符号的理解和运用，比如加减乘除、等于号和不等于号等。在学业上，数字符号的认识和应用能力是学生进行数学计算、问题解决和数据分析的基础，能够帮助学生更好地理解和运用数学知识。教师需要评估学生对于不同符号的认识和理解能力，包括语言符号的词汇量、句子理解能力、数字符号的计算能力、图像符号的分析能力等。此外，教师还需要评估学生在学业中运用符号的能力，包括书面写作、口头表达、数学计算、图表解读等方面。

（2）运用符号进行创造性思维

符号意识包括对符号进行创造性运用的能力，这包括通过组合和改变符号创作新的意义和表达，比如文字写作、绘画和音乐创作等。在学业上，创造性的符号运用能力能够帮助学生进行自主学习、探究和创新，提高其思维的灵活性和独创性。教师需要评估学生在学业中创造性地运用符号进行思考和表达的能力，包括学术研究、艺术创作、项目设计等方面。

2. 符号意识的学业质量应用

（1）学科整合

学科整合是近年来教育领域的一个热门话题，指的是将不同学科的知识和技能有机结合起来的教学方式。这种教学方法旨在通过引导学生运用不同学科的符号进行跨学科思考和解决问题，提高学生的综合素养和创新能力。

在传统的教育模式下，学生通常只学习单个学科的知识，而忽略了不同学科之间的联系。这种教学方式容易使学生对学习产生厌烦情绪，并且无法培养出具有全面素养的人才。相比之下，学科整合教学则注重不同学科之间的联系和交叉，鼓励学生从多角度去思考问题，从而培养出更具有创新精神和团队协作能力的学生。

学科整合教学具有多种形式，其中最常见的是主题式学习。在这种模式下，学生需要围绕一个主题进行学习，例如环保、科技等。学生需要运用不同学科的知识来解决这些问题，例如科学、技术、历史、地理等多个学科。

学科整合教学还可以通过项目式学习来实现。在这种模式下，学生需要完成一个具体的项目，例如设计一个机器人，编写一段程序等。学生需要运用不同学科的知识来完成这个项目，例如物理、数学、计算机等。这种学习方式可以帮助学生将理论知识转化为实践操作，并且能够培养学生的动手能力和团队协作能力。

学科整合教学作为一种新兴的教学模式，在我国教育领域正逐渐受到广泛关注。其优点繁多，不仅有助于提升学生的综合素养和创新能力，还能提高学生的学习效果和学习兴趣，促进跨学科交流和合作。

首先，学科整合教学能够提高学生的综合素养和创新能力。在传统的学科教学中，学生往往局限于单一学科的思维模式，难以将不同学科的知识和技能融合在一起。而学科整合教学则旨在打破这一界限，引导学生运用不同学科的符号进行跨学科思考，形成更广阔的视野和更丰富的知识体系，为未来的发展奠定坚实基础。

其次，学科整合教学能够提高学生的学习效果和学习兴趣。相较于单一学科的教学，将不同学科的知识有机结合起来，更能激发学生的学习热情。学生在学习过程中可以感受到知识之间的联系和互动，从而更好地理解和掌握各个学科的内容。此外，通过跨学科的学习，学生还能培养出更强的学习能力和自我发展能力，为终身学习打下基础。

最后，学科整合教学可以促进跨学科交流和合作。在实施学科整合教学的过程中，不同学科的教师和学生有机会相互合作、交流心得。这不仅有助于教师之间的交流和合作，还能为学生提供更加丰富的学习资源。在这样的环境下，学生的综合素质和全面发展得到更好的保障。

总之，学科整合教学具有明显的优势，有助于提高学生的综合素养、学习效果和兴趣，同时促进跨学科交流和合作。为了更好地推广和实践这一教学模式，我国教育部门和各级学校应当加大对其研究和支持力度，鼓励教师创新教学方法，为学生提供更多跨学科的学习机会。

(2)学生学习评价的指标

数学符号意识是学生在数学学习中不可或缺的一部分。通过对学生数学符号意识的评估,我们可以更全面地了解学生的认知水平和能力,为个性化教学和教学改进提供参考。

首先,数学符号意识的评估可以帮助学生更好地认识和应用数学语言符号。数学符号是数学语言的基础,是数学表达和交流的重要工具。通过评估学生的符号意识,教师可以了解学生对数学符号的认知和理解程度,进而针对学生的薄弱环节进行有针对性的教学和指导。

其次,数学符号意识的评估可以为个性化教学提供参考。个性化教学是根据学生的特点和需求进行因材施教的一种教学方法。通过评估学生的符号意识,教师可以了解学生的学习特点和认知风格,进而制定个性化的教学计划和方案,以满足学生的不同需求和兴趣。

此外,数学符号意识的评估还可以为教学改进提供反馈。教学改进是不断提高教学质量和效果的重要手段。通过评估学生的符号意识,教师可以了解教学效果的实际情况,发现教学中存在的问题和不足之处,进而采取有效的措施进行改进和提高。

为了更好地评估学生的数学符号意识,教师可以采取多种方法和手段。例如,可以设计一些测试题或练习题来检测学生对数学符号的认知和理解程度;可以观察学生在课堂上的表现和反应,了解学生对数学符号的应用和掌握情况;可以与学生进行交流和沟通,了解学生对数学符号的认识和看法。通过评估学生的数学符号意识,我们可以更全面地了解学生的认知水平和能力,为个性化教学和教学改进提供参考。同时,这也有助于提高学生的数学素养和学习能力,为学生的未来发展打下坚实的基础。

(3)解读和运用图像符号

符号意识在我们的生活中扮演着举足轻重的角色。它不仅涉及文字语言的解读,也包括对图像符号的解读和运用。图像符号是人类社会文化交流的重要载体,对其解读和运用的能力的重要性日益凸显。

在我们的生活中,图像符号无处不在。无论是路标、地图还是广告、照片,都是图像符号的体现。这些图像符号以其独特的视觉效果传递着各种信息,如地点、方向、数量、关系等。而具备图像符号解读和运用能力的人,能更有效地从这些图像中获取信息,理解其表达的含义,甚至进行创新性的视觉表达。

在现代社会,图像符号在我们的生活中无处不在,它们在各个领域发挥着至关重要的作用。在学业方面,掌握图像符号的解读和运用能力显得尤为重要。图像符号作为一种独特的表达方式,能有效地帮助我们理解和掌握复杂的知识体系。

在科学领域,各种图表、模型是研究者们交流和表达观点的重要工具。例如,在物理学中,科学家们会利用图像符号来表示复杂的公式和概念,以便于理解和交流。在生物学中,生物学家们会通过绘制细胞结构图和遗传图谱,来揭示生命现象的本质。在化学领域,化学家们会使用符号和图表来表示化学反应和分子结构,从而加深对化学原理的理解。在地理学中,地图是描述地理空间的重要手段。地图上的一系列符号和标记,如山脉、河流、城市等,有助于我们了解地球表面的特征和分布。通过解读地图,我们可以更好地掌握地理知识,为出行和规划提供参考。而在艺术领域,绘画、摄影、设计等更是依赖图像符号来表达创作者的意图和情感。艺术家们运用各种图像符号,如线条、色彩、形状等,来表现他们的审美观念和创造力。图像符号在艺术领域的运用,使得作品更具表现力和感染力,引发观者的共鸣。

具备图像符号解读和运用能力的学生,能更好地理解和运用这些跨学科知识,提升自己的学习效果。他们能够迅速地捕捉到图像符号中所蕴含的信息,将其运用到实际问题中。此外,这种能力还有助于培养学生的创新思维和审美情趣,使他们能在学术和艺术领域取得更好的成绩。

然而,图像符号的解读和运用能力并非一蹴而就,需要长期的积累和实践。在教育过程中,我们应注重培养学生的图像符号解读和运用能力,通过各种方式如观察、分析、实践等帮助他们提高。同时,我们也需要认识到,图像符号的解读和运用能力并非只与视觉认知有关,它还涉及语言、文化、思维等多个方面。因此,我们需要从多个角度出发,全面提升学生的符号意识。

符号意识的重要性不言而喻,而图像符号的解读和运用能力作为其中的重要组成部分,对我们的生活和学习都有着深远的影响。通过培养和提升学生的符号意识,我们能让他们更好地理解和运用各种信息,更好地适应这个日新月异的社会。

总之,符号意识的学业质量描述和应用能够帮助评估学生对符号的认识和运用能力,并且有助于教育者设计有效的教学活动和评价方式,提高学生学习质量和创新能力。

四、运算能力

(一)运算能力的涵义

《义务教育数学课程标准(2022年版)》中明确指出:"运算能力主要是指根据法则和运算律进行正确运算的能力。能够明晰运算的对象和意义,理解算法与算理之间的关系;能够理解运算的问题,选择合理简洁的运算策略解决问题;能够通过运算促进数学推理能力的发展。运算能力有助于形成规范化思考问题的品质,养成一丝不苟、严谨求实的科学态度。"小学阶段的运算能力关乎初中、高中解决更加复杂的运算的能力。因此,小学阶段教师一定要重视培养学生的运算能力。小学数学中的运算包括速算、珠算、口算、估算等。从目前的教学现状来看,我们重视了知识的传授与技能的提高,却忽视了运算能力的培养。同时,我们过多地把教学中心放到了解答"重难点"的基础知识上,而忽视了运算能力的培养。因此,培养小学生的数学运算能力具有一定的现实意义。

1. 对运算能力认识的理论依据

许多数学家都说过,数学计算运算其实就是一种智力的操作技能。当然,仅仅停留在学习知识的层面是远远不够的,需要不断反复地训练,将其转化为条件反射的能力,这才能算是真正掌握了运算的能力。调查和研究表明,学生计算技能的形成一般要经历四个阶段:认知阶段、分解阶段、组合阶段、自动化阶段。所谓的认知阶段,往往就是课堂上教师所教授的一系列数学运算规则,一些巧算速算的技巧公式。但是后面的三个阶段,不仅学生们意识不到,连教师也难以感到它们之间的区别。随着年级的增加,学生们所接触的运算也不仅仅是简单的加减,而是将数字和不同符号加以组合的复杂综合运算。复杂的计算技能总可以分解为单一的技能,对分解的单一技能进行训练并逐渐组合,才能形成复合性技能,再通过综合训练达到自动化阶段。但是,很多学生往往还停留在解决单一的数学运算的层次,一旦涉及综合性的解答,往往会感到头脑混乱、无从下手,大大降低了解题的速度。所以,在低年级学习最基础的运算时,教师就需要不断耐心地讲解,帮助学生们培养数字感,学习运算的基本原理,从而让学生们将脑海里原本抽象模糊的运算概念,变得更加直观清晰,从而主动地去理解和建构知识。只有这样,学生们才能真正了解数学运算的价值和意义,学习起来才更有明确的目的性。

2. 对提高运算能力重要性的认识

众所周知,解答复杂难题的基础就是熟练的计算能力。作为小学数学教师,最主要的任务就是培养学生熟练运算的能力。一个人的综合计算能力,也可以体现出他的数学基础水平。计算能力的培养,不仅与数学基础知识密切相关,而且与训练学生的思维、培养学生的非智力因素等也是相互影响、相互促进的。小学阶段是打下基础的重要时期,因此培养小学生的运算能力,是教师教学过程中至关重要的任务。在当前的教育背景下,可能计算的要求不明显,但是并不代表计算能力是可有可无的。家长和教师往往也更重视学生数学的逻辑运算和推理能力,忽视了基本的运算能力,造成了许多孩子虽然解题思维很优秀,但是做出的答案却是错误的,成绩也得不到提升,从而灰心丧气。作为教师,为了激励学生们提升运算水平,要告诉他们运算水平对于解决生活问题也起到了巨大的作用:在买菜购物的时候,往往都需要基本的口算心算能力,如果总是依靠计算机来完成,不仅费时费力,还容易被一些复杂的营销手段所欺骗,白白多花了冤枉钱。众所周知,小学生的思维还不够健全,在计算的时候,往往会出现注意力不够集中、抄错题、运算粗心、不进行验算等现象,造成了很多低级错误,这也是教师需要重点关注的。

3. 提高运算能力需要夯实基础

许多教育家认为,想要提升数学的运算能力,首先要理解和熟练认识数学的基本概念。[①] 对于小学生而言,面对不同的数学式子,脑海里要有一个基本的判断:这个式子可以采

---

① 周海燕.计算能力,小学生必备的数学技能[J].数学大世界(中旬),2017(10):77.

用老师所说的什么办法去解答？只有充分考虑到了运用什么数学概念、运算定律、运算性质、运算法则和计算公式，学生们的解题能力才会有一个新的飞跃。学生在解答复杂的四则混合运算时，要考虑到许许多多的因素，例如通分、约分、带分数与假分数等。只要真正把这些细节知识理清楚，脑海中有一个明确的解题步骤和思路，运算的速度也就能迅速提升，如果还能减少粗心和失误的话，数学成绩便能得到迅速的提升。为了为今后步入高年级的数学学习打下坚实的基础，教师一定要帮助学生从整理已学的基础知识开始，运用迁移的方法，不断深入，寻找知识与知识之间的联系，帮助学生们在数学解题时融会贯通，只有这样才能在数学的学习道路上越走越远。

例如，在"运算律"单元中选取与学生日常生活息息相关的体育课外活动的场景来设计现实问题情境，让学生有亲切感，易于列出不同算式进行解答。不同算式体现不同思路，但解答结果都是相同的，在此基础上形成等式，引导学生初步发现其中蕴含的运算律，提出数学猜想。教师可以引导学生再列举几个类似的算式，算一算，比一比，说一说，进行类推验证、归纳总结，让学生明白其中蕴含的规律不是偶然的巧合，而是普遍的存在，发展学生的合情推理能力。在这个过程中，教师有效帮助学生建构数学和生活的联系，让学生经历问题解决、数学发现、提出猜想、举例验证、归纳总结的过程，使数学探究意识不断增强，素养不断提升。

作为小学数学教师，不能一味地为了应试而教授数学知识，也不能够让学生们一味地认为学习数学的目的是考试过关和考高分，这只会使得教学方式老套、学习内容单一、教师成为课堂的主体，限制了教学的发展。最终导致我国小学生数学能力下降，尤其是运算能力的下降。相反，唯有将课本所学的数学知识同生活实际联系起来，贴近实际生活，让学生们在实践和自主思考中解答问题，深刻领悟到数学学习的真谛，才能符合当前新课标的教学理念。

（二）运算能力在小学数学中的表现

运算能力主要是指能够根据法则和运算律正确地进行运算的能力。培养运算能力有助于学生理解运算的算理，寻求合理简洁的运算途径解决问题。这实际上刻画了运算能力的三个主要表现特征：正确运算、理解算理、方法合理（运算途径简洁是方法合理的自然结果）。也可以就字面意思解读为：运算能力主要是有根有据地正确运算的能力，它的作用是促进理解与应用。每一类计算都有与之相适应的标准算法，但对于每一种情形而言不一定是最优的方法。灵活运用一种算法和它的变式能获得特定的最优解法，从而超越标准算法的表面形式真正把握数学运算的精髓——蕴含的数学概念、定律和原理。当一个计算问题通过简便运算得到灵活、快捷的解答时，这个问题就成了连接不同领域数学知识的纽带。学生关于简算的现实却是：要么方法上"舍简求繁"，要么混淆定律"张冠李戴"。如何让学生学会对算式进行观察判断、分析思考并使是否简算、如何简算这一系列从决策到行动的过程成为自觉行为？我们可以用精细化教学策略提升学生的运算能力，让运算真正成为"计算的艺术"。

1. 运算能力的基本特点

（1）运算能力的层次性。数学运算能力的培养具有层次性，也并不是一朝一夕能够完成的，都是由简单到复杂、由具体到抽象、由低层次到高层次逐步形成和发展的。因此教师在教学中要因材施教，做到有层次、有顺序地来培养学生的运算能力。除此之外，数学在一些特定的方面是相通的，假使整数的乘除能够熟练掌握，那么在小数方面也会有造诣。

（2）运算能力的综合性。运算能力在数学学科中占据着不可估量的作用，也并不是孤立存在的。运算能力具有一定的综合性，它与记忆能力、观察能力、理解能力、表述能力、分析能力是相互贯通的。因此，教师在教学中要想提高学生的数学成绩必须以提高他们的运算能力为前提，不断地引导、鼓励，使学生感知到数学学科的魅力。

2. 影响运算能力的心理因素

（1）固定的思维方法。在数学学科的运算中学生要能够形成自身独特的解题风格，继而掌握固定的思维方法。当然，这种固定的思维方法具有两面性。它可以让学生在解题时熟练地运用所学知识去解决问题，但不可否认的是，在一些特定的方面又会阻碍学生思维创新能力的发展。例如，有这样一道题目：$36 \div 125 \div 8 = ?$，大部分学生习惯从左到右计算，而忽视了简便运算，既费时也降低了正确率。

（2）缺乏比较意识。学会比较与分析也是数学运算能力培养中必不可少的因素。在遇到一些具有很多解题方法的题目时，教师可以让学生养成利用简便方法来解题的能力。当然，在解题之前也要学会比较，择善而优，提高学生的比较意识。除此之外，教师平时在评讲题目时要多角度、多方法地向学生呈现解题方式。

3. 运算能力必须体现三个特征

（1）准确性。准确性是数学学习中不可或缺的因素。这就要求学生在理解题意的前提下能够有目的、有计划地根据题目要求得出答案，并确保准确性。因此，教师在教学中要培养学生运算能力的准确性。以小数的运算为例，要确保每一个小数点都不出差错，要能够根据小数运算的规律来进行演算。例如，在学习"小数四则混合运算"这一课时，教师给出了这样一道题目"$0.4 \times [2 \div (3.6 - 3.5) + 0.1]$"，学生在看到题目时不知从何下手。面对这样一个难题，怎么样才能够确保学生计算的准确性呢？这就要求教师在学生答题之前，对学生进行正确的引导与分析，让学生学会观察这个算式里含有几级运算，应该从哪一步开始算起，让学生首先在心中明确计算的顺序，最后得出结论：在小数的四则混合运算中，要先算小括号里的，接着计算中括号里面的；有乘除的要先算乘除，最后计算加减。通过这种教学方式，让学生能够有法可寻，继而进一步提高计算效率。不可否认的是，教师要能够在确保学生计算无误的前提下使学生的运算能力得到提升。

（2）简洁性。简洁性在数学运算中至关重要，它不仅能够减少学生的运算时间，更能够调动学生思考的积极性，提高正确率，真正达到提升学生运算能力的目的。例如，在学习"小数的乘除"这一课时,教师给学生设置了"1.2×99"这一道题目。学生刚接触到这道题目时都觉得很麻烦,也很难运算,认为数字太大,便产生了畏惧感。这时教师可以让学生在运算过程中培养数学简算意识,并且学会利用乘法结合率来运算,首先把99化为100-1,然后分别与1.2来进行相乘,这样原题目就变成了1.2×100-1.2×1=119.8,相比直接进行运算简便了许多。在"运用乘法分配律进行简算"的教学中借助学生已有的购物经验出示问题情境:[①]夹克衫65元,裤子45元,买5件夹克衫和5条裤子,一共需要多少元?这样的问题并没有给学生带来多大的智力挑战,有的学生列出算式65×5+45×5,分别算出夹克衫和裤子各需要多少元,再算出一共需要多少元;有的学生列出算式(65+45)×5,先算出一套衣服的价钱,在算出5套需要多少钱。在展示计算的过程中,学生很快发现后一种解法夹克衫跟裤子的单价正好凑成整百数,显然是一种优化的简便计算方法。

因此,教师在教学中要善于鼓励学生发现问题的简便之处,学会找到解决问题的捷径。这种教学方式不仅降低了学生数学计算的难度,也提高了他们对数学学科的自信,发现了数学学科的魅力之处,继而让学生在理解题目的同时,正确运用运算率,使得运算能力得到培养与发展。

(3)熟练性。计算速度在数学学科中也占据着不可忽视的作用,当然,要想使得数学计算能力得到提高,必须熟练掌握有关的数学知识,能够举一反三,这就要求教师能够采取多种练习形式,让学生反复操练,进一步提升数学运算能力。例如,在学习"三位小数乘两位小数"这一课时,虽然大多数学生对于三位数乘两位数的整数运算有了熟练的掌握与运用,但是在计算过程中还是会存在一些困难和障碍。对于小数点的如何添加还是会有些混淆与不了解。教师可以适当地给学生提供一些习题,可以以"1.04×13""2.3×105""33.6×25""42.7×29"等各种形式、不同类型的题目来让学生进行训练与操作,鼓励并引导学生在运算时把知识点融入题目中。通过不断的练习,学生的运算速度会越来越快,运算能力也会得到改善。因此,教师在课堂练习中要能够以学生练习为主,教师讲解为辅,给予学生足够的时间去练习,继而端正其学习态度,提高其运算能力。

总之,提升学生的运算能力要从基础的运算法则出发,注重运算法则性质的教学,让学生能够理解法则的意义,在脑海中有着清晰的印象,能够深入地运用算法;纠正学生的解题步骤,帮助学生养成良好的解题方式;端正学生对计算的态度,让学生了解计算的重要性。这样,才能切实提高学生的运算能力,进而提升其逻辑思维能力。

(三)运算能力的学业质量描述及应用

运算能力是学生在学习数学过程中必须掌握的一项基本能力,它是学生进行数学思维和解决问题的基础。随着社会的发展和科技的进步,时代对人才的综合素质要求越来越高,而运

---

① 顾健."简便运算"其实不简单[J].小学教学研究,2012(35):15—16.

算能力作为数学素养的重要组成部分,也越来越受到人们的关注。本节从运算能力的学业质量描述及应用方面进行探讨,旨在为提高学生的数学素养提供一些有益的启示。

1. 运算能力的学业质量描述

(1) 运算速度

运算速度是指学生在进行数学运算时所花费的时间。运算速度是衡量学生运算能力的一个重要指标,它直接影响到学生在解决数学问题时的时效性和准确性。一般来说,运算速度越快,说明学生的运算能力越强。因此,在教学过程中,教师应该注重培养学生的运算速度,通过大量的练习和训练,使学生能够熟练掌握各种运算方法和技巧,从而提高他们的运算速度。

(2) 运算准确性

运算准确性是指学生在进行数学运算时所得到的结果与正确结果之间的误差。运算准确性是衡量学生运算能力的另一个重要指标,它直接关系到学生在解决数学问题时的正确性和可靠性。一般来说,运算准确性越高,说明学生的运算能力越强。因此,在教学过程中,教师应该注重培养学生的运算准确性,通过严格的计算和检查,使学生能够熟练掌握各种运算方法和技巧,从而提高他们的运算准确性。

(3) 运算策略

运算策略是指学生在进行数学运算时所采用的方法和技巧。运算策略是衡量学生运算能力的一个重要指标,它直接关系到学生在解决数学问题时的灵活性和创新性。一般来说,运算策略越丰富,说明学生的运算能力越强。因此,在教学过程中,教师应该注重培养学生的运算策略,通过引导学生运用不同的方法和技巧来解决同一问题,从而使他们能够熟练掌握各种运算方法和技巧,提高他们的运算策略。

(4) 运算意识

运算意识是指学生在进行数学运算时所具有的自觉性和主动性。运算意识是衡量学生运算能力的一个重要指标,它直接关系到学生在解决数学问题时的自主性和能动性。一般来说,运算意识越强,说明学生的运算能力越强。因此,在教学过程中,教师应该注重培养学生的运算意识,通过引导学生主动思考和探究,使他们能够熟练掌握各种运算方法和技巧,提高他们的运算意识。

2. 运算能力的应用

(1) 解决实际问题

运算能力不仅是学生解决实际问题的基础,更是他们日常生活中不可或缺的一部分。在实际生活中,我们经常会遇到各种各样的数学问题,例如购物时计算价格,计算距离和时间等。这些问题都需要我们运用数学知识和技能来解决。因此,具备较强的运算能力对于解决实际问题具有重要意义。

首先，运算能力可以帮助我们更好地理解世界。在我们的日常生活中，数学无处不在。从简单的购物到复杂的科学研究，都需要我们运用数学知识和技能来解决问题。具备较强的运算能力可以帮助我们更好地理解这些问题的本质，从而更好地解决它们。

其次，运算能力可以提高我们的工作效率。在工作中，我们经常会遇到各种计算问题，例如计算成本、预算、统计数据等。具备较强的运算能力可以帮助我们更快地解决这些问题，从而提高工作效率。此外，运算能力还可以帮助我们在工作中避免错误，提高数据的准确性和可靠性。

最后，运算能力还可以帮助我们更好地规划未来。例如，在投资和理财方面，具备较强的运算能力可以帮助我们更好地分析市场趋势，预测风险和收益，从而做出更明智的投资决策。在教育和职业规划方面，具备较强的运算能力也可以帮助我们更好地评估自己的能力和兴趣，从而选择更适合自己的职业和发展方向。

总之，我们应该重视运算能力的培养和提高，以便更好地应对各种挑战和问题。

(2) 培养逻辑思维能力

运算能力不仅是学习数学学科的基础，更是培养学生逻辑思维能力的重要途径。在数学运算过程中，学生需要运用逻辑推理、归纳演绎等方法，通过推导得出正确的结果。这一过程不仅锻炼了学生的运算技能，还培养了他们的观察力、分析力和解决问题的能力。

为了更好地培养学生的逻辑思维能力，我们需要重视运算能力的培养。这不仅包括基本的算术运算，还包括代数运算、几何运算等。这些运算能力不仅要求学生掌握基本的概念和法则，还需要他们能够理解和运用各种运算规律，从而逐步提高逻辑推理的能力。

例如，在解决一个复杂的数学问题时，学生需要运用所学的知识进行逻辑推理。他们需要分析问题的条件和要求，将问题分解成若干个部分，并运用相关的公式、定理进行推导，最终得出正确的答案。这一过程中，学生不仅需要运用基本的运算技能，还需要灵活运用各种逻辑推理方法，从而提高了他们的逻辑思维能力。

此外，我们还可以通过多样化的教学方式来培养学生的运算能力和逻辑思维能力。例如，我们可以组织一些数学竞赛、数学游戏等活动，让学生在轻松愉快的氛围中锻炼自己的运算能力和逻辑思维能力；我们还可以引导学生通过自主学习、合作学习等方式，培养他们的独立思考能力和团队合作精神。

总之，培养学生的运算能力和逻辑思维能力是相辅相成的。通过加强运算能力的培养，我们可以帮助学生提高逻辑思维能力，从而更好地应对各种挑战和问题。同时，我们还需要不断探索和创新教学方式，以更好地培养学生的综合素质和能力。

(3) 提高学习效果

运算能力简单来说就是进行数学运算的能力。它是学生数学学习过程中不可或缺的一部分，也是提高学生学习效果的关键因素。在数学学习的过程中，学生需要掌握大量的数学知识和技能，而运算能力正是掌握这些知识和技能的基础。

首先，运算能力是学生学习数学的基础。无论是代数、几何还是概率统计等数学知识，都离不开运算的支持。学生只有通过不断的练习和掌握运算技巧，才能更好地理解和应用这些数学知识。

其次，运算能力有助于提高学生的思维能力和解决问题的能力。在数学学习中，学生需要运用逻辑思维和推理能力来解决问题，而运算能力正是这些思维能力的基础。通过提高运算能力，学生可以更好地理解问题、分析问题和解决问题。

此外，运算能力还有助于培养学生的耐心和细心。在进行数学运算时，学生需要耐心地分析问题、细心地计算，以确保结果的准确性。这种训练有助于培养学生的耐心和细心，为未来的学习和工作打下良好的基础。

总之，运算能力是提高学生数学学习效果的关键因素之一。只有具备较强的运算能力，学生才能更好地理解和掌握数学知识，从而提高学习效果。教师在教学过程中需要注重培养学生的运算能力，通过加强基础训练、引导思维方式、增加实践机会等方式，帮助学生提高运算能力，为未来的学习和工作打下坚实的基础。

（4）培养创新能力

在当今快速发展的社会中，创新能力已经成为每个人必备的素质之一。作为学生，如何才能培养出这种创新能力呢？答案之一就是培养运算能力。

首先，让我们理解什么是运算能力。简单来说，运算能力是指在进行数学运算时，能够灵活运用各种数学概念、公式和技巧，以解决各种复杂问题的能力。这种能力不仅需要学生掌握基本的数学知识，还需要他们具备一种创新的思维方式。

那么，如何通过培养运算能力来提高学生的创新能力呢？首先，学生在解决数学问题时，需要不断地尝试和探索各种不同的方法。这种探索过程本身就是一种创新。其次，数学问题的解决往往需要学生具备一定的直觉和想象力，而这些正是创新能力的体现。最后，通过不断地解决数学问题，学生可以逐渐培养出一种创新的思维方式和习惯，从而在日常生活和学习中也能够运用这种思维方式来解决问题。

总之，运算能力是学生在学习数学过程中必须掌握的一项基本能力，它是学生进行数学思维和解决问题的基础。在教学过程中，教师应该注重培养学生的运算速度、准确性、策略和意识，从而提高他们的运算能力。同时，具备较强的运算能力对于解决实际问题、培养逻辑思维能力、提高学习效果和培养创新能力具有重要意义。因此，我们应该重视运算能力的学业质量描述及应用的研究，为提高学生的数学素养提供一些有益的启示。

五、几何直观

（一）几何直观的涵义

《义务教育数学课程标准（2022年版）》对几何直观这一概念进行了明确界定："几何直观

指的是运用图表来描述和分析问题的意识和习惯。它要求学生能够敏锐地感知各种几何图形及其构成元素,并能够根据图形的特性进行分类。同时,学生还需要能够根据语言的描述绘制出相应的图形,进而分析图形的性质。通过将形与数进行联系,学生可以建立起数学问题的直观模型,并运用图表来分析实际情境与数学问题,从而探索解决问题的思路。几何直观不仅有助于学生把握问题的本质,还能够明晰他们的思维路径。"

在小学数学中,几何直观是一个至关重要的概念,它是研究几何图形的延伸和扩展,对于小学数学的学习具有极其重要的意义。正如弗莱登塔尔所指出的,几何直观可以向学生展示事物的可能性,揭示可以接近的事物和有意义的事物。它不仅能够帮助学生在课堂上开拓思路,提高他们的学习积极性,还有助于学生发现自我价值。

因此,教师需要深入研究和理解几何直观的概念及其内涵,探究与其相关事物之间的直接联系,从而充分发掘几何直观在教育中的价值。这将有助于教师更好地指导学生学习几何知识,提升他们的数学素养和综合能力。

1. 了解几何直观的含义,认识几何直观的作用

数学家徐利治曾这样阐释几何直观的内涵:它依赖于我们对几何图形表面关系的直观感知,进而洞察其内在的数量联系。此外,也有数学学者这样评价几何直观:它是一种思维活动的外在表现,体现了大脑对客观事物及其相关性的想象与推测。

在数学学习过程中,几何直观扮演着举足轻重的角色。它通过运用几何图形来解析数学问题,帮助学生拓展思维,提升解决问题的能力。在此过程中,几何图形不仅是解题的工具,更凸显了几何知识在数学领域中的核心地位。

首先,几何直观是一种解题的方法和技巧。当面对具体的数学问题时,学生可以利用几何图形进行直观化处理,使复杂问题变得简单明了。这种方法的独特之处在于,它借助几何图形的直观性,实现了问题的简化和优化。特别是在处理典型的几何问题时,几何直观的作用更是无可替代。

其次,在运用几何直观解题的过程中,学生主要经历观察、实践和总结经验等阶段。这些过程使学生能够直观地理解和解决问题,充分体现了"直观"的核心思想。以小学三年级学生学习比较同分子分数大小为例,教师可以通过引导学生绘画或联想相关几何图形,观察和体会几何图形的特点和联系,将抽象问题转化为直观形式。这样,学生就能更深入地理解问题的解决原理:当两个分数的分子相同时,分母较小的分数反而较大。

再次,几何直观能力在数学学习中具有至关重要的作用。具备这种能力的学生,在面对复杂的数学问题时,能够更有效地将问题直观化,从而提高解题的速度和准确性。此外,几何直观还有助于培养学生的空间观念和创新思维,为未来的数学学习和科学研究奠定坚实的基础。

综上所述,几何直观作为一种解题方法和能力,在数学学习中具有重要意义。因此,教师在教学过程中应关注学生几何直观能力的培养,引导学生通过观察、实践和总结经验等途径,

将复杂问题直观化，从而提高学生的数学素养。

2. 了解几何直观形成过程，感受几何直观历史溯源

数学的发展历程充满了挑战与探索。自1952年我国首次制定中小学数学教学大纲以来，数学教育目标的定位始终在不断地深化和完善。1952年的教学大纲明确指出了小学数学和中学数学的侧重点，分别强调思维逻辑能力和想象能力、判断及推理能力的培养。1988年，我国颁布的《九年义务教育数学教学大纲》进一步明确了教学目标，即全面提高学生的计算能力、空间想象能力和思维逻辑综合素质。

随着教育理念的更新，2001年我国制定了《全日制义务教育数学课程标准（实验稿）》，再次强调了提升学生空间想象能力和形象思维的重要性。而2003年的《普通高中数学课程标准》则对几何学进行了定义：几何学是研究客观事物和具体图形大小、位置、形状等外在特征的学科，通常采用直接感受、实践检测、思维辩证和实际测量等直观方法进行研究。

在过去的几十年里，我国对几何直观的认识不断深化。2011年的数学课标明确将几何直观列为小学数学的十大重点概念之一，显示了其在数学教育中的重要地位。到了2022年，数学课程标准进一步将几何直观确定为学生核心素养的主要表现之一，并对其定义和内涵进行了清晰的阐释，从而揭示了其在教学中的独特价值。

3. 了解直观与形式的统一，体验数学与现实的联系

数学其实挺有趣的，它得靠我们的大脑去思考和推理。学数学，应有那种逻辑思维能力，应理性地去理解那些数学概念。解决问题时，应用严谨的态度，还得结合实际去联想，去感受数学概念背后的意义。其实，数学问题都是从生活中来的，我们应从现实里找到解决数学问题的办法，同时用数学知识去解决生活中的问题。这两者是相辅相成的，紧密地联系在一起。

学习数学，既要能抽象地分析，也得有形象的直观能力。它是抽象和具体的统一，哪个都不能少。需要在形式和内容之间建起一座桥，把它们融会贯通，结合理解，这样才能更好地学数学。数学之所以有它的形式化，是因为它追求精准，不能马虎。比如，制造飞机这种大型机器，都需要准确的数学计算和测量，一步都不能错，这样才能保证飞机飞行时的安全。

数学是需要创造力的，那些学数学的人，往往都有很强的创造力。因为有了创造，才能有更多的直观发现，而直观又决定了它的形式。虽然数学和感性世界是两面的，但数学也不能完全是形式化的，它应有它的独立性。通过形式化的处理，数学会变得更加精准。所以，数学是直观和抽象的统一，理性和感性的相辅相成。只有真正理解了数学，才能学好它。

而几何直观对小学数学来说，影响可大了。它能揭示小学数学中的内涵意义，是学习数学的延伸和拓展。有了几何直观，思维就能从形象的表面上升到抽象的层次，开拓思维，对理解空间形态的数学有一个更深的体验。在学习几何直观的过程中，我们会充满热情，更加积极主动地去学习，发挥自己的主观能动性。所以，作为一名小学数学教师，应重视发展学生的几何

直观能力,培养他们的思维分析逻辑能力,让几何直观的教育价值得到更大的发挥,让学生真正受益。

(二)几何直观在小学数学中的表现

众所周知,数学作为一门高度逻辑化的学科,其知识内容往往较为抽象。相较之下,小学生的思维特点更倾向于直观、具体的事物。因此,当涉及较为抽象的数学知识时,小学生往往会面临理解和接受的困难。研究表明,通过采用几何直观的教学方法可以有效地解决这一问题。该方法强调图形与数量的有机结合,以数形结合的方式展现课本知识,利用立体化和直观化的教学手段来讲解数学概念、公式和定理,从而帮助学生更好地理解和掌握数学知识。

1. 几何直观能让学生更好地掌握数学知识

学习数学确实需要首先理解基础的概念。这些概念就像是数学的基石,构建起了整个数学体系的大厦。然而,这些概念往往抽象而深奥,让初学者感到困惑和迷茫。在这种情况下,运用几何的方法来教授数学就显得尤为重要了。

几何作为一种直观而形象的数学分支,能够通过图形和空间的方式,帮助我们更好地理解和掌握数学概念。正如古人所言:"数形结合,万物皆明。"通过将数学概念与几何图形相结合,我们能够更轻松地理解抽象的数学知识,同时也能提高思维能力和解决问题的能力。

例如,当学习分数时,由于之前只接触过整数,学生可能会对分数感到困惑。但是,如果教师能够运用几何的方法,用纸板做成相同的长方形,然后让学生从中取出1/2、1/4等部分,学生就可以通过亲手操作和观察,真正理解分数的含义。这种直观的教学方式,不仅能够激发学生的学习兴趣,还能帮助他们更好地掌握数学知识。

几何的方法还能帮助我们更好地理解和应用其他数学概念。比如,在学习代数时,可以通过几何图形来理解和解决代数问题。同样地,在学习三角函数、向量等概念时,几何图形也能提供直观而形象的帮助。

综上所述,用几何的方式来教数学是非常有益的,因此,教师应该充分利用几何的方法,让数学学习变得更加简单、有趣和有效。

2. 几何直观能帮助学生解决难点问题

随着学生年龄的增长,他们的学习领域逐渐扩大,知识的深度也不断增加。为了帮助学生更好地理解和掌握知识,教材上的呈现方式也在不断变化。从最初的实物图到示意图,再到简洁明了的线段图,这些都是根据学生的认知发展规律而设计的。

实物图是最直观的教学方式,通过真实的物品或场景来展示知识,让学生一目了然。但是,随着知识的深入,实物图可能无法涵盖所有的细节和抽象概念,这时就需要使用示意图和线段图来辅助教学。

示意图是一种用图形符号来表示事物关系的图表,它可以帮助学生更好地理解知识的内在逻辑。例如,在学习方位时,示意图可以清晰地展示地点之间的位置关系,让学生更好地掌握相关知识。

线段图则是一种用线段来表示数量关系的图表,它可以帮助学生更好地掌握数学知识。通过线段图,学生可以更加直观地了解数的大小、比例、变化等概念,从而更好地解决数学问题。

然而,对于学生来说,理解示意图和线段图也需要一个过程。因此,教师在教学过程中需要采用几何直观的方法来帮助学生理解这些图表。例如,在学习平均数时,教师可以采用"堆"球的方法来帮助学生理解条形统计图的含义。通过实际操作,学生可以更加直观地了解条形统计图所表达的含义,从而更好地掌握平均数的概念。

除了条形统计图,还有很多其他的几何直观方法可以帮助学生学习。例如,在学习面积和体积时,教师可以让学生通过实际测量和计算来掌握这些知识;在学习角度和三角函数时,教师可以让学生通过制作角度器和三角板来加深对这些概念的理解。

几何直观是解决教学难题的一剂良药。通过采用几何直观的方法,教师可以帮助学生更好地理解知识,消除学习中的障碍物,从而提高学生的学习效果。因此,在教学过程中,教师应该注重运用几何直观的方法,让示意图和线段图等图表成为辅助学生学习的良好工具。

3. 几何直观帮助学生理解数量之间的关系

小学生正处于心理发展的关键时期,他们的认知能力和思维逻辑尚未成熟,因此,对于较为抽象的概念,如正反比例数量之间的关系等,理解起来可能会感到困难。由于他们缺乏几何直观能力,难以从问题中发现数量关系,这就需要教师在教学过程中,巧妙地运用几何直观来帮助他们建立正确的认知。

以"正比例"的教学为例,教师应该首先全面地向学生介绍正比例的概念,让他们明白什么是正比例关系。然后,教师可以采用几何直观的教学方法,引导学生通过实际操作来深化对正比例关系的理解。具体的方法是指导学生使用"描点法"来绘制表示正比例关系的图象。在这个过程中,教师需要强调图象中的每一个点都应该与表中的数据保持一致,不能出现误差,以确保学生能够准确理解图象上每个点的真实含义。

通过实际操作,学生会发现所有的点都分布在一条直线上,此时,教师需要适时地点拨,让学生明确这正是正比例函数图象的特征。这样,学生就能够准确而清晰地理解正比例函数图象的特点,同时也能够深入地把握正比例函数的大小变化规律。更重要的是,通过这种方法,学生能够认识到图象上每个点所表达的实际意义,从而理解正比例函数在实际生活中的应用。

不仅如此,通过几何直观的教学方法,学生还能够更好地掌握正比例函数的知识,为他们今后深入学习函数打下坚实的基础。因为在这个过程中,他们不仅学到了知识,更重要的是学会了如何运用几何直观来理解和解决问题,这是一种非常重要的思维方式和能力。

对于小学生来说,理解正反比例数量之间的关系确实不是一件容易的事,但只要教师能够巧妙地运用几何直观的教学方法,就能够帮助学生建立正确的认知,深入理解并掌握正比例函数的知识。因此,教师在教学过程中应该充分重视几何直观的运用,使其成为帮助学生理解和掌握数学知识的有力工具。

4. 几何直观能促进学生思考

学会独立自主地思考,形成深刻的思维能力,无疑是数学教学的核心目标。这种能力的培养不仅关乎学生数学学科的学习,更对他们未来的生活、工作产生深远影响。为实现这一目标,几何直观这一教学方法显得尤为重要。几何直观利用实物模型、图形等手段,将抽象的数学概念和问题变得具体、直观,有助于学生更好地理解、分析和解决问题。

几何直观教学能够强化学生的思维能力,让学生通过对实物的观察和分析,提高推断能力,增强思维的严密性。以学习四边形为例,当面对一个复杂问题时,如"在一个长为 10 cm,宽为 6 cm 的长方形中减去最大的正方形,则该长方形的周长是多少?"学生可能会感到困惑,无从下手。此时,教师可以利用几何直观的方法,引导学生观察、分析并解决问题。学生通过观察可以发现,减去正方形后,长方形的长变为 4 cm,宽变为 6 cm,从而得出周长为 20 cm。这一过程不仅让学生学会了如何运用几何直观解决问题,还锻炼了他们的思维能力。

此外,几何直观还有助于学生理解书本上的概念知识。对于一些抽象的概念,如角度、面积、体积等,学生往往难以理解。而通过几何直观的方法,如利用实物模型、图形等展示这些概念,可以帮助学生更好地理解。例如,在学习角度时,教师可以利用量角器、三角尺等工具,让学生直观地感受到角度的大小和变化。这样的教学方式能够帮助学生清除学习路上的绊脚石,让他们更加顺利地掌握数学知识。

值得一提的是,几何直观教学符合学生的认知水平。通过运用学生常见的实物来分解教学难点,让学生在具体、直观的教学情境中理解抽象的知识,既符合学生的认知规律,又能激发他们的学习兴趣。这种巧妙构思的教学方式值得大力推广。

几何直观在数学教学中具有重要作用。它不仅能够帮助学生理解概念知识,清除学习障碍,还能强化学生的思维能力。因此,教师在数学教学过程中应充分运用几何直观这一教学方法,以提高教学质量,促进学生的全面发展。

(三)几何直观的学业质量描述及应用

1. 几何直观的学业质量描述

几何直观,简而言之,是通过几何图形和空间关系来理解和描述数学概念和问题的能力。这种能力在数学教育中占据着举足轻重的地位,它不仅帮助学生更好地理解数学知识,还能提升学生的数学素养,使其在数学学习的道路上走得更远。本节旨在深入探讨几何直观的学业质量描述及其应用,以期为数学教育提供有益的启示。

在评价学生的几何直观能力时,我们可以从以下几个关键方面构建评价指标。

（1）观察力：几何直观的首要基础

观察力是几何直观能力的基础。学生需要敏锐地观察几何图形的特征，判断其形状、大小、位置等属性，以及与其他几何图形的关系。例如，在解决三角形的问题时，学生需要准确地观察到三角形的角度、边长等特征，以便运用三角形的性质进行推理和计算。

（2）想象力：几何直观的翅膀

想象力是几何直观能力的重要组成部分。学生需要通过构建几何图形，进行旋转、翻转、缩放等操作，形成对几何图形的直观认识。例如，在解决立体几何问题时，学生需要发挥自己的想象力，将二维图形转化为三维空间中的实体，以便更好地理解和解决问题。

（3）分析力：几何直观的锐利工具

分析力是几何直观能力的关键。学生需要对几何图形进行深入的分析，发现其中的性质和特点，以及与其他几何图形的关系。这种分析力有助于学生在解决问题时找到突破口，提出有效的解决方案。例如，在解决平面几何问题时，学生需要分析图形中的角度、边长等关系，运用几何定理进行推理和计算，从而找到问题的答案。

（4）表达力：几何直观的沟通桥梁

表达力是几何直观能力的重要体现。学生需要用简洁明了的语言和符号来描述几何图形的特征和性质，以及与之相关的问题和解决方法。这种表达力不仅有助于学生在课堂上与教师、同学进行交流，还能提升他们的数学表达能力，为未来的数学学习打下坚实的基础。例如，在解答数学题时，学生需要清晰地阐述自己的解题思路和方法，以便让教师和同学理解他们的思考过程。

几何直观是数学教育中不可或缺的重要能力。通过观察力、想象力、分析力和表达力的培养，我们可以提高学生的几何直观能力，使他们在数学学习的道路上走得更远。因此，我们应该重视几何直观的教学，为学生提供更多的实践机会和教学资源，让他们在实践中不断提高自己的几何直观能力。只有这样，我们才能培养出更多具有创新精神和实践能力的优秀学生，为数学领域的发展做出更大的贡献。

2. 几何直观的应用

（1）提高学生的数学素养

几何直观作为提升学生数学素养的重要手段，其地位在教育领域中不可忽视。它如同一座桥梁，连接了理论与实践，使学生在面对抽象的数学问题时，能够更好地理解和解决。培养学生们的几何直观能力，就如同为他们配备了强大的思维工具，有助于提升他们的数学思维品质和问题解决能力。

首先，教师在进行几何教学时，应注重基础知识的教学，这是培养学生几何直观能力的基石。例如，教授几何图形的基本概念时，不仅要让学生了解图形的形状，还要引导他们探索图形的性质和关系。这样，学生在面对复杂数学问题时，才能够运用几何直观来辅助理解。

其次，教师需引导学生通过实际操作来培养几何直观能力。这可以通过布置富有挑战性的几何题目，让学生在实践中探索和理解几何图形的性质和关系。在这个过程中，学生不仅可以巩固基础知识，还能够锻炼几何直观能力。

此外，教师还应该注重培养学生的空间想象能力，这是几何直观能力的重要组成部分。可以通过引导学生观察和分析现实中的几何图形，让他们在脑海中构建出几何图形的形象，从而培养他们的空间想象能力。

教师需要给予学生充分的指导和鼓励，让他们在学习几何的过程中，感受到挑战和成就感。对于学生在几何学习中的困惑和错误，教师要及时给予指导和纠正，帮助他们建立正确的几何直观。培养学生的几何直观能力，不仅有助于他们更好地理解和掌握数学知识，也有利于他们解决问题能力的提升。

(2) 促进学生的创新能力发展

几何直观对于培养学生的空间想象力和创新能力具有至关重要的作用。在解决几何问题的过程中，学生需要充分调动自己的想象力和创造力，积极探索新的规律和方法，从而不断提升自身的创新能力。此外，教师应注重实践教学，引导学生通过制作几何模型、解决实际问题等方式，锻炼和提升观察力、想象力、分析力和表达力。

为了更好地培养学生的几何直观能力，教师可以从以下几个方面进行教学：

首先，教师应引导学生充分理解几何概念和性质。几何学涉及许多基本概念，如点、线、面、角、三角形、四边形等，以及它们的性质和关系。学生对这些概念和性质的掌握程度直接影响到他们在解决几何问题时的判断和分析能力。因此，教师应着重讲解这些基本概念和性质，并通过实例加深学生的理解。

其次，教师应鼓励学生多进行几何图形之间的转换和变换。几何图形的转换和变换可以帮助学生更好地理解图形的内在联系和规律，如平移、旋转、翻转等。通过这些变换，学生可以直观地发现图形的性质和关系，从而提高解决几何问题的能力。在这个过程中，学生的空间想象力和创新能力也将得到锻炼和提升。

再次，教师可以组织学生进行几何模型制作活动。制作几何模型可以帮助学生直观地感受几何图形的形成过程，加深对几何概念的理解，培养空间想象力。此外，教师还可以引导学生将几何模型应用于实际问题中，以提高他们解决实际问题的能力。

最后，教师应注重培养学生的几何语言表达能力。几何学是一门严密的学科，学生需要掌握几何语言，才能准确地表达自己的思想和发现。通过训练，学生可以将几何直观转化为几何语言，清晰地描述几何图形的性质和关系，进一步提高自己的创新能力。

几何直观在培养学生的空间想象力和创新能力方面具有重要意义。教师应从多个方面加强教学，注重实践教学环节，让学生在解决实际问题的过程中培养自己的观察力、想象力、分析力和表达力。通过这种方式，学生将能够在几何学领域取得更好的成绩，为未来的学术和职业生涯打下坚实基础。

(3) 丰富教学手段和方法

几何直观作为数学教学的重要工具,为教育工作者提供了丰富多样的教学手段和方法。通过精心设计的几何直观活动,如观察、想象、分析、表达等,教师能够激发学生的学习兴趣,优化教学效果。同时,为确保对学生几何直观能力的全面评价,教师需要采用多样化的评价方法,如观察法、测试法、实践法等,以收集准确的学生表现数据,为教学提供有效的反馈。

几何直观不仅在数学教育中扮演着至关重要的角色,而且对学生的数学素养、创新能力等方面产生深远影响。因此,教师应充分认识到几何直观的重要性,并采取科学有效的教学策略,致力于提高学生的几何直观能力,为学生的全面发展奠定坚实基础。

六、空间观念

(一)空间观念的涵义

空间观念是人脑借由空间知觉所形成的物体形状、大小、位置关系、运动方式的映象。空间观念主要是通过对事物的空间形式进行观察、分析和描述,展现出再识、保留与回忆图像的思考能力。

空间观念是数学几何图形中不可或缺的一部分,它与普通的平面图形的计算不同。空间几何图形着重表现空间图形与平面图形的不同与联系,让学生通过观察、想象、比较、综合和分析的方法,运用所学的数学知识更加客观、全面地掌握空间知识,在认识空间知识的过程中,培养学生的思维创新能力与动手操作能力,让学生更加深刻地感知到空间几何图形的魅力,继而更好地去把握数学空间知识。

1. 小学数学教学中渗透空间观念的意义

孔企平教授认为,空间观念是指物体的形状、大小、位置、方向、距离等形象在人脑中的映象。[①] 空间观念是在空间知觉的基础上发展的。教师在教学中不仅要让学生熟知并掌握相关的概念、公理和定理,更重要的是要学生能够根据所看到的平面图片想象出几何图形。大多数学生对于空间图形掌握不是很牢固,抓不到图形的本质和中心。因此教师在教学中要注重对小学生空间观念的渗透,培养其思维创新能力,在教学过程中对相关空间知识进行分析和解释。几何是数学学科中不可缺少的一部分,几何的关键是研究图形之间的联系及其性质。虽然人类有"识图"的能力,但在内容和要求上都达不到极点。不可否认的是,空间与人类的生存和居住息息相关,两者互相依存,因此了解和掌握空间,能够使学生更好地适应生活,继而不断发展与进步。当然,要想在空间领域有所造诣,必须拥有丰富的想象力和创造力。作为设计者

[①] 高雅.中澳小学数学课程标准比较研究[D].扬州:扬州大学,2015.

要能够首先根据自己脑海中的创造力设计出实物模型,然后再根据自身的个性和特点对模型进行改造与修饰,直至达到自己的要求,满足自身的好奇心。这是一个探索与创造的过程,学生在这一过程中要能够从二维空间转化为三维空间,用自身的直观和感觉来进行考虑与创造。所以,教师在教学中要能够让学生明确空间观念的意义,认识并掌握有关空间观念的特征,这对于培养学生的创新精神和实践能力起着不可估量的作用。这也是数学新课标中着重强调与重视的关键之处。

2. 《义务教育数学课程标准(2022年版)》中对空间观念的阐述

《义务教育数学课程标准(2022年版)》指出:"空间观念主要是指对空间物体或图形的形状、大小及位置关系的认识。能够根据物体特征抽象出几何图形,根据几何图形想象出所描述的实际物体;想象并表达物体的空间方位和相互之间的位置关系;感知并描述图形的运动和变化规律。空间观念有助于理解现实生活中空间物体的形态与结构,是形成空间想象力的经验基础。"

空间观念的主要表现在于学生能够培养出由实物的形状想象出几何图形的能力,根据几何图形来展开自己的想象去进行思维之间的转化,要能够快速地在平面图形与空间图形之间进行转化。例如,在学习正方体平面图与立体图形转化的这一课时,部分学生很难分清哪种图形的平面图无法折叠成一个正方体。这就需要教师在教学中能够正确认知空间观念在小学数学课堂中需要掌握的知识点,继而加以引导,让每一位学生都能正确感知空间图形的重要意义。这不仅是一个思考过程,也是一个实际操作的过程。所谓实践是检验真理的唯一标准指的就是这个道理。当然,教师在引导学生进行思考的同时也要潜移默化地让学生汲取相应的数学知识。学生不论是做立体模型还是平面图形,都需要在运用基础知识的同时进行创新,展示出自身的个性和特征,也要通过实际尝试、动手操作和创新来完成任务。这种教学方式不仅可以让学生更加全面、清晰地了解空间知识,还能把这种空间观念上升到一种高度。例如,"能从较复杂、难懂的图形中分解出基本的图形""能运用数学知识描述物体之间存在的一些关系"等等,通过这种方式让学生能够以一种轻松、愉悦的心情去掌握有关的数学知识点,提高自身的数学文化素养,继而更好地提高自己的逻辑思维能力和创新动手能力。

3. 对培养小学生空间观念的认识

处于小学阶段的学生,他们的思维能力正处于活跃发展的阶段,他们对周围的事物充满好奇心和求知欲,对于空间观念有着一种天然的崇拜感。在这个阶段,教师的教学任务之一就是培养和激发学生的空间思维能力和想象力。这是提高他们理解数学知识、掌握计算公式、提升解题能力和动手操作能力的关键所在。

然而,我们国家的教育目标并不止于此。我们不仅希望学生具备特定的数学几何知识,更重要的是,我们希望他们能够拥有清晰全面的空间观念,能够运用所学的数学知识解决生活中的问题,取得惊人的成绩。这就需要我们深入探讨如何形成清晰、全面的空间观念,如何激发学生的思维能力。

首先,学生需要具备一定的数学知识和能力,而不是仅仅依靠猜测来解决问题。其次,学生需要能够根据问题的条件做出具有一定正确性的猜想和判断,把握知识点之间的联系,积极主动地去解决问题,挖掘新知识,并根据自身的个性和特点进行创新。在这个过程中,教师的角色至关重要。他们需要引导学生通过触摸、观察、测量、作图或者实验的方法,掌握图形的相关特点和重要性质,从而形成空间观念,更好地掌握空间几何的知识。同时,教师自身也需要对空间观念有深刻的认知,以便更全面地引导学生。

空间观念的形成是一个长期的过程,需要我们持续地关注和努力。教师应优化传统的教学方式,将空间观念与实际生活相结合,让学生在实践中感知空间知识的魅力。

对于学生来说,他们需要具备创新思维能力和理念,勇于面对挑战,不屈不挠地探索和追求。只有这样,他们才能真正感受到空间知识的魅力,才能在未来的学习和生活中取得更大的成功。

(二) 空间观念在小学数学中的表现

《义务教育数学课程标准(2022年版)》对小学阶段学生空间观念发展的具体要求是在第一学段"图形认识与测量"中,"会用简单的图形拼图,能在组合图形中说出各部分图形的名称;能说出立体图形中某一个面对应的平面图形,形成初步的空间观念";在第二学段"图形位置与运动"过程中,"辨认生活中的平移、旋转和轴对称现象,直观感知平移、旋转和轴对称的特征,能利用平移和旋转解释现实生活中的现象,形成空间观念";在第三学段"图形认识与测量""图形位置与运动"学习中"进一步欣赏并设计图案,感受数学美,形成空间观念"。

作为小学数学教师,在教学过程中,一定要积极地引导学生使用观察、操作与推理的手段进行思考与分析。在这样的过程中,了解简单几何体和平面图形的形状、大小、位置关系及变换,知道立体几何和空间图形在学生们的实际生活当中是无处不在的。

1. 小学生缺少空间观念心理分析

(1) 偏重于明显要素。在小学阶段,初步认识几何图形在一年级的第一单元就有涉及,此时几何图形只是为了帮助学生们学习数字而作为辅助图例出现,并没有具体地系统化地学习。但是,随着认识的不断加深,学生们对于这些常见的长方形、正方形、三角形等基本图形,已经在脑海里有了一个基本的概念。但是,若是想要真正地发掘它们之间的区别,了解它们的特点,例如长方形、正方形"对边相等""四边相等",还需要教师的帮助。

(2) 偏重于标准图形。相比起这些各有特点的图形,教师需要先带领学生们从标准图形入手,一步一步地弄懂其中的奥妙。就以最简单的梯形来举例,首先梯形的最基本特点是相互平行的一组对边处于水平方向,而且上底比下底短。之后,教师不妨将梯形进行切割分解,不难发现梯形实际上也是由三角形和矩形组合而成的。如此一来,将所学的图形的特点联系到一起进行学习,可以使得学生们学习数学更加灵活多变。

(3) 偏重于对称图形。在小学阶段,特别是在学习图形知识的时候,一定会接触到简单的对称图形的知识。为更好地激发学生的学习积极性,教师可以事先在课前准备一些生活中常见的、带有轴对称性质的东西。例如蝴蝶标本、飞机模型等,都是很常见的轴对称素材。之后,教师也不妨利用多媒体设备来播放一些有意思的关于轴对称的视频,让学生知道学习数学知识的作用。

2. 小学生树立空间观念的具体表现

小学阶段学生空间观念发展的具体要求:"一是让学生在从物体中抽象出几何图形,认识平移和旋转现象,认识方位和方向的过程中,初步获得一些关于图形的形状、位置、运动方式的表象,发展初步的空间观念;二是学生在认识图形特征、性质及其位置关系、运动方式的过程中,初步建立空间观念,能初步运用这些映象解决有关问题。"

(1) 认识平面图形。在小学阶段所学习的数学知识,尤其是平面图形,教师需要将其用数学符号组成数学语言表现出来。具体的例子就是:三角形三条边分别用 a、b、c 来表示,高用 h 来表示,那么三角形的周长为 C,周长公式就为 $C = a + b + c$,面积为 S,面积公式就为 $S = \frac{1}{2}ah$。如此一来,学生们就更加直观地知道三角形面积和周长的运算法则了。

(2) 关注图形的维度。众所周知,二维图形就是平面图形,三维图形就是立体图形。但是,如果直接这么解释给小学生听,往往会让他们感到一知半解,不得要领。因此,教师还是需要结合生活中的具体实例来进行知识的解答。例如,教室这一个空间是由四边形组成的长方体,三个相邻的面就是三个不同的维度。如此一来,学生们就容易理解。

(3) 由实物想象图形。到了五年级的时候,数学课本上就会出现要求画出一个立体图形多个不同角度的主视图的题目。这实际上就是考查学生们对于立体图形到平面图形之间的转化能力。举一个简单的例子,一个杯子从侧面看是一个矩形,从上面俯视就是一个圆形,从整体来看又是一个圆柱形。作为教师,一定要帮助学生将这些数据与整体联系起来,做到图形维度间的自由转化。

(4) 不能抓住事物的本质。小学阶段的数学课一方面是为了帮助学生们步入初中阶段的学习打下坚实的基础,另一方面是培养学生思考探索的习惯和精神。小学阶段学习的知识相对容易,极易给学生造成"我随便听听就会"的错觉。正是因为这种小聪明,导致了一大部分学生的学习只停留在事物的表面,没有形成理解核心问题的能力。因此,小学数学教学形成学生空间观念必须让学生培养勇于探索的精气神,让他们去超越知识,激发他们探索基础上创新创造的积极性。除了在数学课堂上学习必要的数学知识之外,还要通过解题和思考教师提出的问题,来培养探究精神,锻炼意志,使得在今后的数学学习中可以不断前行。

(5) 不利于思维展开想象。随着生活水平的提高,很多家庭的生活条件也大大改善。这也导致了当代的小学生们大多出自富裕家庭,从小娇生惯养,久而久之就形成了懒散的性格。在学习数学的过程中,往往表现为不愿意思考,知难而退,形成了惰性思维。最为明显的是观察和思维的严重剥离,没有做到观察为思维进行服务,更没有做到利用思维对观察进行抽象性的提升。久而久之,这部分学生便会感到数学学习充满了困难和阻碍。作为小学阶段的数学教师,必须要在课堂教学中帮助学生形成空间观念,努力促使其在观察的基础上开动脑筋展开想象。学生只有切实活跃了思维,真正耐下心来去思考问题,才能真正具备数学学习的能力。

总之,作为小学数学教师最主要的就是要帮助学生认识数学知识的规律,努力做到"感知—表象—思维"三个基本步骤。只有这样,学生们才能真正积极主动地参与到学习中来,使具体事物的形象在头脑中得到全面的反映,在学习几何图形知识的时候充满效率。

(三) 空间观念的学业质量描述及应用

空间观念是指个体对物体在三维空间中的位置、方向、距离等特征的感知和理解能力。在数学教育中,空间观念是一个重要的概念,它与几何学、代数学、概率论等多个学科密切相关。空间观念也是提高学生数学素养的重要途径之一。

1. 空间观念的学业质量描述

(1) 观察能力。能够准确地观察物体在三维空间中的位置、方向、距离等特征,并能够将这些特征用语言或符号表达出来。例如,学生要能够正确地描述一个立方体的形状、大小、位置等信息。

(2) 想象能力。要能够在心中构建物体的空间模型,并进行旋转、翻转、缩放等操作,从而形成对物体的直观认识。例如,学生要能够想象一个球体在不同角度下的投影形状。

(3) 分析能力。能够分析物体的空间关系,包括相对位置、相对方向、相对距离等。例如,学生要能够判断两个点是否在同一条直线上,或者判断一个三角形的内角和是否等于180度。

(4) 解决问题的能力。能够运用空间观念解决实际问题,例如,计算物体的体积、表面积等。再如,学生要能够计算出一个长方体的体积和表面积。

2. 空间观念的应用

几何学是小学数学中的一个重要学科,它涉及物体的形状、大小、位置等方面的知识。空间观念在几何学中的应用非常广泛。

(1) 学生观察的能力。学生需要具备准确观察物体在三维空间中的位置、方向、距离等特征的能力,并能够用语言或符号将这些特征表达出来。在立体几何中,对于立方体这种常见的几何体,学生需要能够全面、准确地描述其形状、大小、位置等信息。

首先,从形状上看,立方体是一种六面都是等长正方形的立体图形。每一个面都是一个正方形,而且所有的边长都相等。在描述立方体的形状时,学生需要能够使用专业术语,如"正方形""边长相等"等,以清晰地表达出立方体的基本特征。

其次，从大小上看，立方体的大小由其边长决定。边长越长，则立方体越大。描述立方体的大小需要使用数据和度量单位，如"边长为10厘米的立方体"或"体积为1000立方厘米的立方体"。学生需要掌握基本的度量单位和相关的换算关系，以便准确地描述立方体的大小。

最后，从位置上看，立方体的位置由其质心决定。质心是立方体重力作用点所在的位置，可以用三维坐标系表示。在描述立方体的位置时，学生需要了解并能够使用三维坐标系，从而准确地描述质心的位置。

为了帮助学生更好地掌握立方体的形状、大小和位置等特征，教师可以采用多种教学方法。例如，可以通过实物展示或计算机模拟来让学生直观地观察立方体的形状和结构，可以通过讲解或练习计算立方体的体积和表面积来帮助学生理解其大小，可以通过讲解或练习使用三维坐标系来帮助学生掌握描述立方体的位置。

总之，学生需要具备准确观察和描述物体在三维空间中的位置、方向、距离等特征的能力，而这种能力可以通过对几何学基本概念的学习和实践来得到提高。对于教师而言，采用多种教学方法和手段，可以帮助学生更好地掌握这些基本概念和提高他们的观察和表达能力。

(2) 学生想象的能力。学生需要发展出一种重要的能力，那就是在心中构建并操作物体的空间模型。这种能力可以帮助他们形成对物体的直观认识，并更好地理解物体的各种性质。

构建空间模型需要学生具备一定的空间想象力。这种能力可以通过训练得到提高。例如，学生可以通过观察物体的不同角度的投影形状，尝试在心中想象这个物体的立体结构，并尝试进行旋转、翻转、缩放等操作。通过这种方式，学生可以逐渐提高自己的空间想象力，更好地理解物体的空间位置和形态。

总之，构建空间模型是学生学习和未来发展所必须具备的一种能力。通过训练和提高自己的空间想象力，学生可以更好地理解物体的物理性质和几何形态，更好地掌握科学知识，为未来的学习和职业发展打下坚实的基础。

(3) 学生分析的能力。学生需要具备分析物体空间关系的能力，这种能力对于他们的数学和物理学习至关重要。在数学中，学生需要理解直线的概念和三角形的属性，分析物体的空间关系，包括判断物体的相对位置、相对方向和相对距离。例如，学生要能够判断两个点是否在同一条直线上，这涉及直线的概念和向量的知识；学生还要能够判断一个三角形的内角和是否等于180度，这涉及三角形的属性和几何定理。

(4) 学生解决问题的能力。学生需要具备空间观念，以解决实际生活中的问题，例如计算物体的体积和表面积。在数学学科中，空间观念的培养对于学生的思维能力发展具有重要意义。

首先，空间观念的培养有助于提高学生的数学素养。在数学学科中，空间观念是学生对物体形状、大小、位置等空间特征的感知和认知。学生通过观察、分析、比较和概括等思维活动，可以形成对空间关系的正确理解，进而解决与空间有关的问题。例如，计算长方体的体积和表面积需要学生理解长方体的结构特征,并运用相应的公式进行计算。通过这样的训练,学生可以加深对空间关系的理解,提高数学素养。

其次,空间观念的培养有助于培养学生的创新思维。在解决实际问题时,学生需要运用已有的知识进行思考和分析,并寻找解决问题的方法。例如,在计算长方体的体积和表面积时,学生需要灵活运用长方体的结构特征和相应的公式进行计算。这种思维活动有助于培养学生的创新思维,提高学生的创新能力。

最后,空间观念的培养有助于提高学生的实践能力。数学学科不仅是一门理论学科,更是一门实践学科。学生通过运用空间观念解决实际问题,可以锻炼实践能力。例如,在计算长方体的体积和表面积时,学生需要运用长方体的结构特征和相应的公式进行计算。这种实践活动有助于提高学生的实践能力,增强学生的实际应用能力。

综上所述,学生需要具备空间观念以解决实际问题,例如计算物体的体积和表面积等。通过培养空间观念,可以提高学生的数学素养、创新思维和实践能力。因此,我们应该重视培养学生的空间观念,以促进学生的全面发展。

代数学是小学数学中的另一个重要学科,它涉及数的大小、顺序、运算等方面的知识。空间观念在代数学中的应用也非常广泛,例如:

(1)坐标系。学生要能够使用坐标系来表示二维或三维空间中的点,并能够通过坐标来计算点之间的距离和方向。例如,学生要能够使用平面直角坐标系来表示一个点的位置。

(2)向量。学生要能够理解向量的概念,并能够进行向量的加法、减法、数量积等运算。例如,学生要能够计算出两个向量的夹角和长度。

(3)图形变换。学生要能够理解图形变换的概念,并能够进行平移、旋转、翻转等变换。例如,学生要能够将一个正方形进行旋转90度的操作。

空间观念是小学数学中一个非常重要的概念,它与几何学、代数学、概率论等多个学科密切相关。通过培养学生的空间观念,可以提高学生的数学素养,促进学生的创新能力发展,丰富教学手段和方法。因此,教师应该重视空间观念的培养,采取有效的教学策略,提高学生的空间观念水平,为学生的全面发展奠定基础。

七、推理意识

(一)推理意识的涵义

《义务教育数学课程标准(2022年版)》指出:"推理意识主要是指对逻辑推理过程及其意义的初步感悟。知道可以从一些事实和命题出发,依据规则推出其他命题或结论;能够通过简单的归纳或类比,猜想或发现一些初步的结论;通过法则运用,体验数学从一般到特殊的论证过程;对自己及他人的问题解决过程给出合理解释。推理意识有助于养成讲道理、有条理的思维习惯,增强交流能力,是形成推理能力的经验基础。"

1. 推理的分类及意义

波利亚在《数学与猜想》中说:"在证明一个数学定理之前,你先得猜测这个定理的内容,在你完全作出详细证明之前,你先得推测证明的思路,把观察到的结果加以综合然后加以类比。"在波利亚看来,合情推理是以已有知识经验为基础,推导出可能性的结论,没有固定的逻辑标准,是与个体的个性、爱好等主观因素有关的探索性判断。

在具体教学过程中,这一定义的操作性很模糊。1999年版《辞海》却没有找到关于合情推理的专门注释,只有这样一段叙述:由一个或几个已知判断推出另一个未知判断的思维形式叫做推理,推理有演绎推理、归纳推理、类比推理等。

也许正是常识性工具书中没有明确的定义,才给了我们见智见仁理解的空间。有人从逻辑学角度,认为合情推理是一种思维形式,是与演绎推理相对立的非演绎推理,具有或然性;也有人从数学方法论分析,认为观察、归纳以及类比、实验、猜测、联想等一系列手段、方法都属于合情推理的范畴;还有人从教育心理学角度阐述,认为合情推理的过程不仅和观察、实验、联想、猜测等非演绎思维形式有关,还和个体的经验、感觉等非智力因素有关。

对于一线小学数学教师而言,不能止步于普及性的理解,而是需要更为专业的、可借鉴的释义。在《全日制义务教育数学课程标准解读》中觅得这样一段文字描述:合情推理是根据已有的知识和经验,在某种情境和过程中推出可能性结论的推理,归纳推理、类比推理和统计推理是合情推理的三种重要形式。

综上所述,有两点理解尤为重要:

① 数学合情推理是直接反映数学对象、结构以及关系的思维活动。虽然它的标准不甚严密和确定,结论也有偶然性,但绝不是凭空臆想,而是有一定数学根据的探索性判断。

② 合情推理没有普通逻辑推理的过程,却是一个更为上位的思维过程,在这一过程中或比较,或归纳,或猜想,或是基于经验的径直领悟,一些事实和过程常常被省略和逾越。

(1) 合情推理的概念及意义

① 合情推理对数学自身发展的意义。有别于理性推理,合情推理融入了主观上的直觉,会依靠以往的经验来推理事物的发展趋势。但是,合情推理也是建立在已有的事实和结论之上的,并不是无端的猜测,因此,合情推理在数学教学中占有重要部分,其基本模式包括归纳模式、类比模式、统计模式等。

有数学专家曾指出,任何学科的知识都不是靠单纯的论证推理得到的,在追求真理的过程中,总是需要借助合情推理的推动。在一项公理成立前,需要经过大胆的猜想来假定它的存在,然后再经过无数次的尝试和推理才能进一步接近真相,这个过程就是合情推理的过程。许多世界著名定理的发现,都是经过了观察、分析、类比和归纳等过程的锤炼,最后只有通过了逻辑验证才能成立,成为公认的定理。就上述所言,不难看出的是,数学的发展在合情推理中得到了推动,适用的范围也越来越广,在解决问题的过程中,数学自身的逻辑性也得到了完善,各种数学思想也在逐步形成,并且可以被运用为解决问题的思路。

② 合情推理对学生发展的意义。就学生而言,合情推理对他们创造力的培养具有不凡的意义,可以让他们勇于涉足未知领域,大胆地开启猜想之门。因此,要想让学生在数学领域能有一番作为,就必须要让他们将合情推理当作一项基础技能来掌握,为他们未来的发展打下坚实的基础。就算对于天资一般的学生来说,合情推理也是平时生活和学习必备的基础技能,合情推理对于他们的意义超出了数学学科的范畴。

(2) 演绎推理的概念及意义

① 活动中体悟演绎推理的深刻性。演绎推理是从一般到特殊的推理。在长期的教学实践中发现,学生是否有一定的演绎推理意识,与他们对概念、定理等演绎出发点的掌握与理解度息息相关,学生对此不能仅停留于"懂"和"会"的阶段,而要进入品味、体验的状态,知晓每一进程的难点和拐点,以及自己曾经不理解或理解错的地方,这样的融会贯通方能支撑演绎推理的顺畅运用。

演绎推理所运用的最基本的习得方式是经历数学活动,即让学生在观察与实验中产生结论。在这一阶段中,教材配以大量的数量、图形以及文字,让学生观察、比较、分析、分类……进行充分的观察与实验,从中评估典型的正确案例,认识和排除错误推导与结论,并在表面现象的感知后,深入探究数学对象的本质特征、联系,形成以语言、符号、公式等方式表达的结论。当学生能够将所学知识的推理自觉运用于总结学习方法时,他们收获的不仅是归纳推理意识的增强,其自主学习能力与探究能力也会获得大幅度的提高。

到五六年级的时候,学生的归纳推理意识应该达到"知其然"更"知其所以然"的程度,即不仅能归纳出正确的结论,或认识错误结论,还应了解这些结论正确与错误的原因,这需要更详尽的观察和更深入的实验。

② 教学中渗透思想,发展能力。教如学一般,永远处于无穷尽的探究之中,应对不同的教材与学生,教师要有一颗恒久的求索之心。新课标对数学思想的重视,在教师肩上压上了重重的一副担子:小学生的抽象思维在高年级逐渐形成,然而他们始终还是更擅长形象思维,所以紧抓要点,详尽分析,让学生融入体验的过程,便能在一定程度上化解难度。数学推理正如蝴蝶效应一般,如果已知方差之毫厘,很可能到未知的被推理结果上就会谬以千里,因此教师在数学课中运用推理思想进行教学的时候,要注意寻求每种推理方式的关键因素,为学生找准重点,引导他们突破难点,以帮助他们培养推理意识,并进而形成推理思想。

2. 小学数学中推理意识的重要性

从哥德巴赫猜想到费尔马定理,再从泰勒公式到欧拉定理,数学历史上的里程碑式成就都离不开合情推理,数学一步步走来,无一不留下了猜想和假说的脚印。不单单数学这一学科是这样,其他学科在诞生与发展的过程中也都有合情推理的功劳,例如,在天文学界,海王星的发现就是一个典型的例子,这也再次说明了合情推理对科学的发展做出了重大贡献。因此,小学数学的课堂必须赋予合情推理重要角色,教师要在教学中帮助学生掌握这项重要的学习技能。学生要想在数学学习的过程中不断取得进步,就必须要通过合情推理来增强自己的观察力与判断力,在寻找证据的过程中提高自己的思维能力,最终能够用证据来证明自己的猜想。对于小学生而言,教师要让他们感受到合情推理到演绎推理的演变过程,鼓励他们在遇到问题时多多观察,给出自己的想法,并且积极寻找证据进行论证。

在目前的教育环境下,培养学生的创新精神是新时期数学教育的重要目标。对于学生而言,学习数学不再只是每天记记公式做做题,他们应当追求更高层次的东西,课堂上要积极地参与到教学过程中去,要在听完课、做完题后多一些深入的思考,多一些属于自己的东西,这就是创造力的体现。由于合情推理包含了猜想的因素,因此合情推理也有助于学生培养创造力,让他们懂得根据已有的证据来开展合理猜测,鼓励他们寻找有力的例证,或者给出反例进行辩驳。

数学推理意识源于数学猜想,大胆地去猜想,然后去探究猜想的正确性,不断修正,最后得出证明。作为数学老师,在日常教学中应该试着将碰到的各种问题交由学生自己来解决,给他们提供宽松的学习环境,让他们有足够的时间和空间去自由地思考问题,以此鼓励学生们进行猜想,激发他们探索发现的兴趣,让他们学会思考并乐于思考,通过实验、归纳、同类比较等方法去验证他们的各种猜想,从而得出解决问题的方法。在这个过程之中,学生们不断地探索发现,新的方法、新的思路不断涌现,逻辑思维能力不断得到提高,这些都给学生们推理意识的提高打下坚实的基础。

3. 培养小学生养成推理有据的好习惯

数学推理意识的培养始于数学猜想,因此,要鼓励学生大胆设想,随后探究其正确性,并在过程中不断修正,最终得出严谨证明。身为数学教师,在日常教学中应让学生独立面对问题,为他们创造宽松的思考空间,使其拥有足够的时间与自由去深入思考问题。此种方法能激发学生的探索兴趣,培养他们乐于思考的习惯,并通过实验、归纳、类比等手段验证猜想,从而找到解决问题的策略。

在此过程中,学生不断发现新方法与新思路,逻辑思维能力得到显著提高,为推理意识的增强奠定坚实基础。推理需建立在充分条件之上,因此,学生需学会以事实为依据进行论证,避免无根据的臆测。对于小学生而言,形成优秀的推理意识需要培养他们言之有据的习惯,使他们在表达观点时能够逻辑清晰、证据充分,避免陷入无端的推测。

这既是良好习惯,也是数学能力的体现,有助于培养学生的逻辑思维,使思维更加严谨。此外,推理过程也是锻炼学生语言表达能力的机会。只有清晰表达,才能充分展示思维过程,使他人理解推理的合理性。例如,在判断 9 和 10 是否为互质数时,学生应明确指出:"互质数是指公约数仅为 1 的两个数,因 9 和 10 的唯一公约数为 1,故它们为互质数。"

因此,教师需帮助学生梳理思维,确保推理过程有条不紊。学生不仅应善于思考,还应能够清晰陈述理由,展现支持推理的证据,以增强其说服力。总之,推理意识是数学学习的重要技能,贯穿于整个学习过程。为培养学生的推理意识,教学应融入生活,注重兴趣的培养,并采取循序渐进的方式。在义务教育阶段,应重点培养学生思考的条理性,而非过分强调推理形式。

（二）推理意识在小学数学中的表现

著名的数学教育家波利亚认为,一个热爱学习数学知识的年轻人,若是能够将数学作为其人生的奋斗目标,那么他首先需要具备强大的逻辑推理意识。尤其是似真推理意识,是解决大部分问题的基础。那么,所谓的似真推理到底是什么推理呢？似真推理即使是非专业的或业余的数学爱好者也是可以做到的,因为它是不全都依据数学公理体系和数学定理进行推理,而是运用了一些特殊的推理方法。所谓的似真推理,就是指似真非真和似真确真都会产生的情况的推理。在小学阶段,为了培养学生们的逻辑推理意识,教师可以适当地带领学生去进行一些似真推理的活动。

1. 推理意识在类比中的表现

在数学的学习过程中,采用类比的方法学习数学知识,剖析数学问题,具有极其有效的作用。所谓的类比法,其实就是将两个接近的、相似的、具有细微差别的数学问题放在一块,要求学生们找到其中的差异之处,并同时也要了解其中的共通之处。如此一来,在今后面对类似的难点时,思路就会更加清晰,不容易犯低级错误。在小学三年级学习了四则混合运算后,教师在带领大家学习小数的四则混合运算时,就可以拿之前学习过的有关整数的四则混合运算来进行类比教学,让学生们发现许多整数四则混合运算中的技巧法则,在小数四则混合运算中也同样适用。当然,小数的四则混合运算可能要考虑到小数的基本性质,在计算时可能要比整数计算考虑的方面更多,要求计算更加仔细。总的来讲,就是小数的运算性质,也可由整数的运算性质来引入。其实说到底,所谓的类比法学习数学知识,就是需要学生们具备细心的观察与丰富的联想。类比之所以能进行并行之有效,就在于它抓住了事物普遍存在的相似性,把相差甚远的两类对象按其内在联系的相似性加以类比。小学五年级学习了正方形、长方形面积公式:长方形面积＝长×宽,正方形面积＝边长×边长。在学习圆的面积公式的时候,教师不妨将其放在一块加以类比:实际上,圆形可以分割成若干个小三角,这些小三角两两组合就变成了长方形,求圆形面积实际上就是求 N 个小长方形的面积总和,从而得到了圆形面积公式:$S = \pi r^2$。当然,教师也要在教学的过程当中让学生们注意,并不是所有的知识点都可以随便类比的,有的知识点无法类比,随意类比只会错上加错,甚至会对数学新知识的学习产生更大的干扰。

2. 推理意识在归纳中的表现

教师和学生们都应当在学习数学之前明白一个最基本的道理:数学这门学科,是以逻辑推理为主,并且以高度抽象而著称。数学的学习同文科的语文、英语不同,不能对知识点进行死板的记忆,更不能用套用模板的方式来解答各种数学问题。数学的解题方法千变万化,得出的结果自然也不止一个,对于这样非单一的数学结果,教师需要告诉大家有关枚举归纳、分类讨论的数学解题思路,以保证学生们解答数学问题更加严谨。枚举归纳的一般程序是,先确定枚举对象,然后枚举足够多的特殊情况,边枚举边理清诸特殊情况共同的结构,拟出猜想命题。在小学阶段的数学学习过程当中,学生们接触到的枚举都是比较简单的,如加法的交换律、结合律,乘法的交换律、结合律,乘法对于加法的分配律等数学计算方式。小学四年级的《分数与小数的互化》当中,课本的书后练习里就有这样的习题:将以下的 0.9,0.03,1.21,0.425 这几个小数转化为分数来表示。学生们在自主完成这些练习的时候,一定要懂得总结和归纳,小数化分数,原来有几位小数,就在 1 后面写几个零作分母,把原来的小数去掉小数点作分子,能约分的要约分,不能单一地得出一个数字结果就满足了。并且,一定要在做题的同时注意,用分母去除分子时,有的能除尽,化成有限小数,有的不能除尽,不能化成有限小数。所以说,学习数学的方式和途径有很多,在解答数学问题的时候,往往最能够进行综合和归纳。因此作为数学教师,一定要告诉学生:学习数学不能够仅局限于课堂,还需要在课后实践中总结和吸取经验,才能真正提升数学学习的能力。在枚举归纳过程中,不仅要寻找规律性的东西,而且要抓住或创造出相邻特殊情况之间在论证结构上出现的递归性,为运用数学归纳法创造条件。

3. 推理意识在猜想中的表现

依据逻辑学观点,"归纳"是选取个别性知识做前提推出一般性结论的思维方式,是直接反映了数学对象、结构以及关系的思维活动。小学阶段可以通过系列实例让学生进行探索,通过合情推理归纳得出结论,最后经过演绎、验证猜想是否合情。例如"加法交换律"教学,学生借助一个特例归纳出结论:两个加数交换位置,它们的和不变。

得出猜想后,全班验证。

师:"能多列举几个例子,从不同角度进行验证吗?"

生1:"我举的例子是:$6+7=7+6,1+8=8+1,3+8=8+3$。从这些例子来看,交换两个加数的位置和不变。"

生2:"我举的例子是:$15+14=14+15,3+5=5+3,300+500=500+300$。也可以看出,两个加数交换了位置,和没变。"

师:"你觉得哪位同学所举的例子在验证过程中更具代表性?"

生3:"我更欣赏第二位同学。第一位同学举的都是一位数加一位数的例子,第二位同学举的例子加数中既有一位数、两位数还有三位数,对结论的推导显得更全面、更具说服力。"

师:"那你们觉得这位同学的举例,有没有给你新的启迪?"

$\left(呈现:0+12=12+0,7+15=15+7,\dfrac{2}{15}+\dfrac{1}{15}=\dfrac{1}{15}+\dfrac{2}{15}\right)$

生4："他在举例时考虑了特殊情况,比如0。"

生5："加数可能是整数也可能是分数,这样的举例得到的结论更有说服力。交换两个整数的位置和不变,交换两个分数的位置和也不变。是不是还可以举小数加法的例子?"

学生们逐渐明晰:只有所举例子从类别的单一逐渐走向丰盈,才具有更强的代表性,所得出的结论可信度才越高。这不仅有助于学生掌握数学知识,满足求知欲望,更能帮助学生掌握合情推理的核心方法。

4. 推理在活动过程中的表现

推理过程其实是分析矛盾的过程,这个过程对学生理解知识和开发智力有着积极的作用。推理意识的作用还表现在日常生活中解决问题的能力上,生活中遇到任何问题都应该进行冷静的思考,对其进行分析判断,从而得出解决问题的办法。如已知长方形面积公式,求圆柱体体积公式,两相比较:

表1-2-1 长方形面积公式与圆柱体体积公式比较

长方形		有底和高	上下底平行	侧边垂直于底	长方形面积=底×高
圆柱体		有底面和高	上下底面平行	母线垂直于底面	圆柱体体积=?

可以发现,长方形面积推导的要素在圆柱体上都能找到对应点,于是推测出圆柱体体积=底面积×高。

同理,长方形和长方体、长方体和正方体、圆和球、圆柱和圆锥等图形之间,都能进行相似的比较,在已知前者面积(体积)公式的前提下,是可以推出后者的体积公式的。

又如探求梯形的面积公式。可以借助平行四边形的面积公式,推导出三角形面积公式的过程,类比获得借助平行四边形面积公式推导梯形的面积公式,因为前者才学过,学生很熟悉,所以不用复习便可以直接进入:

三角形与平行四边形

底边,高
三角形面积×2=平行四边形的面积=底×高
三角形面积=底×高÷2

梯形与平行四边形

上底,下底,高
梯形的面积×2=平行四边形面积=底×高
梯形面积=?

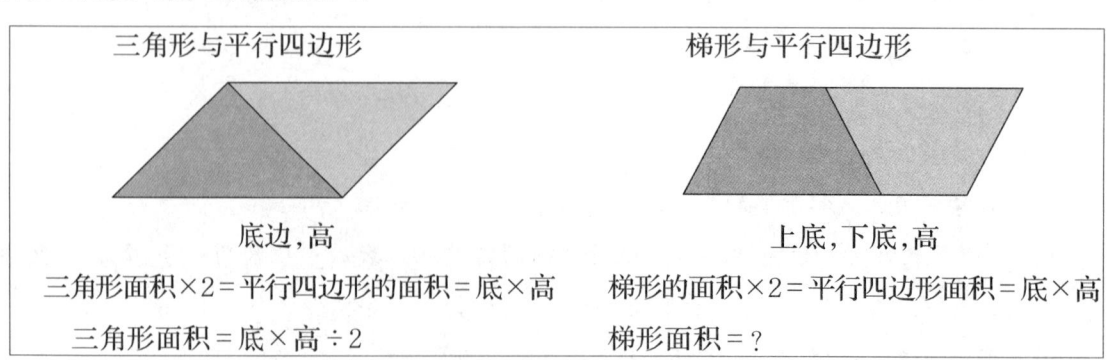

图1-2-8

两者类比后,可以看出,左上图平行四边形的底即是三角形的底,右上图平行四边形的底却是梯形的上底＋下底,因此可以推出:

$$梯形面积＝(上底＋下底)×高÷2$$

从平行四边形面积公式推导三角形面积公式,与从平行四边形推导梯形的面积公式的思路一模一样。三角形与梯形相差的只是后者比前者多一个上底,当两图并列的时候,便能将分析推理置于同一模式中,从而穿过相仿的推断通道,顺利获得梯形面积公式。

虽然推理在小学数学中具有简明易懂、表达凝练等特点,可它并不是证明方法,运用时存在一定风险。但小学生理性思维比较弱,缺乏透过现象看本质的能力,所以推理方法是很有效的。因此,推理时要注意仔细辨别相似点和相异点,确保需要推导结论的条件,结论要经过检验和论证。

在小学数学教学中,教师应注重培养学生的推理意识,引导学生在数学学习过程中从观察到实验再到猜想最后得出结论,让学生学会合情推理并初步养成演绎推理的习惯。在实际生活中,当学生遇到各种实例,便会自己去尝试思考分析、主动去寻求答案,他们在探索答案的过程中,会享受到思维的乐趣,获得成就感,这样他们便会逐步养成良好的学习习惯并同时提高学习能力。所以,培养学生的推理意识在小学数学教学中显得格外重要。

（三）推理意识的学业质量描述及应用

推理意识是学生在学习数学过程中必须掌握的一项基本能力,它是学生进行数学思维和解决问题的基础。随着社会的发展和科技的进步,时代对人才的综合素质要求越来越高,而推理意识作为数学素养的重要组成部分,也越来越受到人们的关注。

1. 推理意识的学业质量描述

（1）逻辑推理意识

逻辑推理意识,即学生在数学推理过程中采用的逻辑方法与技巧。此意识对于评估学生的推理能力至关重要,因为它直接影响着学生解决数学问题的合理性和正确性。学生的逻辑推理意识越强,通常表明其推理能力也越出色。因此,教师在教学时应着重培养学生的逻辑推理意识,通过指导他们应用逻辑方法与技巧解决数学问题,提升他们的推理能力。

（2）类比推理意识

类比推理意识是学生在数学推理过程中采用的类比与推理方法的体现。这一意识对于评估学生的推理能力具有重要意义,因为它直接关联到学生解决问题时的灵活性和创新性。学生的类比推理意识越强,通常表明其推理能力也越出色。因此,教师在教学时应该重视培养学生的类比推理意识,通过指导他们运用类比与推理方法解决数学问题,提升他们的推理能力。

（3）证明推理意识

证明推理意识是学生在进行数学证明时采用的证明方法与技巧的表现。这一意识对于评估学生的推理能力至关重要,因为它直接关联到学生解决问题时的严谨性和可靠性。学生的证明推理意识越强,通常表示其推理能力也越强。因此,教师在教学时应着重培养学生的证明推理意识,通过引导他们应用证明方法与技巧解决数学问题,提升他们的推理能力。

2. 推理意识的应用

(1)解决实际问题。推理意识不仅是学生解决实际问题的基础,更是他们在日常生活中不可或缺的能力。在实际生活中,我们经常会遇到各种需要运用数学知识和技能解决的问题,例如购物时计算折扣、计算距离和时间等。这些问题的解决都需要一定的推理意识。

首先,推理意识对于学生的数学学习至关重要。数学是一门需要高度推理意识的学科,而推理意识强的学生往往能够更好地理解和掌握数学知识。他们能够通过推理和分析,更好地解决各种数学问题,从而提高自己的数学成绩。

其次,推理意识在实际生活中也有着广泛的应用。在购物时,我们需要运用推理意识来计算折扣和优惠;在计算时间和距离时,我们也需要运用推理意识来计算时间和路程。这些实际问题的解决都需要我们具备一定的推理意识。

此外,推理意识还有助于培养学生的思维能力和创造力。通过推理和分析,学生能够更好地理解问题的本质和解决方法,从而培养自己的思维能力和创造力。同时,推理意识也能够帮助学生在未来的学习和工作中更好地适应各种复杂的情况。

因此,培养学生的推理意识是至关重要的。教育工作者应该注重培养学生的推理意识,通过各种方法和手段提高学生的推理意识。例如,可以引导学生多进行数学问题的分析和解决,也可以鼓励学生多参与一些需要运用推理意识的活动,如科学竞赛和数学竞赛等。

推理意识是学生解决实际问题的基础,也是他们在日常生活中不可或缺的能力。培养学生的推理意识不仅有助于提高他们的数学成绩,更有助于培养他们的思维能力和创造力。

(2)培养逻辑思维能力。推理意识是培养学生逻辑思维能力的重要途径,这是教育界普遍认同的观点。在数学学习中,推理意识的培养显得尤为重要,因为学生需要运用逻辑推理、归纳演绎等方法来推导出正确的结果。这个过程不仅需要学生掌握基本的数学知识,还需要他们具备出色的逻辑思维能力。

数学推理过程中,学生需要运用各种逻辑推理方法,如类比推理、归纳推理、演绎推理等。这些方法都是逻辑思维的重要组成部分,对于培养学生的逻辑思维能力具有不可替代的作用。例如,类比推理要求学生通过比较两个或多个事物的相似性来推断其规律,这有助于培养学生的观察力和分析能力;归纳推理要求学生从一系列具体事例中总结出一般规律,这有助于培养学生的概括能力和归纳能力;演绎推理则要求学生根据一般规律推导出具体结论,这有助于培养学生的演绎能力和推断能力。

除了在数学学习中,推理意识在日常生活中也具有广泛的应用。例如,在解决日常生活中的问题时,我们经常需要运用推理意识来分析情况、寻找规律、做出决策。因此,具备较强的推理意识对于培养学生的逻辑思维能力具有重要意义,不仅能够优化他们在学术上的表现,还能够提高他们在生活中的应对能力。

为了更好地培养学生的推理意识,教育界应该重视数学等逻辑学科的教学,同时鼓励学生积极参与各种思维训练活动。学生也应该自觉地加强自己的推理意识训练,通过多做练习、多思考问题等方式来提高自己的逻辑思维能力。只有这样,我们才能真正培养出具备出色逻辑思维能力的人才,为社会的进步和发展做出贡献。

(3) 提高学习效果。推理意识在学生的学习过程中起着至关重要的作用,尤其是对于数学学习而言。数学是一门需要大量运用推理的学科,从基础运算到复杂的公式推导,都离不开推理意识的支撑。因此,提高学生的推理意识对于提高他们的数学学习效果具有至关重要的意义。

首先,推理意识是帮助学生理解和掌握数学知识的关键因素。在数学学习中,学生需要理解和记忆大量的概念、公式和定理,而这些知识的学习和记忆都离不开推理意识的支持。

其次,推理意识可以提高学生的学习效率。在数学学习中,学生需要解决各种复杂的问题,而这些问题往往需要运用大量的数学知识和技能。如果学生具备较强的推理意识,他们可以更快地解决问题,更准确地得出结论,从而提高学习效率。例如,学生在解决几何问题时,需要通过推理意识来推导问题的答案,而较强的推理意识可以帮助学生更快地找到解决问题的方法。

最后,推理意识可以培养学生的思维能力和创造力。在学习数学的过程中,学生需要运用推理意识来解决问题,而这个过程也是他们进行思维训练和创造力的培养的过程。通过推理意识的训练,学生可以更好地掌握问题的本质和解决方法,从而培养出更为优秀的思维能力和创造力。例如,学生在解决一些开放性的数学问题时,需要运用推理意识来寻找答案,这个过程也是他们进行创新思维和解决问题的能力训练的过程。

综上所述,推理意识是提高学生学习效果的关键因素。在进行数学学习的过程中,学生需要掌握大量的数学知识和技能,而这些知识和技能的掌握都离不开推理意识的支持。只有具备较强的推理意识,学生才能更好地理解和掌握数学知识,从而提高学习效果。因此,教师在教学过程中应该注重培养学生的推理意识,通过各种方式来提高学生的推理意识水平。例如,教师可以引导学生进行自主探究、小组讨论等形式的合作学习,鼓励学生在解决问题的过程中运用已有的知识进行推理和论证,从而帮助他们更好地理解和掌握数学知识。此外,教师还可以通过一些数学游戏和竞赛来激发学生的学习兴趣和积极性,从而更好地提高他们的推理意识水平。只有这样,才能真正实现数学教学的目标——提高学生的数学素养和综合能力水平。

(4) 培养创新能力。推理意识在创新能力的培养中起到了至关重要的作用。推理意识是一种高级思维能力,它需要人们运用逻辑、分析、综合、归纳和演绎等多种方法,对问题进行深入的思考和分析,从而得出正确的结论。在数学推理过程中,学生需要运用创新的思维和方法来解决问题,这种思考方式对于培养学生的创新能力具有不可替代的作用。

首先,数学推理过程中的问题解决策略是创新的。在面对一个数学问题时,学生需要运用已有的知识和经验,采用多种方法进行尝试和探索,从而找到解决问题的最佳途径。这种解决问题的策略是创新的,因为它不仅需要学生具备较高的思维能力和实践能力,还需要学生具备勇于尝试和不断探索的精神。

其次,数学推理过程中的思维方式是创新的。在数学推理中,学生需要运用多种思维方式来解决问题,例如逆向思维、发散思维、抽象思维等。这些思维方式都是创新思维的重要组成部分,它们可以帮助学生从多个角度看待问题,发现问题的本质和规律,从而提出更加新颖和创新的解决方案。

此外,数学推理过程中的方法和技巧也是创新的。在数学推理中,学生需要掌握多种方法和技巧,例如归纳与演绎、分析与综合、类比与对比等。这些方法和技巧不仅是数学推理的基础,也是创新思维的基础。通过不断地学习和运用这些方法和技巧,学生可以不断地提高自己的创新能力。

综上所述,具备较强的推理意识对于培养学生的创新能力具有重要意义。在数学教学中,我们应该注重培养学生的推理意识,通过多种方式和方法提高学生的思维能力和实践能力。只有这样,我们才能真正地培养学生的创新能力,为国家的未来发展培养更多的优秀人才。

推理意识是学生在学习数学过程中必须掌握的一项基本能力,它是学生进行数学思维和解决问题的基础。在教学过程中,教师应该注重培养学生的逻辑推理、归纳演绎、类比推理和证明推理意识,从而提高他们的推理意识。同时,具备较强的推理意识对于学生解决实际问题、培养逻辑思维能力、提高学习效果和培养创新能力具有重要意义。

八、数据意识

(一) 数据意识的涵义

数据是调查研究中的重要内容,是分析和总结的主要依据。通过数据,人们可以获取各种有效信息,了解问题的相关背景,弄清楚具体情况,从而有效进行分析与归纳,并得出最佳的解决方法。对于小学数学而言,教师首先要让学生意识到数据意识的重要性,针对不同的问题背景而采取不同的方法,了解到数据搜集具有随机性,但是只要搜集得充分就能够总结出一般性的结论。不难看出,数据意识在统计教学中能够起到重要的作用。

1. 数据意识的内涵

《义务教育数学课程标准(2022年版)》在课程设计思路中指出:"数据意识主要是指对数据的意义和随机性的感悟。知道在现实生活中,有许多问题应当先做调查研究,收集数据,感悟数据蕴含的信息;知道同样的事情每次收集到的数据可能不同,而只要有足够的数据就可能从中发现规律;知道同一组数据可以用不同方式表达,需要根据问题的背景选择合适的方式。

形成数据意识有助于理解生活中的随机现象,逐步养成用数据说话的习惯。"由此,数据意识观念的内涵主要包括三个方面。

首先,要有收集数据的意识。做调查研究的第一步是收集有效数据,从详细的数据中提取各种有价值的信息内容,并且用来服务于问题的分析、论证过程,最终做出精准的判断,找到合适的解决方法。不难看出,确立统计意识是开展调查研究的基石。要想解决问题,就必须要正视问题本身的复杂背景,搞清楚各种状况,要具备数据意识。例如,新年联欢会是学生们喜爱的活动,联欢会上买什么水果,买多少?学生们常常用统计的方法来获得班级同学喜欢吃什么水果,喜欢吃的人数,据此信息,来确定如何购买水果。在课堂教学中要培养学生的数据意识,即遇到问题想到要收集数据,看能否从中获取信息,利用有用的信息帮助分析解决问题,体会数据是有用的,要让数据发挥其作用,让学生感受到收集数据的必要性和数据的作用。

其次,会选择适当的方法分析数据。收集到了一组准确的数据后,如何处理这些数据也是有讲究的。当面对同样的数据时,第一个要明白的道理是可以用多种方法来分析。研究不同的问题时,人们面对的具体情况、条件也是不一样的,人们应当根据具体情况来决定使用哪种方法分析到手的数据。不同的统计方法没有简单意义上的对与错,只有好与不好。通常用统计图表来表示一组数据,若要比较各种数据之间的数量关系,用条形统计图比较好;如果数据是随着时间而变化的,要了解数据的变化情况,则用折线统计图比较好;要表达某部分数据在整个数据中所占比例的情况,用扇形统计图比较好。所以,同样的数据,根据所研究的问题不同,要达到的目标不同,选择不同的表示方法。千万不可用"对错"来笼统地看待分析方法,而是应当拓宽思考的界限,结合实际情形与条件来验证分析方法合适与否。

最后,通过数据意识体验随机性。数据的随机性主要有两层涵义:一是对于同样的事情,每次收集到的数据可能是不同的;二是只要有足够的数据就可能从中发现规律。一般而言,收集到手的数据是不确定的,对于同一件事物或对象来说,不可能每一次收集的数据都一模一样。然而,值得注意的是,大量的实验表明,数据的分布是有迹可循的,往往蕴含着固有的规律,需要通过多次的统计实验才能摸清。每一次的数据收集都是随机而行的,实验结果也因此会出现一定的偏差,这是不可避免的,然而最终也是符合一定的规律的。

2. 小学生数据意识观念的重要意义

(1) 数据意识是统计教学中的核心内容。数据是统计学的主要内容,人们收集与问题有关的大量数据,通过数据来进行研究与分析,获取数据中反映出的有价值信息,从而得出准确的结论,找到适合的解决方案,最终使问题得到妥善的解决。每一组数据都隐含了各种各样的信息,有语言、有符号、有图像,需要研究者用敏锐的观察力将其收集起来形成数据,作为研究问题的主要依据。对于教学工作而言,要培养学生的数据意识,意识是教学的导向性内容,让学生充分感知数据意识的随机性,体会处理数据的所有内容,让他们在数据实验的过程中把握统计学的精髓。在进行各种研究时,为了获得准确的研究结果,往往需要进行多次的数据实验,需要收集大量的实验数据,从而保证研究结果的科学性。

(2) 数据意识观念是学生的数学素养表现。在传统的教学理念中,统计教学只包含计算和画图两块内容,并没有意识到数据意识的核心作用。在新课程理念的教学中,对于统计教学与数据意识之间的关系有了全新的认识。一是要让学生在统计教学中形成数据意识,这是统计教学的主要目标;二是要从数据中获取有价值的信息,并采取合适的解决方法,培养学生灵活应变的能力;三是要让学生认识到数据意识的随机性与规律性,从而准确认识数据意识。因此,数据意识观念和随机思想将成为现代社会一种普遍适用并且强有力的思维方式,具有统计与概率的基本知识已成为每个现代公民必备的基本素养。

(3) 数据意识观念本质上体现数学思想。需要指出的是,之所以要培养学生形成数据意识观念,是因为它有一颗包含了数学基本思想的内核。当运用数据意识时,第一步就是将收集到的数据进行各项分类,而后开展相关整理,对数据进行归纳性的处理,最终用统计图等形式把处理完毕的数据集中展示,进行一个总体上的汇总,接下来就是对数据进行分析与推断了。不难看出,整个过程是融合了各种类型的数学思维的,像分类、归纳、统计、类比等,都是最基本的思想方法,对学生以后的学习会起到重要的帮助。

(4) 数据意识观念是数学课程的目标点之一。观念与思想先行于一切,没有先进的思维作为发动机,再多的练习也只是低效率的运动,无法获得理想中的学习效果,更谈不上融会贯通、灵活运用了。对于数学教学而言,培养学生形成优秀的思维能力是最重要的目标,数据意识观念就是其中之一。要想让学生树立起这种观念,首先就要让他们认识到这种观念的实际意义,在生活中体会它的实效性,感受到统计学的实用价值。其次要改变学生的学习方式,让学生由被动接受为主动探索。数据意识观念的培养过程,引导了学生主动收集数据、整理分析数据,从数据中获取信息,进行预测和决策,这种学习过程,有效地引导了学生的主动探索。

总之,数据意识是属于统计学中的一种方法,当运用到解决问题的过程中去时,就能够发挥出统计学的实际意义——对数据进行分析与推断,并进行一定程度上的整理与归纳,从而获得各种有效信息,构建出解决问题的模型,获取最佳解决方案。在整个过程中,学生从每一步都能获得相对应的知识,从而在脑海中形成数据意识的观念,有利于培养学生以随机的观点来理解世界,培养学生的数据意识观念,发展学生应用数学意识,使其体会数学在实际中的应用价值,更全面地培养学生分析问题、解决问题的能力,最终养成通过数据思考问题的思维习惯。

(二) 数据意识在小学数学中的表现

著名的科学家爱因斯坦认为,单纯靠着逻辑推理的世界和由经验组成的现实世界是不相同的,世界上的数据都来源于经验也为经验而服务。[①] 通过观察过程中所积累的经验而发现了数据,同时通过分析数据而得到更大的发现。通过数据意识,可以培养学生的观察能力、分

---

① 陈霓. 数据分析,在小学生数学思维能力的体现[J]. 好家长,2017(09).

析能力和创新思维。

1. 数据意识观念在学生思维中的表现

数据意识,作为一种现代思维方式,正逐渐在我们的生活中发挥着重要作用。它的具体表现可以从以下三个方面进行阐述。

首先,数据意识的培养要求我们立足于日常生活。生活中处处充满了问题和挑战,而解决这些问题的第一步就是培养数据意识。我们应该从身边的事件入手,通过收集相关资料,分析事件的前因后果,进一步挖掘事件背后隐藏的信息。例如,我们可以关注学生们日常的学习生活,了解他们遇到的困难,分析他们的需求,从而为提高教学质量提供数据支持。

其次,数据意识的培养要求我们具备多角度思考的能力。对于同一组数据,分析方法可以有无数种。教师在教学过程中应引导学生从不同角度审视问题,全面分析数据,选择最适合的分析方法。这样,学生们在面对复杂问题时,就能灵活运用多种分析手段,得出更为准确的结论。

最后,数据选择的不确定性是数据意识的重要组成部分。收集数据是一个烦琐且漫长的过程,学生们需要从海量数据中筛选出适合进行分析的数据,这需要他们具备较强的耐心和细心。例如,在统计学生喜欢的课外活动时,可能需要关注哪些活动是学生们真正感兴趣的,哪些活动只是表面上的应付。这样的不确定性使得数据收集更具挑战性,但也更有价值。

数据的不确定性主要包括两个方面。首先,对于同一件事,可能收集到的数据会有所不同。这是因为每个人的观点、经验和背景都不同,他们对同一件事的看法和态度也会有所差异。其次,通过收集相同类型事件的数据,我们可以发现其中的规律。例如,在学习小学二年级下学期的"数据收集整理"一课时,我们可以从某一个班级喜欢的课外活动类型来推断其他班级同学喜欢的课外活动。这种推断可能会有很多种可能,但如果推断某个年级喜欢的课外活动,结果就可能是确定的。

此外,我们还可以用一个简单的例子来说明数据的不确定性。假设有一个盒子里放有黑色和白色的乒乓球,每次摸到的球的颜色是不确定的。但如果我们进行反复的多次实验,通过统计数据,就可以推测出哪种颜色的球多。这就体现了数据意识在处理不确定性问题时的作用。

总之,数据意识作为一种重要的思维方式,可以帮助我们更好地解决问题、分析数据和处理不确定性。在日常生活中,我们应该关注身边的事物,多角度思考问题,善于从海量数据中筛选出有价值的信息。这样,我们才能在不断变化的世界中,用数据说话,用数据思考,用数据指导我们的行动。

2. 教学内容不局限于教材中给出的例题

小学数学教材中的诸多内容往往以城市生活为背景,这在一定程度上对农村教师和学生构成了挑战。因此,在实际教学过程中,教师应根据学生的具体情况和教学需求,灵活调整教材内容,而非完全受限于书本。特别是在统计与概率这一领域,现有教材对农村学生的考虑尚显不足,习题难度与他们的学习能力和背景不太匹配,这无疑增加了他们的学习难度。例如,小学一年级下学期的"分类与整理"课后作业,其难度接近三年级水平,这反映出教材难度与学生发展水平的脱节。

首先,教师应注重在实践活动中培养学生的数据统计意识,这包括:

1. 利用统计观念分析数据,解决相关问题;
2. 运用统计学总结规律;
3. 敢于质疑数据来源和准确性。

数据统计能力的培养是一个长期且复杂的过程,需要教师在组织资料收集时,遵循从小到大、从点到面的原则,从身边的具体事例入手,逐步扩大数据量。例如,可以从班级学生入手,调查其家庭用水量,让学生先猜测,再进行实际调查,最后汇总数据。这种方法不仅提高了实践效率,还促进了学生间的交流与学习。

其次,在数据意识培养中,教师应引导学生选择适合的分析方法,针对具体问题具体分析。不同背景的事件具有其独特特征,数据收集也应采取相应的方法。学生需要掌握收集和处理数据的基本方法,如课标中提到的"实验调查、实践测量等收集数据的简单方法",以及"根据需要调查的问题设计调查表格,选择合适的统计方法分析数据"。例如,扇形统计图适用于统计部分人数占总人数的百分比问题,而折线统计图则适用于展示某种变化的趋势及未来发展前景。在信息化时代,虽然大众传媒是收集数据的主要工具,但教师也需指导学生谨慎辨别数据来源的真实性,结合事件背景进行分析。因此,学生应根据调查对象的特点选择合适的统计方法。

综上所述,为了提高学生的数据意识能力,教师应激发学生的学习兴趣,从他们熟悉且感兴趣的问题入手,引导他们体验数据意识的形成过程。在小学数学教学中,应充分体现"数据"的重要性,围绕数据展开学习与研究。

(三) 数据意识的学业质量描述及应用

1. 数据意识的学业质量描述

在信息时代,数据意识的培养已经成为学生学业质量的重要一环。数据意识的学业质量描述主要关注学生对数据的理解、分析和应用能力。以下是对这三个方面的深入论述和扩展。

首先,理解数据是数据意识的基础。学生能够理解和解释数据,这不仅包括数据的来源、含义和目的,还包括对数据背后的情境和背景的掌握。他们应该能够识别和定义数据中的关键信息,理解数据的结构和特征,以及数据中隐藏的模式和趋势。例如,在阅读一份报告时,学生应该能够理解报告中的数据是如何收集的,数据的含义是什么,以及这些数据如何支持报告的结论。此外,学生还需要具备数据可视化的能力,通过图表、图象等方式将数据直观地呈现出来,以便更好地理解和解释数据。

其次,分析数据是数据意识的核心。学生能够运用批判性思维和分析技巧来评估数据的可靠性和有效性。他们应该能够识别数据中的偏差、异常和不确定性,并根据数据做出合理的预测和推断。此外,学生还需要具备数据比较和数据关联的能力,通过对比不同数据收集和分析数据之间的关系,发现数据中的规律和趋势。例如,在分析一份销售报告时,学生应该能够识别出销售额的变化趋势,分析销售额与市场变化、竞争对手、消费者行为等因素之间的关系,从而为企业的战略决策提供支持。

最后,应用数据是数据意识的目的。学生能够将数据应用于实际生活和工作中,解决实际问题和提高决策质量。他们应该能够根据实际需求选择合适的数据类型和格式,并使用数据分析工具(如电子表格、统计软件等)来处理和分析数据。此外,学生还需要具备数据解读和数据沟通的能力,将数据分析结果以易于理解的方式呈现给非专业人士,以便更好地推广和应用数据分析结果。例如,学生应该能够运用数据分析结果来评估某企业的运营状况,提出改进措施和优化建议,从而提高企业的竞争力和盈利能力。

数据意识的学业质量描述涉及学生对数据的理解、分析和应用能力。在培养数据意识的过程中,学生需要掌握数据的基本概念和技能,同时还需要具备批判性思维、分析能力和创新精神。只有这样,学生才能更好地适应信息时代的发展需求,成为具有数据意识和数据素养的新时代人才。

2. 数据意识的应用

在小学数学教学中,数据意识的培养显得尤为关键。这种意识不仅关乎学生的数学能力,更对他们未来的生活与职业发展具有深远的影响。具体来说,数据意识的培养主要体现在以下几个方面。

首先,让学生深刻理解数据的意义与随机性是至关重要的。数据是现实世界的量化反映,它承载着丰富的信息。为了让学生体会到这一点,我们可以引导他们观察生活中的各种数据,如天气预报、商场销售额、交通流量等,并让他们思考这些数据背后的含义和潜在信息。同时,我们还应强调数据的随机性,让学生明白数据并非固定不变,而是受到多种因素的影响,具有不确定性。

其次,帮助学生形成用数据说话的习惯。数据是一种客观、精确的表达方式,能够增强说服力。因此,我们应该鼓励学生在日常生活中多使用数据来表达自己的观点和看法。例如,在描述一个事件时,他们可以使用数据来说明事件的规模、趋势和影响。这种习惯将逐渐培养他们的分析推理能力,使他们更加客观、理性地看待问题。

此外,掌握数据处理的核心技能也是必不可少的。这包括数据的收集、整理、分析、解释和利用。在教学过程中,我们应该通过具体案例和实践活动来教授这些技能,让学生在实践中逐步掌握。例如,我们可以组织学生进行一次调查活动,让他们亲自收集、整理和分析数据,从而加深对数据处理过程的理解。

　　同时,统计思维的培养也是培养学生数据意识的关键。统计思维是一种基于数据的推理方式,它能够帮助学生在解决实际问题时做出更为明智的决策。为了培养学生的统计思维,我们可以引导他们运用统计方法来分析数据,如求平均数、计算概率等。这将使他们逐渐习惯于从数据中提取信息,形成科学的思维方式。

　　为了有效培养学生的数据意识,教师可以采取以下策略:

　　1. 结合生活实际,通过具体案例让学生感受数据的实用性。例如,在教授统计图表时,我们可以引入学生熟悉的案例,如学校运动会的成绩统计、班级学生的身高分布等。这些案例将使学生更容易理解数据的意义和价值。

　　2. 组织实践活动,让学生在实践中亲身体验数据的收集、整理、分析和解释过程。例如,教师可以组织学生进行一次社区调查活动,让他们亲自去收集数据,并运用所学知识对数据进行分析和解释。这样的实践活动将使学生更加深入地理解数据处理的过程和方法。

　　3. 创设问题情境,引导学生思考如何利用数据解决实际问题。例如,在教授概率时,我们可以设置一个抽奖游戏的情境,让学生思考如何计算中奖的概率,并引导他们运用所学知识来制定更合理的策略。这样的情境将使学生更加关注数据的应用价值,培养他们的数据意识和问题解决能力。

　　4. 安排数据分析练习,帮助学生掌握数据推理和分析的技巧。教师可以设计一些具有挑战性的问题或项目,让学生在分析和解决问题的过程中不断提高自己的数据处理能力和分析推理能力。

　　综上所述,数据意识在小学数学教学中占据着举足轻重的地位。通过培养学生的数据意识,我们可以有效提升他们的数据处理能力、分析推理能力和问题解决能力,使他们更好地应对生活中的各种挑战。

九、模型意识

(一) 模型意识的涵义

　　《义务教育数学课程标准(2022年版)》指出:"模型意识主要是指对数学模型普适性的初步感悟。"知道"模型意识可以用来解决一类问题,是数学应用的基本途径;能够认识到现实生活中大量的问题都与数学有关,有意识地用数学的概念与方法予以解释""模型意识有助于开展跨学科主题学习,增强对数学的应用意识,是形成模型观念的经验基础"。

　　新课标对模型意识和模型思想的要求更加具体化,强调模型思想的建立是学生体会和理解数学与外部世界联系的基本途径。这不仅表明了数学的应用价值,也明确了建立模型意识是数学应用和解决问题的核心。

1. 小学数学教学中渗透模型思想的意义

认知心理学认为:"模型是源于对观察的推理而且抽象的结构化概念,建模的目的是使观测易于理解。"模型意识就是解决问题时所用到的一种数学框架,是对实际问题进行分析、简化、抽象后所得出的数学结构。模型意识是建立在对观察实际问题做出的推理基础上的,建模的目的是对观测到的数学特点给出一个可理解的表征。构建模型意识的过程一般包括:从现实生活或具体情境中抽象出数学问题,用数学符号和语言表示问题的数量关系和变化规律,求出结果并验证。广义地讲,数学的概念、定理、规律、法则、公式、性质、数量关系式、图表、程序等都是模型意识。①

许多小学数学内容本身就是一种模型意识:自然数就是表述有限集合数的模型意识,分数是平均分物品的模型意识,方程是刻画现实世界数量关系的模型意识,正反比例是刻画现实世界数量变化规律的模型意识。建立模型意识在数学学科中有着不可估量的作用。学生对一些数学公式、概念等理解不是很透彻,因为它们具有一定的抽象性。因此,教师在教学中要能够学会渗透一些模型思想,把抽象复杂的数学概念通过模型转化为简单易懂的思想,让学生对数学学科产生一定的好奇心和兴趣,继而更好地提高他们的数学成绩。

数学建模就是建立模型意识来解决问题的方法。解决问题的模型意识,专指在一个比较复杂的具体情境中,建立一个特定的专用模型意识,并用模型意识解决非常具体的问题。模型意识,一般地说是针对或参照某种事物的特征或数量关系,采用形式化的数学符号和语言,概括或近似表述出来的一种数学结构。数学的模型思想是一般化的思想方法,它在数学思想方法中有非常重要的地位,在数学教育领域中有一席之地。符号化思想注重数学抽象和符号表达,模型思想更注重数学的应用,通过数学结构化解决问题,尤其是现实中的各种问题。

2. 小学数学教学中渗透模型意识可行性

模型意识在数学表达与交流方面奠定了一定的基础,也轻松地解决了学生在数学学科方面遇到的一些问题。它不仅能够全面、清晰地帮助学生认识、掌握数学知识的内涵,更让学生在数学教学活动中锻炼自身的动手操作能力和思维创新能力。教师在数学教学中也应该学会采取一些有效的措施,加强学生模型意识的渗透,继而更好地提高学生对数学学科的学习兴趣,引导学生利用所学知识去解决问题。当然,要想真正意义上提高数学成绩,就要理解数学学科的本质和内涵。数学是在不断的抽象、概括、总结的过程中进一步发展和建立的,学生在数学学习中要能够深入投入"模型""建模"中,了解其真正的意义,才能从根本上学到知识,端正自身的学习态度,优化学习方法。要让学生根据自身掌握的实际生活经验建立模型意识,继而更好地使自身的思维能力得到发展。

---

① 小学数学的思想方法(人教社王永春)—百度文库—《互联网文档资源(http://wenku.baidu.c)》—2012.

3. 小学数学教学渗透模型意识的作用

（1）充分重视建模的桥梁作用。建模是实现数学知识和实际生活问题相互融合的基础，教师在数学教学中通过模型意识能够简化复杂的问题，帮助学生更好地去理解和解决问题。当然，在这一转化的过程中，教师要能够深入地进行实地考察，收集相关的数据信息，根据自身收集的信息对数学问题进行分析并引导学生运用所学知识来解决问题。教师在教学中要能够充分地重视模型意识，给予学生较多的机会去了解和运用模型意识。当然，学生在学习的过程中要能够在掌握相关数学知识的同时，提升自身的创新意识和思维能力，更好地通过自身的学习和发展去感知数学学科的魅力。

（2）渗透模型意识培养学习兴趣。我们知道，小学生在课堂上难以长时间集中精力开展学习活动，尤其在面对困难时，更容易失去学习的兴趣，从而导致教师的教学活动难以完成。因此，教师在教学中要能够利用模型意识激发学生的学习兴趣，调动学生的好奇心和引导力。例如，在学习"正方体的平面图形的搭配"这一课时，教师可以根据大纲要求对数学知识进行生动、形象的描述，在加大学生对基础知识记忆理解的基础上，更好地提升学生的数学成绩。可以通过以下几个方面进行巩固：第一种，让学生通过自身的动手操作去折出符合正方体要求的立体图案，正确知晓哪些图形可以折成正方体；第二种，让学生通过自身的想象去搭配、优化模型的构建过程。这种教学方式给予了学生更多的机会去展示自身的闪光之处，促进了学生的发展。

（3）通过建模培养学生感知能力。模型意识的形成能更好地帮助学生掌握数学知识。因此，教师在教学中要能够着重培养学生的感知能力。例如，在学习"米、分米和厘米"这一内容时，为了让学生更好地体会这些概念的含义，教师可以通过小组测量与合作的方式来让学生学习知识，给每个小组布置不同的建模任务。第一小组测量书本的长度，第二小组测量铅笔的长度，还可以让学生去揣摩小伙伴的高度等，让学生在测量的过程中分享自身遇到的麻烦。最后可以给出以下问题：①课本和铅笔哪个更长？②画一条比 8 厘米少 4 厘米的线段。③人的高度大约是课桌高度的多少倍？让学生通过实验和小组交流、探索并利用模型意识解决数学学科中的常见问题，更好地调动课堂气氛，吸引学生注意力，提高课堂效率。

数学教学中模型意识的渗透并不是一朝一夕能够完成的，它需要教师在教学中不断引导。不可否认的是，对于小学数学课堂而言，最重要的还是实用性，突出数学知识对于实际生活的重要意义。除此之外，由于小学生的认知水平有限，对一些数学知识了解和掌握不全面、不透彻，使得数学建模教学受到一定的限制，这是需要改进与优化的。

（二）模型意识在小学数学中的表现

我们知道，数学知识都是从生活中总结出来的，并能够解决生活中遇到的难题。数学是一门严谨的学科，它有众多的概念、法则、公式需要学生掌握并且灵活地运用。将数学知识灵活运用于生活中，就需要借助模型意识思想，模型意识思想能有效地将知识与现实联系起来，从而让学生学以致用,培养学生的创新能力和探索能力。

1. 利用模型意识帮助学生分析数量关系

学生在解析课本上的难题时,会利用所学的知识和所理解的法则、公式。有的学生常常会利用模型意识来分析习题中的数量关系,充分运用想象能力来寻找清晰明了的解题方法。例如,在求比一个数多几的应用题里,有一种题型常常出现:"有一个饲养场,里面有8只白兔子,灰兔子比白兔子少5只,灰兔子有多少只?"教师一般会要求学生进行摆、说,让学生充分理解题目所表达的意思和"同样多的部分",去分析题中的数据。学生在教师讲解后,取得的效果甚微,而有的学生仍错误理解成关系式$8+5=13$(只),对两种颜色的兔子是没有区分的,会理解成8只白兔子加上5只灰兔子,总共有13灰兔子。学生无法熟练地运用"同样多的部分"的思维去回答灰兔子的数量,是因为学生无法将问题与现实结合起来,错误地将数据简单化,并在脑海中形成了一个与灰兔子相关的只数求法的模型意识,这个思维方式是错误的。在解决实际问题时,要着重关注数字之间的关系。学生在解决此类问题时,首先要建立起自己的模型意识去分析数据,也就是说学生要有固定的模型意识,接着,当学生有了自己的模型意识后,就会灵活运用这个思想,正确地分析数量关系,不被别人所破坏。

2. 小学生如何形成自己的数学建模

教学实践证明,在解决习题时模型意识至关重要,因为建模常常为学生与答案之间搭建起一座桥梁。学生在教师讲解教材知识的时候,不仅仅要吸收新的知识,还要将新知识与所拥有的旧知识完美地融合在一起,在解析问题的时候构建出自己的模型意识。教师在课堂上要充分地利用生活资源和多媒体设备,引导学生将数学融于生活当中,学以致用,运用数学知识去解决实际问题。教师要擅长将书本上的知识、习题结合到生活素材里,让学生身临其境地去感知问题中蕴藏的信息,去理解习题中的背景和数据关系。教材通过"情境+问题串"的形式,充分发挥学生学习的主动性和积极性,促进模型意识思想的养成。教师要运用多媒体设备或者是新闻、生活实事,激发学生探索的欲望,使学生积极参与数学活动,发散思维,大胆创新,经历猜测、思考、探讨、分析、验证的过程,从而产生不同策略的模型。数学问题源于实际生活,用于实际生活,教师要通过模型意识将抽象的文字变成具体的身边的事物,让学生在"学"中"做","做"中"学",逐步地形成自己的数学建模,在解决实际问题中,体会模型意识的重要价值,促进数学建模的普及和应用。

3. 模型意识在小学数学课堂中的建立

(1) 立足课堂教学,开展数学建模活动。我们深知,仅仅依赖教师的讲解是无法充分开发学生的模型意识的。因此,教师需要组织各种数学建模活动,运用现代多媒体设备等手段,在课堂教学深入讲解的基础上,有针对性地培养学生的模型意识。教师应以教材知识为基础,紧密结合现实生活,开展丰富多彩的课后活动,引导学生深入理解习题背后的含义,剖析数据之间的关系,使数学知识与实际问题水乳交融,找到最合适的解题策略。

在课堂上，教师要引导学生熟练掌握教材知识，运用所学知识解决实际问题，培养学生灵活的思维能力。教师应关注学生的身心健康发展，根据学生的接受程度激发他们的求知欲和好奇心，培养他们的探索精神。通过开展各种活动、实验等，充分挖掘和运用学生的模型意识，提高他们的分析能力。

教师应重视培养学生运用数学知识解决实际问题的能力。这需要教师在课堂教学中，一方面系统地讲解教材知识，另一方面，引导学生将所学知识应用于生活实际，从而激发学生的模型意识。在这个过程中，教师要关注学生的个体差异，因材施教，使每个学生都能在解决问题的过程中感受到成就感，进一步提高他们的学习兴趣。

教师还需注重培养学生的团队协作能力和沟通交流能力。在数学建模活动中，学生分组合作，共同探讨问题，这有助于提高学生的团队协作意识。在此过程中，教师要引导学生学会倾听他人意见，尊重他人成果，培养良好的团队合作氛围。同时，教师还应鼓励学生积极参与讨论，表达自己的观点，提高沟通交流能力。

培养学生的模型意识是一个系统性、多层次的过程，教师需要在课堂教学、课后活动和数学建模等方面下功夫，关注学生的身心发展，激发他们的学习兴趣和好奇心，培养他们的探索精神和创新能力。只有这样，学生才能在解决实际问题的过程中，将数学知识与生活实际相结合，形成自己的思维方式，不断提高分析问题和解决问题的能力。

(2) 开展实践活动，培养学生建模能力。现代数学教育理论认为，数学实践活动可以将数学知识灵活地运用于实际生活中，从而学以致用去解决现实难题。因此，我们可以在课后开展一些实践活动，将教材与生活结合在一起，提升学生学习数学知识的兴趣，让他们明白数学就在我们的生活之中。多多开展实践活动，不仅可以营造一个良好的学习氛围，还可以让学生将"死知识"变活，去解决生活中的难题。例如，在有安全保证的情况下，教师可以带领学生去参观超市、购物广场等地方，灵活运用统计、价格计算等适用于实践活动地点的教材知识，将数学知识融于购物的体验中，培养学生的建模能力，让学生的知识不局限于习题、试卷中，而是能够从生活中发现数学的美和神奇之处。这样，学生可以有一个更好的学习环境，能够擅于运用知识，巩固旧知识，汲取新知识，学以致用，增强自身的思维能力和创新能力，构建出一个完整的模型王国，在以后的数学世界中，能够披荆斩棘，闯出一片新天地。

模型意识对学生形成完整的解题思维是至关重要的。它不仅可以培养学生的创新能力和想象能力，还可以让学生将数学知识运用于生活之中，去解决实际问题。由此，学生的思维方式会更加贴合现实，解决问题时，他们能更好地利用实际来寻找更简洁的解题方法，促进身心健康发展。

(三) 模型意识的学业质量描述及应用

1. 模型意识的学业质量描述

模型意识是一种重要的思维方式，它强调通过构建和运用模型来理解和解决问题。在学业质量方面,模型意识具有以下特点。

(1) 抽象能力

在当今的复杂世界中,理解和解决各种问题需要一种独特的思维能力——抽象能力。

模型意识的应用对于提高学生的抽象思维能力有着重要的影响。首先,它帮助学生将复杂的问题简化,这样就可以更清晰地理解这些问题。其次,通过构建模型,学生可以更好地理解问题中的关键概念和关系,这样就可以更好地解决这些问题。最后,模型思想还帮助学生培养了一种系统性的思维方式,这样就可以更好地理解和解决复杂的问题。

为了提高学生的抽象思维能力,教师应该在课堂上更多地引入模型思想。教师还可以通过引入更多的实际问题来帮助学生应用模型思想,这样就可以让他们更好地理解和解决现实世界中的问题。

(2) 系统观念

模型意识是一种强调整体性和系统性的思维方式,要求学生在构建模型时充分考虑各个部分之间的相互关系和影响。这种思维方式不仅有助于培养学生的系统思维能力,使他们能够更好地把握问题的全局和本质,还有助于提高他们的分析能力和解决问题的能力。

在教育教学中,我们应该注重引导学生掌握这种思维方式,使他们能够更好地应对各种复杂的问题和挑战,成为未来的创新者和领导者。

(3) 创新能力

模型意识是一种鼓励学生在解决问题时尝试不同模型和方法的概念。它旨在培养学生的创新思维能力,使他们能够在面对新问题时灵活应对,勇于创新。通过模型思想,学生可以学会在解决问题时采用不同的视角和思维方式,从而找到最佳的解决方案。

模型思想的应用可以帮助学生在各个领域中培养创新能力。例如,在科学领域中,学生可以使用模型思想来研究自然现象和设计实验;在数学领域中,学生可以使用模型思想来解决问题,进行数据分析和预测;在工程领域中,学生可以使用模型思想来设计产品、结构和系统。

模型思想还可以帮助学生提高解决问题的能力。当学生面对一个复杂的问题时,他们可以尝试使用不同的模型和方法来解决它。通过这种方式,学生可以找到最佳的解决方案,并提高他们解决问题的能力。

(4) 实践能力

模型意识是一种强调将理论与实际相结合的思维方式,它要求学生在构建和运用模型时关注实际问题,以提高模型的实用性和有效性。这种思想在教育、科研、商业等领域得到了广泛的应用,因为它能够帮助人们更好地理解和解决实际问题。

在教育领域,模型意识的应用可以帮助学生更好地掌握知识和技能。例如,在数学教学中,教师可以通过引导学生构建和运用模型意识来解决实际问题,从而提高学生的学习兴趣和实际应用能力。在科学研究中,模型意识可以帮助研究者更好地理解自然现象和解决实际问题,例如通过建立物理模型来模拟自然现象并预测未来的变化。

在商业领域,模型意识的应用可以帮助企业更好地了解市场需求和趋势,从而制定更加有效的商业策略。例如,通过建立市场调查模型来收集和分析市场数据,企业可以更加准确地了解消费者的需求和偏好,从而制定更加符合市场需求的产品和服务。

模型思想的核心在于将理论和实际相结合,这需要学生具备一定的实践能力和经验。因此,在教学过程中,教师可以通过开展实验课程、实习经历、课外活动等方式来提高学生的实践能力,使他们能够将所学知识应用于实际工作和生活中。

(5) 沟通能力

在数学学习中,模型意识要求学生能够将实际问题转化为模型意识,并运用数学方法进行解决。这个过程中,学生需要清晰地表达出自己的思路和观点,以便与他人进行有效的沟通和交流。通过这种方式,学生不仅能够提高自己的数学能力,还能够提高自己的沟通能力。

模型意识的运用不仅限于数学学科,它同样适用于其他学科的学习。例如,在科学实验中,学生需要能够清晰地表达出自己的实验设计和结果,以便与他人进行有效的沟通和交流;在社会科学中,学生需要能够清晰地表达出自己的观点和研究方法,以便与他人进行有效的沟通和交流。

(6) 自主学习能力

模型意识是一种强调学生主动探索、独立思考,并形成自己模型和方法的学习理念。它旨在培养学生的自主学习能力,使他们在面对未知问题时能够具备强大的自学能力和解决问题的能力。这种思想鼓励学生发挥自己的创造力,通过自主探索和实践,逐步形成适合自己的学习方法和策略。

模型意识的重要性在于它能够帮助学生掌握自主学习的能力。在面对未知的问题时,具备模型思想的学生能够通过自主探索和思考,寻找到解决问题的方法。

为了培养学生的模型思想,教师需要在教学过程中启发学生的思考和探索。应该鼓励学生发挥自己的创造力,尝试不同的方法和思路,并从中总结出适合自己的学习策略。同时,教师还应该为学生提供丰富的学习资源和实践机会,帮助他们在实际操作中逐渐形成自己的模型和方法。

2. 模型意识的学业质量应用

在小学数学教育中,模型意识的应用十分广泛。例如,教师可以通过引导学生观察生活中的实际问题,如购物、计算时间等,让学生自己动手解决这些问题,从而培养他们的模型意识。在这个过程中,学生需要学会如何从实际问题中抽象出数学问题,然后用数学的方法给予解决。这样既能提高学生的数学素养,又能培养他们的实践能力和创新能力。

例如,小明去超市购物,他想买一些水果和蔬菜。他发现苹果的价格是每斤3元,橙子的价格是每斤4元,香蕉的价格是每斤2元。他想买10斤苹果、8斤橙子和5斤香蕉。请问他一共需要多少钱?

在这个案例中,教师可以引导学生运用模型思想来解决这个问题。首先,学生需要从实际问题中抽象出数学问题:求总价。然后,他们需要建立一个模型来解决这个问题。在这个例子中,我们可以建立一个线性方程组来表示这个问题:$3x + 4y + 2z =$ 总价。其中,x 表示苹果的重量(斤),y 表示橙子的重量(斤),z 表示香蕉的重量(斤)。接下来,学生需要根据题目给出的信息求解这个方程组。最后,他们可以得到答案:小明一共需要花费 72 元。

通过这个案例,我们可以看到模型思想在小学数学教育中的应用。首先,它可以帮助学生从实际问题中抽象出数学问题;其次,它可以帮助学生建立模型来解决问题;最后,它可以帮助学生提高数学素养、实践能力和创新能力。

在未来的教育改革中,我们应该更加重视模型思想的培养。一方面,我们需要在课程设置和教学方法上进行改革,将模型思想纳入教学目标和评价体系;另一方面,我们需要加强教师培训,提高教师的模型思想素养,使他们能够更好地指导学生的学习。只有这样,我们才能培养出具有高学业质量的学生,为社会的发展做出贡献。

十、应用意识

(一) 应用意识的涵义

北京师范大学严世健教授认为,数学应用意识就是人们在学习数学与应用数学过程中形成的对数学的见解与看法。[①] 数学应用意识可以从三个方面来理解:

① 在生活实践中,能积极主动地用数学思维来观察、分析、解决常见的数学问题;

② 在数学学科中,能够理解数学学科的意义,认识数学知识的内涵,了解数学知识应用价值等;

③ 在数学文化方面,蕴涵着一定的数学意识,即理解数学学科的科学意义、文化内涵,以及数学的审美价值等。

1. 小学数学教学中应用意识的涵义

《义务教育数学课程标准(2022 年版)》中指出:"应用意识主要是指有意识地利用数学的概念、原理和方法解释现实世界中的现象与规律,解决现实世界中的问题。能够感悟现实生活中蕴含着大量的与数量和图形有关的问题,可以用数学的方法予以解决;初步了解数学作为一种通用的科学语言在其他学科中的应用,通过跨学科主题学习建立不同学科之间的联系。应用意识有助于用学过的知识和方法解决简单的实际问题,养成理论联系实际的习惯,发展实践能力。"在这样的描述中,培养学生的数学应用意识体现在:首先,现实生活中蕴含着大量的数学知识,要能够意识到数学知识就在自己的身边,从而产生应用意识。这样的理解告诉我们,学习数学必须与我们的实际生活联系到一起,从而切实体会数学学科的实用价值。基于这样的认识,学生要在学习数学的过程中努力掌握数学思想方法,从而真正做到利用所学知识解决现实生活的实际问题。其次,数学教学要引导学生积极尝试运用所学的知识与方法来解决实

---

① 顾文银. 联系实际,培养儿童的数学应用意识[J]. 小学生(中旬刊),2017(12):40.

际问题。能运用所学知识解决问题是数学应用意识的重要体现,是培养创新思维能力的基础。最后,数学教学要让学生真正感受到数学知识的实用价值。在小学数学教学中,渗透学生的数学应用意识可以促使学生对数学内容深入理解,同时对数学思想方法有直观而生动的理解。这样,可以让学生用数学思维方式来提出问题、分析问题、解决问题。因此,培养学生的数学应用意识应该本着探究的目的。同时,开展生活化的教学方式,努力让数学知识用生活化的材料呈现给学生,使学生感受到数学与现实生活的联系。这样,才能端正学生的态度,使其感受数学的价值,从而树立数学应用意识。

2. 联系实际生活,培养数学应用意识

众所周知,数学与人类的实际生活存在着密切的联系。所以,数学教学应该采取生活化的教学方式进行。课堂教学应该是基于某种情境的教学,因为情境教学可以再现学生日常生活中数学问题情境,通过这样的情境不断地沟通生活中的数学与数学学科的联系,从而让生活与数学融为一体。这样,就会便于学生理解数学知识。不仅如此,生动的数学情境给学生亲身体验的感觉。在这种感觉中探索数学知识,解决实际问题,从而产生一种社会责任感。在这样的教学过程中,学生进行独立思考,不断积累数学知识,逐步形成数学学科的能力。所以,教师要重视数学教学中应用意识的渗透。这样才能帮助学生建立对数学这门学科全面、正确的认识,有利于学生适应今后的社会生活。而且一旦形成了数学应用意识,他们就会运用所学的知识和数学思想方法去思考问题、解决问题。教学的经验告诉我们,学习数学知识,掌握数学知识,再到应用数学知识并不是一件容易的事情。数学应用意识必须经过充分的训练,才能逐步地渗透到思维意识中去。所以,在小学数学教学过程中应该为学生提供更多的数学应用的机会,通过开展数学训练或实践活动来逐步提高学生的数学应用意识与应用能力,这是一项漫长而艰巨的任务。

3. 用反思型方式获得应用数学知识

荷兰数学教育家弗莱登塔尔提出了"现实数学"这一著名的论断。弗莱登塔尔认为,数学概念、结构以及思想是人们解释自然现象、社会现象以及精神世界的工具。[1] 数学作为一门工具性学科,它是学习很多自然学科的一种必不可少的工具,这已被各种科学和社会领域认可。不仅如此,数学作为一种工具已经成为飞速发展的人类生产生活中所不可少的东西。所以,在一切数学教学活动中,实际生活才是数学教与学的根本。弗莱登塔尔教授还建议:数学的教育教学应该把它看作一种有益的活动,而不是一种已形成的系统。这个建议告诉我们,数学教学是一个过程。现实世界总是在各种因素影响下发生各种变化,并且在这个过程中无限地持续。其中的这些因素就包括数学这门学科,而且一切数学知识反过来也被变化着的现实世界容纳、吸收、内化。所以,我们的数学教学活动中要不断地进行总结与反思。通过反思不断地改进教

---

[1] 小学生数学应用意识与能力培养的研究—百度文库—《互联网文档资源(http://wenku.baidu.c)》—2012.

学,不断地渗透数学应用意识,使学生在学习过程中吸收数学应用意识。福建师范大学教授余文森说过,教学反思就是留一只眼睛看自己。教学实践也证明,反思有利于对学习过程的审视,有利于教学目标的实现。

儿童心理学通过研究揭示了儿童心理发展的原因和根本,那就是儿童的学习动力来自心理内部矛盾,即我们通常所说的认知需求与心理发展水平之间的矛盾。小学生能否形成数学应用意识,取决于教师的教学方式,同时也依赖于学生是否具有积极主动的学习态度。因此,我们要在充分了解学生的基础上,引导他们在各种数学活动中掌握知识,从而形成数学应用意识。

（二）应用意识在教学中的表现

众所周知,数学知识是对现实生活的概括与提炼。教学中的教师不是搬运工也不是复印员,而是要引领学生复原知识的真面目,从而让学生在获得数学知识的同时,也发现数学知识的应用价值。所以,在教学过程中要努力让学生认识到数学知识的本源,学会用数学知识来解决实际生活中遇到的问题,同时能用数学思维感知生活。在小学数学教学中,学生的数学应用意识主要表现在四个方面。

1. 感受数学的实际应用,体会数学学习的乐趣

生活是数学的土壤,数学知识在生活的土壤中生根、开花、结果。虽然小学数学内容是日常生活中最基本的知识,但少部分学生对数学不感兴趣。究其原因,是学习数学的过程脱离了生活实际。在生活实践中,小学生已经初步感受到数学与生活的联系,然而,我们的教学往往是一块黑板、一支粉笔,理论性知识传授得过多。学生虽然知道数学联系着实际生活,但无法理解数学知识与实际生活的逻辑关联。这样,学生无法体验到数学的应用价值,更谈不上学习数学的乐趣。例如,在教学"容积单位"时,首先学生无法感受"毫升"与"升"究竟是多少;其次,难以理解容积单位之间的换算。因此,在教学中就要利用学生喝过的各种饮料罐,诸如奶茶、雪碧、可乐等作为学习容积的素材。这样,学生很快就理解了毫升、升等容积单位,知道了容积单位以及这些单位对液体的计量,从而为容积单位的换算奠定基础。容积单位表示空间与数量的关系,是比较抽象的数学概念,而教学中建立与生活的联系,会使学生容易理解,从而体会到学习数学的乐趣。[1]

2. 根据需要导入知识,感受数学知识的应用价值

儿童心理学研究认为,儿童的有意注意时间较短,教学导入应从学生熟悉的事物出发,从具体的问题到抽象的概念。我们知道,数学知识是从实际事物中抽象概括而来的,是对客观世界的最基本的反映。小学生的好奇心强,他们在每接触一个数学概念时都迫切地想知道这样的概念是从何而来的,在生活中有什么样的应用。所以,我们在导入新知识时应该让学生感受到数学知识的应用价值。例如,在教学"分数的意义"时,就设计了这样的导入:多媒体创设一

---

[1] 顾文银.联系实际,培养儿童的数学应用意识[J].小学生(中旬刊),2017(12):40.

个全班同学吃西瓜的情景,全班 30 个同学吃一个西瓜,而且每个人的西瓜必须一样大。你能帮助分一下吗?你吃的这块西瓜是整个西瓜的多少?这样的问题激起了学生分西瓜的兴趣,他们通过活生生的事例来理解"分数的意义",因而对分数意义的认识比较深刻。我们知道,儿童的思维特点以形象思维为主,他们的心理发展水平在逐步地向逻辑思维过渡,此时在新知识刚呈现时就建立与生活的联系,以及与实际应用的联系,容易唤起思维的有意注意。

3. 体会数学应用价值,了解数学知识的来龙去脉

数学教育理论指出,数学知识的生成源于实际需求与数学内部的驱动。在我国小学阶段,大部分数学知识都源自我们的日常生活,这为数学教学提供了丰富的背景资源。将实际生活中的情境引入课堂,不仅能够激发学生的学习兴趣,还能让学生亲身体验到数学在现实生活中的应用价值,从而引导学生主动发现问题、分析问题并解决问题。

在教学过程中,教师应结合数学知识的形成过程,运用生活情境导入新知识。这样,学生便能更好地理解数学知识的来龙去脉,学会从数学视角观察世界,并在验证过程中证实数学结论。教师若能将生活中的问题转化为数学教学素材,学生便能将数学问题融入现实生活中,领悟到转化的思想方法,进一步认识到数学与生活的紧密联系。

数学应用意识是指将数学中的具体问题转化为生活实际运用并进行研究,从而了解数学学科的本质特征,具备这种意识的学生能够准确地把握事物变化的规律。因此,小学生在课堂中的数学应用意识反映了他们对学习数学的态度。

在小学数学教学中,教师应充分运用生活情境,引导学生领悟数学知识的生成过程,培养学生的数学应用意识,从而提高他们的学习兴趣和积极性。

4. 培养学生实践能力,重视建模过程的经历

辩证法认为实践出真知。在小学数学教学中,要重视引导学生通过开展数学实践活动来培养数学应用意识。数学教学理论认为,数学的应用首先要建立数学模型,因为数学模型是数学知识与生活实际相联系的桥梁。行为主义学习理论认为,知识的构建是在实践中产生的,而数学建模的过程就是把数学知识应用到实际问题中去。实际上,建立数学模型更能让学生从中体验到数学知识的实际应用。从理论上讲,这是数学学习中的再创造的过程。在建立模型的过程中,形成了新的数学知识。这样的过程让学生又一次体会到数学与生活实际的紧密联系。所以,在教学中通过问题情境到建模后的应用是培养学生数学应用意识的一种教学模式。从这个意义上说,数学建模不仅提高了学生的数学实践能力,还切实培养了学生的数学应用意识。在这个过程中,学生把数学学习与现实世界联系在一起,从而真正地建立了数学应用意识。

总之,小学数学教学要切实培养学生的数学应用意识。因此,在平时的教学中要注意学生的数学应用意识在课堂中的表现,发现问题及时地引导与解决,使学生的思维意识与实际生活紧密相连。

（三）应用意识的学业质量描述及应用

1. 应用意识的学业质量的主要体现

（1）主动尝试从日常生活、自然现象和科学情境中发现和提出有意义的数学问题。学生能够敏锐地观察周围的事物，从中寻找数学问题，并尝试用数学语言描述和解释这些问题。

（2）初步学会通过具体的实例，运用归纳和类比发现数学关系与规律，提出数学命题与猜想，并加以验证。学生能够通过观察、实验、归纳和推理等方法，发现数学中的规律和关系，并能够运用这些规律和关系解决实际问题。

（3）勇于探索一些开放性的、非常规的实际问题与数学问题。学生不仅关注数学问题的解决，也关注与实际问题相结合的数学问题的解决，并能够从中抽象出数学模型。

（4）能够用数学的语言表达现实世界。学生能够理解数学语言，如符号、公式、图表等，并能够用这些语言描述现实世界中的问题。

（5）积极寻找与尝试解决问题的办法。当面临需要解决的问题时，学生能够主动思考、积极寻找解决问题的办法，并能够尝试不同的方法来解决问题。

（6）有意识地利用数学的概念原理和方法解释现实世界中的现象与规律，解决现实世界中的问题。学生能够认识到数学在现实世界中的应用价值，并能够运用数学的概念和方法解决现实生活中的问题。

综上所述，应用意识在小学数学中的学业表现主要体现在学生能够主动寻找和解决数学问题，善于运用数学语言描述和解释现实世界中的问题，并能够尝试用数学方法解决这些问题。

2. 应用意识的学业质量应用

数学是一门基础学科，其应用意识在各个领域中都扮演着至关重要的角色。在小学数学教学中，应用意识的培养不仅有助于提高学生解决实际问题的能力，还有助于激发他们的学习兴趣和创新思维。

（1）增强实践能力

在小学数学的教学中，应用意识的培养日益受到重视。这种应用意识强调将数学知识与实际生活紧密相连，其目的是帮助学生理解数学的本质，提高实践能力，并激发他们对数学学习的兴趣。

首先，通过将数学知识应用到实际生活中，学生能够更好地理解数学的本质。数学作为一门抽象学科，有时候会让一些学生感到困惑。如果教师能够将数学知识与日常生活相结合，这将有助于学生理解数学的本质，认识到数学并非抽象的符号，而是解决实际问题的工具。

其次，应用意识的培养有助于提高学生的实践能力。当学生将数学知识应用到实际生活中时，他们需要思考如何解决实际问题，这无疑提高了他们的实践能力。例如，在生日分布情况统计的活动中,学生需要运用统计和概率的知识来解决问题,这使得他们有机会实践所学的知识。

最后,通过将数学知识与现实问题相结合,学生可以认识到数学在生活中的重要性,从而增强他们的学习兴趣。

概率与统计这一内容对于培养学生的应用意识尤为重要。例如,教师可以引导学生应用这些知识解决生活中的实际问题。在生日分布情况统计的活动中,教师可以让学生统计班上学生的生日分布情况,然后计算出各个月份的生日人数比例。通过这样的活动,学生可以了解到概率与统计知识在生活中的实际应用,增强他们的学习兴趣。

小学数学教学中的应用意识强调将数学知识应用于实际生活。这不仅有助于学生理解数学的本质和提高实践能力,还能增强他们的学习兴趣。因此,教师应该注重培养学生的应用意识,将数学知识与日常生活相结合,让学生看到数学的实际价值。这样,学生不仅能够更好地理解数学,还能够提高解决实际问题的能力,从而更好地应对未来的挑战。

(2)促进全面发展

小学数学教学中的应用意识体现了素质教育的理念,有助于学生的全面发展。在数学教学中,应用意识的重要性不言而喻。学生通过将所学的数学知识应用于实际生活,能够更好地理解其他学科的相关概念,提高他们的综合素质。

在小学数学中,图形与几何是另一个重要内容。教师可以引导学生应用这些知识解决生活中的实际问题,从而增强他们的学习兴趣。例如,教师可以让学生测量教室的长度和宽度,然后计算出教室的面积。通过这样的活动,学生可以了解到图形与几何知识在生活中的实际应用,从而增强他们的学习兴趣。

同时,这种教学方法还有助于培养学生的观察能力和动手能力。当学生通过自己的观察和动手操作来解决实际问题时,他们能够更好地理解和掌握数学知识。此外,这种教学方法还可以帮助学生树立正确的学习态度,使他们更加关注生活中的数学问题,从而更好地应用所学知识。

为了更好地培养学生的应用意识和综合素质,小学数学教学应该注重实际应用。教师可以通过引入更多的生活实例和实际问题来帮助学生理解和掌握数学知识。例如,在讲解加减法时,教师可以引入购物找零的例子;在讲解面积时,教师可以引入房屋面积计算的例子。这些实例可以帮助学生更好地理解数学知识,同时也可以提高他们的学习兴趣和应用能力。

小学数学教学中的应用意识和实际应用是培养学生综合素质的关键。通过引导学生将数学知识应用于实际生活,教师可以帮助他们更好地理解其他学科的相关概念,提高他们的综合素质。同时,这种教学方法还有助于培养学生的观察能力和动手能力,帮助他们树立正确的学习态度。为了更好地培养学生的应用意识和综合素质,小学数学教学应该注重实际应用,引入更多的生活实例和实际问题来帮助学生理解和掌握数学知识。

应用意识在小学数学教学中具有重要的作用。通过培养学生的应用意识,可以提高他们的实践能力、创新思维和综合素质。为了更好地实现这一目标,建议教师在教学过程中注重知识与实际的联系,开展多样化的实践活动,鼓励学生独立思考和解决问题。同时,教师还需要不断提高自身的专业素养和教育水平,以更好地引导学生掌握知识和技能。

十一、创新意识

(一) 创新意识的涵义

创新是一个民族生存与发展的不竭动力。世界各国的竞争力,归根结底取决于教育的发展水平和科学技术水平。因此,国家高度重视创新教育和创新人才的培养。《面向二十一世纪教育振兴行动计划》中指出:"要瞄准国家创新体系的目标,培养造就一批高水平的具有创新思维能力的人才。"[1]因此,在小学数学教育中培养学生创新思维意识是时代发展的必然选择,是实施素质教育的必然途径。

1. 采取策略,发挥课堂教学主渠道作用

布鲁姆教学观认为,课堂是教学的主阵地,是实现教学目标的保证。因此,教学中要本着发展学生思维的目的,对学生进行创造性思维能力的培育。创新意识也称为发散思维、创造性思维,是指人在学习活动中展示出来的一种主动的、独创的、富有新颖特点的思维方式。发散思维在原有的知识与经验材料的基础上进行突破性的创造组合,从而形成新的解决问题的办法。小学生在学习数学过程中,新颖的解题思路、新奇的想法、一个小发明创造等都是创造性思想的具体体现。[2] 所以,在教学过程中应做好这样的工作:

① 要激发学生学习数学知识的兴趣,保护学生的好奇心。
② 善于创设数学情景,引导学生在情境中探索知识。
③ 培养学生观察能力,在观察中发现问题、分析问题、提出假设。
④ 开展交流讨论与合作探究学习。
⑤ 鼓励学生动手实践,在实验操作中获得知识。

创新是建立在探究问题的过程中的,课堂教学中要引导学生养成注意观察、认真思考、综合分析的习惯,从而激发学生创新思维意识的产生。

2. 创新教学,培养学生的科学探索能力

数学教学理论认为:"探索是数学教学的生命线。"所以,我们要引导学生开展探索性学习。现代教育理论告诉我们,学生的创新思维的产生,不同程度来源于教师的教学设计,尤其是对一些具有挑战性的问题,要通过探究性的学习,发现知识的形成过程,寻找解决问题的办法。

---

[1] 钱钟. 扩招之后话就业[J]. 江苏高教,2000(05):43—45.
[2] 朱军辉. 小学数学教学中学生创造性思维的培养[J]. 校长阅刊,2005(10).

如果教师设计的问题不具有挑战性,就不能激发学生创新的欲望。例如,让学生比较$\frac{3}{4}$与$\frac{5}{6}$的大小,通常情况下教师会这样引导学生来解决问题:①首先,提出"$\frac{3}{4}$与$\frac{5}{6}$的分母一样吗?"说明分母不一样无法比较大小;其次,引导学生把$\frac{3}{4}$与$\frac{5}{6}$化成分母相同的分数。在教师这样的引导下,学生的思路亦步亦趋。他们不敢打破思维的常规来解决问题,因而个性会被抑制,思维被阻碍。通分当然是解决问题的途径之一,然而,在引导学生交流讨论的过程中发现,有学生认为直接化成小数比较即可得出结论,还有学生阐述自己的看法。这样,学生的思维方式与过程有了拓宽,从而养成科学探究的习惯。

3. 开拓思维,提高学生的类比思维意识

瑞士心理学家皮亚杰在《智力发展理论》中强调了认知发展的重要性,他认为:"智力发展是一个将新知识同化与顺应到已有认识结构的过程。"②这一理论对我们小学数学教学模式具有深刻的启示。

传统的小学数学教学往往倾向于将数学概念和基本知识通过死记硬背的方式传授给学生,随后进行强化训练,以提高学生的数学技能。然而,这种教学方式并不能有效地培养学生的思维能力和创新意识。在新课改理念的指导下,我们应当转变教学方式,运用探究式教学引导学生在积极主动的氛围中开展观察、分析、比较和归纳,从而抽象出概念的本质属性,加深对知识的理解。

此外,引导学生探究知识的形成过程也是开拓学生思维的重要手段。以"面积单位"的学习为例,为了让学生正确掌握"平方米""平方分米"等单位的含义,我们可以将它们进行类比。这样,学生就能明确一个单位的意义,如边长为"1 厘米""1 分米"的正方形。③ 接着,教师可以运用生活中的实例来巩固学生的认识,使他们在脑海中建立起概念。

实践证明,只要我们将学生原有的认知结构与新知识建立实质性的联系,就能促使类比思维意识的产生。这种教学方式有助于培养学生独立思考、解决问题的能力,进而提升他们的创新意识。为实现这一目标,教师应充分了解学生的认知发展水平,设计富有挑战性和启发性的教学活动,激发学生的学习兴趣,使他们愿意投入探究式学习的过程中。

以皮亚杰的智力发展理论为指导,我们将探究式教学融入小学数学教学中,引导学生主动探索、积极思考,既能使他们加深对知识的理解,又能培养他们的思维能力和创新意识。

4. 素质教育,发展学生运用数学思维意识

创新是一个民族的灵魂,素质教育是关系民族未来生存与发展的大计。因此,义务教育阶

---

① 黎华坚.谈谈小学数学教学创新思维品质的训练[J].成功(教育),2009(05):66—67.
② 陈家清,小学数学教学中创新思维的培养和训练[J].小学教学参考,2010(21):77.
③ 黎华坚.谈谈小学数学教学创新思维品质的训练[J].成功(教育),2009(05):66—67.

段要重视对学生数学应用意识的渗透与培养。小学数学教育是素质教育的内容之一,是发展学生创新思维的主要阵地。在小学数学教学中,应尽可能地为学生提供一些实际背景的材料,激活学生的内心体验,帮助他们学会把实际问题抽象成数学问题。只有运用数学思维解决实际问题,才能在解决问题的过程中培养数学应用意识,才能在解决问题的过程中使思维发散。我们知道,数学知识是抽象的,但内容却是客观存在的,而且是通过具体的形式表现出来的。例如,在开展"实地测量"时学习步测和目测,不让学生用皮尺等测量工具来测某操场的长与宽,这个问题让学生产生了兴趣。不用测量工具测量操场的长与宽,这与常规的做法不相符。于是,学生的思维中就产生了"用什么知识来解决这样的问题呢?"此时,学生急切地想了解步测和目测是怎样来测量长度的。运用数学的思维意识是培养学生创新思维的基础,是促使思维发散的开始。

总之,小学数学不能再为应试教育而教,而应该从课堂着手,培养学生主动探索知识的习惯,努力探寻知识的形成与发展的过程。在探究的过程中掌握数学思想方法,并从中归纳总结数学知识的规律。这样,才能让学生在运用数学知识解决实际问题的过程中发展创新意识。

(二) 创设意识在小学数学课堂中的表现

瑞士心理学家皮亚杰认为:"儿童的认知发展不是一个数量不断增加的积累的过程,而是伴随着同化性的认知结构的不断再构的过程。"小学生的创新意识表现在能力与品质两个方面。创新是智力活动的最高品质,它既具有丰富的思维想象力,又具有灵活的动手实践能力以及良好的人格因素等。儿童在学习数学中表现出强烈的求知欲望以及广泛的兴趣与爱好,并且存在求异思维的倾向。

1. 儿童应该用立体式思维学习数学

所谓立体式思维,就是能从各种感观来刺激人体的大脑,从而有助于人更加深刻地认知新生事物。我们知道,记忆是人的经验在大脑中的集中反映。我们把教学中的记忆分为运动记忆、形象记忆与概念记忆三种。实际上数学教学中的记忆还应该包括逻辑记忆与情绪记忆两种。前面的三种记忆是不连贯的,往往需要通过反复的、有意识的再现才能达到记忆的效果,例如,对一些数学概念、公式、定理的记忆。但一段时间后记忆就会慢慢地淡化,使记忆的东西慢慢地丢失。所以,小学数学教学中应该辅助以多种方式培养儿童的立体式思维。这样,就可以让小学生的思维记忆变得更加深刻。只有思维变得深刻,才有可能产生创新意识。例如,在应用题教学中学生的思维容易被文字与数字束缚,此时不妨用多媒体辅助来再现生活情形,从而给学生营造立体式思维环境,拓宽学生的思维。同时,联系实际生活教学让学生感到学有所用。数学是思维的试金石,在小学数学教学中,立体式思维变换了学生的学习环境,让多种感官参与信息的接受,为培养创新意识提供了可能。

2. 课堂教学中应该鼓励学生大胆质疑

现代教育理论认为,发现问题是一切创造性活动的开始。小学数学教学是培养学生心智活动的阵地,数学课堂中学生在学习过程中产生了疑问,并进行积极主动的探索。然而,在传统的教学模式中学生习惯了被动地接受知识,这种教学方式违背了人的生存与发展理念,使得很多小学生在课堂上不敢大胆地提出自己的疑问,学生的认知处于一种规律的追寻状态中。因此,我们应该鼓励学生发现问题,大胆地提出问题,以培养思维的独立性。创新意识的产生应该有思考问题的宽松环境,有质疑的机会。同时,教师要在教学中留给学生可讨论可思考的空间,从而让问题由浅入深,长期的坚持就会使思维得到发散。例如,在教学新内容前就要求学生预习要学习的内容,把自己不能理解的地方做标注,带着问题进行新课的学习。因此,我们要引导学生学会提取教学中的重点内容,围绕存在的问题,展开思维的联想,把之前学过的知识连贯到一起,从而找到更多解决问题的办法。

3. 变"填鸭式"教学为合作式学习

长期以来,小学数学教学都是学生单独学习,很少有合作学习的内容。新课改理念倡导学生开展合作学习,通过同学间的相互交流与合作,使不同的思维方式得到碰撞,从而产生新的解决问题的办法。不同的个性思维方式在相互交流中就会出现差异或争议,在这种情况下,学生对同一个问题或内容产生不同层面或不同角度与深度的理解认知,从而导致了个性化思维的产生。个性化思维的产生有利于学生对所学知识的理解与记忆。德国一位数学家曾经说过,中国的孩子玩不起数学。高分低能的现象是普遍的,原因就是受中国传统文化的影响,忽略了对学生创新思维的开发与培养。一切以学生的成绩与结果挂钩,扼制了学生对新事物的探求。因而,我们的孩子"玩"不起数学。因此,只有改变填鸭式教学为开放式教学,让学生在获取数学知识的同时也能获得学习能力,不断地开拓知识视野,提高解决实际问题的能力,才能切实培养学生的创新意识。

4. 学会和习惯按照自己的方式探索知识

接受学习理论认为,学习者必须具备有能够同化新知识的适当的认知结构。然而,中国式的课堂教学中教师给学生留下的课后作业中往往有正确答案或者参考答案。这样,就造成了学生的思维模式往往朝相同的结果上努力。这种知识的接受方式禁锢了学生创新思维的产生,也没有给学生培养创新意识的机会。所以,教师在教学中需要通过开放性问题或者练习使学生学会与习惯按照自己的思维方式来探究知识。发展学生的个性是教育的理想,只有让学生按照自己的思维方式开展学习活动,才能得出富有个性的答案。学习数学更应该开放学生的学习空间,可以让学生以翻阅图书资料的方式来开展研究性学习,或以文字加数字的方式提供答案。问题的答案可以是唯一的,也可以多种多样。这样,就能从多方位锻炼学生的思维。同时,我们应该给学生传授一些简单的解决问题的方式方法和思路,如鱼骨图法、逻辑树法等,来引导学生提出问题、分析问题与解决问题。

总之，培养学生的创新意识应该从小学阶段开始。创新意识在数学课堂中的表现是明显的，是学生解决问题时的明显特征。小学数学教学肩负着培育学生创新意识的神圣使命，而数学课堂是培养学生创新意识的主阵地。因此，我们应该根据学生在课堂中的具体表现，有计划有目的地发展学生的创新意识。

（三）创新意识的学业质量描述及应用

1. 创新意识的学业质量描述

创新意识是学生在学习过程中所展现出的创新思维和创新能力。在小学数学教学中，创新意识的学业表现主要有以下几种：

① 主动尝试从日常生活、自然现象或科学情境中发现和提出有意义的数学问题。例如，学生会观察生活中的现象，如车轮的形状、桥梁的设计等，并思考其中蕴含的数学原理。

② 初步学会通过具体的实例，运用归纳和类比发现数学关系与规律，提出数学命题与猜想，并加以验证。例如，学生可能会通过观察一组数字或图形，发现其中的规律并猜想出一个数学定理，然后通过实践来验证这个猜想。

③ 勇于探索一些开放性的、非常规的实际问题与数学问题。例如，学生可能会尝试解决一些开放性的数学问题，如寻找一种新的方法来求解一个复杂的问题，或者尝试将一个实际问题转化为一个数学模型。

④ 对数学及数学学习有好奇心，愿意尝试不同的方法与策略，具有独立思考和质疑问难的批判精神。例如，学生会主动寻找和发现数学问题的解决方法，而不是仅仅接受标准答案。

⑤ 感悟和欣赏数学的神奇与美。例如，学生可能会对一个复杂的问题有深入的理解和欣赏，或者对一个优美的数学定理产生强烈的兴趣和求证。

总的来说，创新意识在小学数学中的表现主要是主动发现问题、提出猜想并验证、探索解决开放性和非常规的问题等方面。同时也要注意鼓励学生尝试发现和提出数学问题，运用归纳类比等发现并提出猜想，创造性地解决问题。

2. 创新意识的学业质量应用

创新意识在小学数学教学中的体现至关重要。数学是一门需要不断创新和探索的学科，它不仅要求学生掌握基本的数学知识，还要求学生具备独立思考、勇于探索的精神。因此，在小学数学教学中，教师应该注重培养学生的创新意识，以提高学生的数学素养和创新能力。

首先，创新意识的培养需要教师在课堂上营造出民主、自由、宽松的氛围。只有在这样的氛围中，学生才能够自由地表达自己的想法和观点，从而激发他们的创新思维。例如，在教授"三角形的内角和"这一知识点时，教师可以让学生自己动手制作各种三角形，并观察每个三角形的内角和的特点。这样不仅让学生更加深入地理解了三角形内角和的规律，还激发了他们的创新思维和动手能力。

其次，教师可以通过引导学生进行探究性学习来培养学生的创新意识。探究性学习是一种让学生通过自主探究、合作交流的方式学习数学知识的方法。例如，在教授"长方体的表面积"这一知识点时，教师可以引导学生自己制作一个长方体，并探究其表面积的计算方法。这样不仅让学生更加深入地理解了长方体表面积的计算方法，还培养了他们的探究精神和创新意识。

比如，小学三年级的数学课堂，教师引导学生解决一个实际问题——学校组织了一次户外活动，需要学生们自己动手搭建一个简易的遮阳棚。教师将学生分成几个小组，让他们共同讨论并解决这个问题。

学生们首先需要测量阳光的角度，确定遮阳棚应该放置在哪个位置。他们用自己制作的测角仪测量阳光的角度，并记录下来。然后，他们需要计算遮阳棚的尺寸。学生们讨论后决定，遮阳棚的高度应该是他们身高的两倍加上 2 米，宽度应该是他们身高的三倍加上 3 米。他们用这些数据来计算遮阳棚的尺寸。

学生们用彩色的布、绳子和竹竿等材料，按照计算得出的尺寸，共同制作了一个漂亮的遮阳棚。最后，他们用卷尺测量遮阳棚的高度和宽度，发现与他们计算得出的尺寸非常接近。学生们非常高兴，感受到了数学在实际应用中的重要性。

这个案例中，学生们通过解决实际问题，不仅应用了所学的数学知识，还展示了他们的创新思维。他们设计了自己的遮阳棚，使用了不同的材料和颜色来装饰，这些都是他们创新思维的体现。

在小学数学教学中，教师可以通过类似的方式培养学生的创新意识。例如，让学生自己设计一个调查问卷，调查同学们的生日或者最喜欢的颜色等；或者让学生们设计一个游戏，要求游戏规则中必须应用到数学知识等。这些活动都可以帮助学生将数学知识应用到实际中，培养他们的创新意识和实践能力。

第二章

数学思想：
核心素养的视角

第一节　数学思想与方法

《义务教育数学课程标准(2022年版)》中明确指出:"学生通过数学课程的学习,掌握适应现代生活及进一步学习必备的基础知识和基本技能、基本思想和基本活动经验。"因此,在小学数学教学中,我们需要同时注重学生知识技能的掌握、学科素养的培养、思想方法的渗透。所谓的学科素养不仅仅指对基础理论、规则和方法的精通及解决问题的能力,还包括对学生学科思想和思维模式的培育,这是更高层次的能力提升,也是一种深层的转变。所以,在小学数学的教学过程中,教师应根据孩子的年龄特性、生理心理状况、行动风格和生活习性等来设计合适的教育手段,并实施有针对性的教学计划,以增强对孩子数学思考的影响力和引导力。

一、小学数学思想方法概述

小学数学思想方法主要包括归纳、类比、数形结合、数学模型等。核心的小学数学思维方式包含推理思考、比较思考、数形结合思考、模型思考等。这些数学思维方式与数学思想是一脉相承的。数学思想是内因,强调的是理论,而数学方法则是外因,更加强调实践。思想方法是数学知识的精髓,数学知识则是思想方法的载体,数学思想为数学知识提供了核心理念。在数学教育过程中融入数学思维方式能有效地提升数学课程结构完整度,对促进小学数学教学水平的提高产生了积极的作用。

二、小学数学教学中渗透数学思想方法的要求

随着新的教育体系的更新和深化,把对数学思想培育融入到教学过程以提升学生的核心技能被认为是一个关键策略并成为目前教育的首要任务之一。这对于当下的小学生来说非常重要且必要,因为它可以满足他们在学校及社会环境下的基础需要且符合他们的个人成长需求。所以,教师必须重视如何有效地结合数学概念的教育来引导孩子们感悟数学思想,并在头脑中有意识或无意识建立起这种联系。这样做不仅有助于加深孩子们的理论认识,也能增强他们的实践技能,从而进一步提高学习效率。

三、在小学数学教学中渗透数学思想方法的必要性

思想是人类进步的源泉,也是区分平庸与卓越的界碑。在这个瞬息万变的时代,有思想的人总能站在时代的潮头,洞察社会的发展趋势。他们的观点独到、见解深刻,不仅受到他人的尊敬,也在一定程度上引领着社会的进步。而有思想的语言,更是成为人们传颂不衰的瑰宝,历经岁月磨砺,依然闪耀着智慧的光芒。

有思想的人,他们具备独立思考的能力,不盲从权威,敢于质疑和挑战传统观念。他们善于从多角度审视问题,挖掘问题的本质,从而提出具有创新性和前瞻性的解决方案。正是这些

思想者推动了科技的飞速发展、文化的繁荣昌盛,使得人类社会不断迈向更高境界。

有思想的语言是人们在沟通交流中所展现出的智慧与才华。这种语言具有丰富的内涵和深刻的寓意,引人深思,激发共鸣。它不仅体现在言辞之间的巧妙运用,更在于能够洞悉人心、揭示生活的真谛。正如我国古代名言"授人以鱼,不如授人以渔",这句话道出了教育的真谛,鼓励人们追求自主学习,激发内在潜能。

有思想的知识是人们探索世界、认识生活的宝贵财富。这种知识具有极高的价值,因为它可以帮助我们更好地把握人生方向,助力我们在事业上取得成功。同时,这种知识也是我们应对生活挑战、不断提升自己的强大动力。正如著名科学家爱因斯坦所说:"想象力比知识更重要。"这句话鼓励我们要敢于创新,勇于突破。

在这个充满竞争与挑战的时代,我们需要不断丰富自己的思想,提高自己的见识,以应对各种未知的困境。只有具备独立思考能力的人,才能在这个瞬息万变的世界中立足。因此,我们应该珍惜那些充满智慧的思想,让它们成为我们前进道路上的指引明灯,助力我们走向更加美好的未来。

学习数学从根本上讲就是获得数学的思想和方法,并用以指导工作和生活,国际科学教育委员会和国际数学教育委员会的联合研究成果指出:"在内容的选择中,人们必须想到的不仅仅是我们希望学生获得的知识,而且要想到跟那些题目结合在一起的思想方法"。随着学生年龄的增长,随着教学向前推进,思想和方法要用越来越新的内容逐步展开、丰富和充实,这些思想和方法将组成数学教学全部内容的核心。

1. 有利于学生数学认知的发展

在当前的社会环境里,能否利用已学到的数学技能来处理现实的问题并创新出新颖的解决方案,主要取决于个人具备多少数学思想方法和数学素养,而非他们的考试表现如何。通过把数学理念有效地融入到教育过程中,不但能促进学生的学业进步,还能提升他们对问题的分析严密度、推理力和整体性,激发他们形成全新的理解,让他们能在现有的认知层次基础上做出合理的调整和转变,从而实现全方位的发展。

2. 有利于学生形成良好的数学思维品质

生活和社会各个领域都离不开对数学思想的使用及其重要影响。由于其独特的性质,如抽象性和繁杂度等,使得它的教育价值尤为突出,特别是在提升学生的直接推理能力和理性思考能力上表现得更为明显且无法被其他科目替代。比如,当学生在解决问题时,不仅能激发他们勤奋努力的精神追求,而且还能塑造出优秀的思想习惯及品格特质。

3. 有利于促进数学学科的发展

各个学科对个人发展的深远影响力都不容忽视,它们以各种方式和视角为学生的全面发展提供营养,使得他们能够逐步培养出自主且科学的研究能力,并养成优秀的学习行为模式。从根本意义上讲,教育的核心在于塑造人格,目标不仅仅是追求卓越成绩,更重要的是使学生在学习过程中获得启发,从而提升个体的素养水平。数学思维是数学的核心价值所在,数学思想方法作为数学的精华、精髓,以及一种科学的工具,在各领域的技术中都有着广泛应用,影响着人类文化的发展,其中就包括推动数学学科的发展。①

四、在小学数学教学中渗透数学思想方法的途径与策略

(一) 创设真实的学习情境,启发学生探寻数学思想方法

在教育实践中,我们常常听到这样的呼声:让学生从抽象的理论学习转向真实的问题解决。这是因为,通过创设真实的问题情境引领学习,不仅能生动具体地反映知识建构过程,也能充分展示理性思维的特点。此外,这种方法还能帮助学生形成大概念,建构大目标,加深对真实问题更宏观、更具概括性的认知。更重要的是,它有助于促进学生对数学思想方法的认识和理解。②

在这个过程中,教师的角色至关重要。他们需要根据学生的学习心理特征及理解力去设定课程目标,并确定教学的目的性和针对性。这不仅要求教师具备专业的教育知识,还需要他们能够灵活地调整教学策略,以适应课堂环境的变化。

首先,教师需要构建合适的授课方案,以满足学生的学习需求。这包括选择适合的教学方法,设计富有挑战性和吸引力的课程内容,以及创造一个积极的学习氛围。在这样的环境中,学生更容易被激发起学习的兴趣和动力。

其次,教师需要在教学过程中关注学生的反馈,以便及时调整教学策略。这要求教师具备敏锐的观察力和判断力,以便在必要时对教学策略做出相应的修改或完善。这样的教学方式有助于学生更好地感悟和领会数学思想方法,从而将其内化为自觉的意识。

最后,教师还需要注重培养学生的问题解决能力。这可以通过设计一系列真实的问题情境来实现。在这些情境中,学生可以将所学知识应用于实际问题。

通过创设真实的问题情境引领学习,可以有效地帮助学生形成大概念,建构大目标,加深对真实问题更宏观、更具概括性的认知。在这个过程中,教师需要根据学生的学习心理特征及理解能力设定课程目标,并灵活调整教学策略以适应课堂环境的变化。此外,教师还需要关注学生的反馈,及时调整教学方案,并注重培养学生的问题解决能力。这样,学生才能将所学知识更好地感悟、领会直至内化为自觉行为,从而在实践中不断提高自己的综合素质。

(二) 鼓励结构化的整理概括,引导学生内化数学思想方法

在教育教学过程中,总结、评价和反思是至关重要的环节。尤其在数学教学领域,教师需

---

① 龚成秀.小学数学教学中数学思想方法的渗透[J].考试周刊,2020(45):69—70.
② 段志贵.让数学思想方法根植于数学课堂[J].江苏教育,2023(37):15—19.

要在每节课和每个单元结束时,有针对性地对教学内容进行梳理和回顾。那么,如何进行有效的小结呢?以下几点建议或许能为教师们提供一些启示。

教师需要对知识点进行系统性的梳理。这包括对数学概念、定理、公式等方面的整理,使学生能够清晰地了解课程内容的结构和体系。通过这种方式,教师可以帮助学生建立起扎实的数学基础,为后续的学习做好准备。

教师应有意识地挖掘教学内容中蕴含的数学思想方法。这些数学思想方法是数学知识的灵魂,能够引导学生从更深层次上理解数学。教师可以通过知识讲解,提炼出数学对象的共性,从而生成数学思想。此外,教师还可以将数学思想贯穿于教学的始终,逐步引导学生将个别特殊体验升级为一般意义的理解。

教师需要有针对性地对教学内容进行结构化整理。这要求教师在教学过程中关注知识之间的内在联系,以及数学方法在解决不同问题中的应用。通过这种方式,教师可以引导学生建立起有序的数学认知结构,提高学生的学习效率。

教师应在教学过程中注重反思。反思不仅可以帮助教师发现教学中的不足,还可以促使教师不断调整教学策略,以更好地满足学生的学习需求。在反思中,教师可以审视自己在教学过程中的优点和不足,以及学生在学习过程中的困惑和需求,从而有针对性地进行改进。

在数学教学过程中,教师应关注知识点的梳理、数学思想方法的挖掘和教学内容的结构化整理。同时,教师还需要在教学过程中不断反思,以提高教学质量。通过这些方法,教师可以引导学生形成系统的数学认知结构,提升学生的数学素养,为他们的未来发展奠定坚实基础。

(三)基于真实的问题解决,助力学生运用数学思想方法

在我们日常生活中,无论是学习还是工作,解决问题是必不可少的环节。然而,解决问题的过程并非一帆风顺,它需要我们运用丰富的经验和高级的思考方式来寻找切入点。尤其在教育领域,教师在教学过程中扮演着引导学生解决问题的关键角色,他们的高效指导对学生的发展有着深远的影响。

我们需要明确一个观点,那就是解决问题的方法并非仅限于某一个具体的问题或某一种记忆性的知识。相反,我们应该引导学生学会举一反三,掌握一类问题的解题思路。这种思路,就是我们所说的"通性通法"。

"通性通法"本质上是一种内在的规律性,它贯穿于问题解决的全过程。它是数学思想方法的核心,处于解决问题的主导地位,是问题解决的观念性成果。学生在掌握通性通法的过程中,不仅能够提高解题效率,还能锻炼思维能力,提升综合素质。

那么,如何让学生掌握这些通性通法呢?教师在教学过程中起着至关重要的作用。他们

需要跳出单个题目的限制，引导学生从更高的角度去看待问题。教师要善于挖掘问题的本质，揭示问题的内在规律，让学生在解决问题的过程中体会到通性通法的应用。

教师还应该注重培养学生的独立思考能力。在教学过程中，教师要引导学生积极参与，鼓励他们提出不同的观点和解决方案。这样，学生在面对问题时才能灵活运用已学的知识，找到解决问题的最佳途径。

解决问题是一项复杂的思维活动，它需要我们运用丰富的经验和高屋建瓴的思想方法来寻找突破口。在教育领域，教师应注重培养学生的通性通法，引导学生举一反三，掌握一类问题的解题思路。这样，学生在面对各种问题时，才能运用自如，游刃有余，成为具备独立思考能力的优秀人才。

第二节　数学思想及其分类

一、分类思想

分类思维是指当我们面临的问题无法用单一视角来处理的时候，我们必须对其进行分门别类的分析，针对每个类别单独展开探讨并获得结果，最终整合所有类别的成果获取整体问题的答案。本质而言，这种方法是一种"分解成小块，逐步攻克，然后再合并"的战略。简言之，根据特定的准则将研究目标划分为若干种状况或者几大部分，依次开展研究与解决问题的方式被称为分类讨论法。

（一）分类思想的意义

分类理念在数学领域中占据着关键地位。我们在研究数学时常常面临各类问题的归类处理，例如数字的分门别类、几何形状的区分和代数表达式的划分等。这种分类技巧的提升标志着学生思考方式的进步，尤其是抽象能力的提高。这不仅是一个学生逻辑推理技能成长的关键因素，也对于推动他们的逻辑思维能力有深远影响。

1. 有利于数学抽象的提出

对于客观实体的分门别类要求我们对其进行深入理解和对比，从而提炼出其普遍特性及核心特质。详细而言，孩子首先必须通过具体的观察来识别物体间的相似性和差异性，把部分物品划分为同一种类别或者合并若干个元素形成一组（归纳法则），也就是专注于某项（或多项）特定性质，并且视之为所有事物的共同点，至于其他的属性和因素暂时不予关注。换言之，分类思维的主要功能在于为其对应的数学抽象提供必要的基石。

2. 有利于对知识的深入认识

如果我们把事物的主要特征定义成"类别"，那么，"分门别类"的功能就在于提供了一种可行的方法以进一步探索并了解这些特性。因此，当我们再次审视为何要根据形状不同而区分出不同的三角形的类型时,我们可以这样解释这个过程——它实际上是遵循着一种普遍的原则——从特例开始逐渐过渡至一般情况的研究方式中的一种尝试。

3. 有利于高级思维的形成

根据加涅的研究,智慧技能的学习顺序与环境因素的关系如下:首先是区分能力,其次是以区分为前提的具体概念,再次是以具体性概念作为基石的概念理解,之后则是基于定义性概念来构建规则,最终则是在规则的基础上发展出更高级别的规则。鉴于分类任务通常需要对事物进行识别,所以我们常常可以通过先掌握分类技巧并以此为起点,进而将其提升至具体的概念及定义性的概念层面,从而为建立规则和更高层次的规则提供思考的基础。

4. 有利于知识结构的完善

为了构建有序的体系,我们常常需要对信息进行分类处理。当学生的知识储备达到某个水平时,利用分类思维可以使他们系统化、按部就班且不会出现重复或缺失的情况来组织和梳理知识,从而构筑出完整而合理的学习网络。根据心理学研究显示,优秀的知识架构对获取与解决问题的能力具有重要意义。

5. 有利于儿童的组织策略的发展

组织的策略涉及的是依据知识和经历间的内部关联,对学习资料实施系统的、有条理的分级、归纳及总结,从而实现其结构的优化。利用这种方法能够深化学习的深度,有助于加深对于所学内容的理解和记忆。因此,掌握分类技巧是形成组织策略的关键基础。研究显示,尽管小学生初始阶段无法自主生成或应用组织策略,但经过一定程度的策略培训,他们就能熟练掌握这一技能。

（二）相关教学策略

全过程中的小学校内教育都贯穿着对事物的归类思维方式的学习与理解,因此教师需要深入发掘教科书里隐藏着的事物分级理念并将其传递给学生们,以增强他们的这一意识。比如,一年级课程经常会涉及生活环境里的物品如何被划分为不同的类别,以此使学生感受按照各种不一样的准则去划分所带来的差异化效果等。当我们在教学关于形状认知的内容的时候,也会把立方体的三维立体图形(包括矩形的六面固态几何模型),还有像椭圆形或半径为零的几种特殊类型的三棱锥或者四边形的平面多角星状结构等,这些常见的基本元素用一种新的角度重新排列组合成一组全新的集合概念,从而形成了一个更加完整的知识体系框架,以便于我们更好地掌握它们各自的特点及用途,并且能够更有效地利用它们的优势功能发挥出最大的潜力价值。

1. 在课堂教学中培养学生分类意识

在我们的生活中,经常会遇到一些分类事件,例如性别与年龄划分等,由于日常生活已具备此种归类的认知,因此将其应用至数学领域,学生的接纳程度也相对较高。教师应善于利用时机,将此类思维方式融入教育流程。

例如,我们能够通过判断一个数字是否能被2整除来将其划分为奇数与偶数,可以把所有非零的自然数按照其因数数量划分成素数、合数及1。这样分类后,再利用集合图(图2-2-1和图2-2-2)表示出来,有利于学生掌握自然数的不同分类方法。

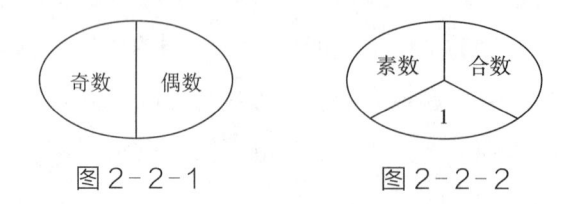

图2-2-1　　　　图2-2-2

2. 用分类活动引入新知识

对于小学低年级的学生来说,他们通常会通过设计特定的分组任务来实现对抽象概念的理解,从而进入到非精确的具象化概念阶段。例如,当教学"了解三角形与四边形"这一主题时,可以通过展示一系列在点子图上绘制的形状,并依据这些形状是否闭合来将其划分为闭合型或开放型;再者,在所有闭合型的形状里,又可按照它们由多少个线条组成来进一步细分成三角形、四边形、五边形等类型。

对于中高年级的学生来说,适当利用他们的思考能力,逐步构建出定义性的观念,有助于提升他们对抽象思维的发展程度。例如,教学"平行与相交"一课时,先让学生在纸上画一画两条直线可能存在哪些不同的位置关系,接着选择有代表性的不同类型,组织学生分类(图2-2-3):

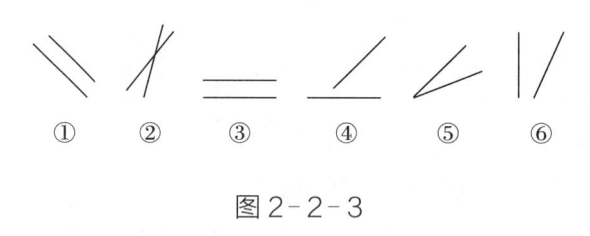

① ② ③ ④ ⑤ ⑥

图2-2-3

此时学生出现不同的分类结果,教师可以呈现分为连接和不连接两类情况,抛出核心问题:第①③④⑥号图的两条直线没有连接起来,归为一类确实有道理,但①③和④⑥有没有什么不同呢?你能根据直线的特征说一说吗?在讨论中调整分类,进行命名。在这个过程中,没有空洞的灌输,没有按部就班的走教案,有的是教师与学生之间思维的碰撞,引领学生思维在认知节点上不断跃升,让智慧在课堂中生成与积淀!

再如,教学苏教版三上"认识几分之一"时,出示下列图形:

图中有平均或不平均分成2份、3份、4份的,组织学生经历两级、两种分类比较(图2-2-4),发现不论先按是否平均分,还是先按相等份数分类,分类结果相同,这说明具有相同属性。

引导学生发现每类的本质,为引导学生正确认识分数意义奠定基础。

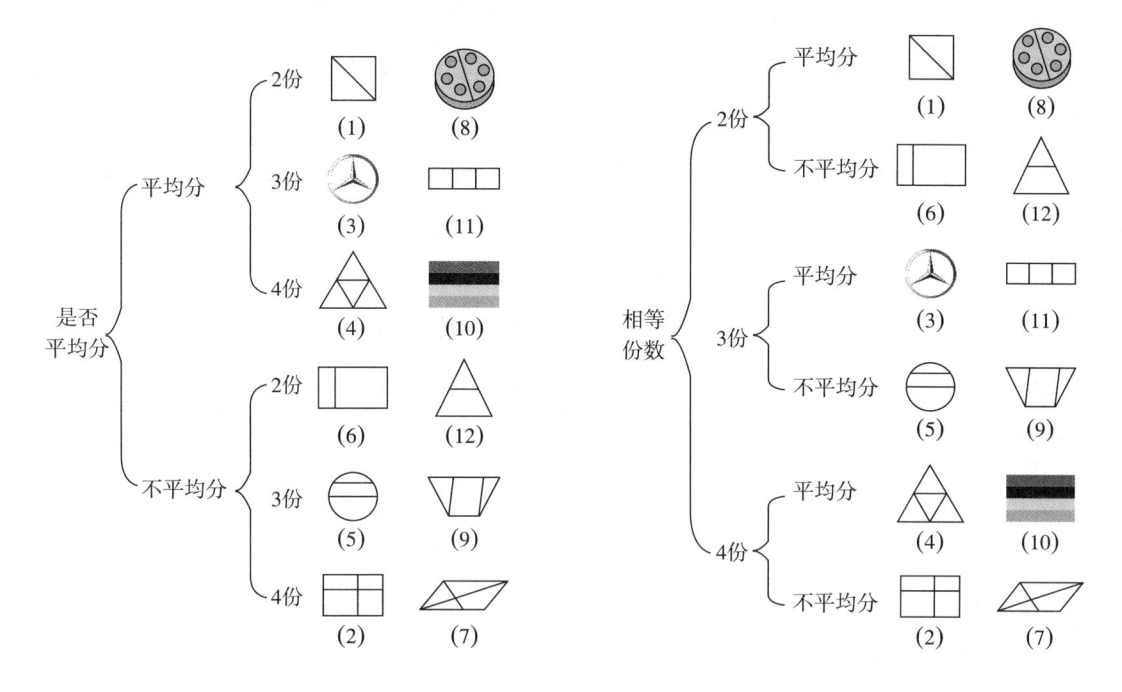

图 2-2-4

渗透分类与比较思想,能够提升学生去异求同的鉴别能力,为抽象相同本质提供基础。

3. 用分类思想归纳整理知识

在知识储备到一定程度时,我们通常需要用分类的方式来整理所学的内容,特别是对于中高年级的学生而言。因此,学生应该掌握合适的分类技巧,遵循互斥、无遗漏和简洁的原则,以构建完善且合理的知识网络。

在小学教育阶段,学生必须了解的知识点通常按照几何划分的方式有如下几类:

(1) 按照数量特性和关系进行分类。例如,对整数、小数、分数的划分,以及运算规则的区别等。

(2) 按照形状的特性或者它们之间的联系进行分类。例如,根据角度来区分三角形就可划分为锐角三角形、直角三角形和钝角三角形。

(3) 依据问题解决的方向进行分类。例如,直线运动问题和环形运动问题,可以看出它们在处理问题的手段上存在相似之处。

为构建优秀的知识体系,我们通常需利用诸如比较、对照、实例等方式,以突显各知识点之间的差异与关联,并弥补遗漏之处,纠正误解。此外,我们也常常采用图形化的方式,例如韦恩图作为有效的辅助手段。

此外,当教师引导学生运用分类理念来整合和总结知识时,教师自己需要建立起一个知识网络。

4. 用分类思想解决问题

使用分类方法解决问题在小学数学课程中是一种关键且高效的策略。这个策略的核心在于正确地进行分类，保证不重复也不遗失任何信息，同时能有效地矫正孩子无序或者盲目拼凑的习惯，从而培养他们精细的思考能力。

在处理数学难题时，我们往往需借助分门别类的方式来求解，而这个过程实际上是对于事物的共同特征的一种抽取。教育过程中，我们要引导学生理解为何需要划分、怎样去划定界限，并明确何为合适的分类准则，同时也要让他们了解如何识别各类事物的特性，区分它们的差异之处。经过持续不断的深思熟虑与长期的学习累积，学生能领悟到分类思维的重要性。掌握了这种方法后，他们能更好地吸收新颖的数学理论，也能更有效地解析及应对各种复杂的数学挑战。

（三）分类思想在解决实际问题中的应用

确定分类准则是分类的核心，因为在不同的准则下可能产生各种结果。通常，分类准则可以从简单到复杂，也就是说，一个特征可以扩展到多个特征。

问题1：将下图中的物品进行分类。

图2-2-5

文具类：   玩具类：

服装鞋帽类：   水果类：

思路点拨：这个问题应用了分类的数学思想。给事物分类，首先要确定分类标准，再根据标准进行分类。例如，上面的问题，可以根据物体用途分为四类，即：

文具类：①、④、⑤、⑦   玩具类：③、⑥、⑨、⑯

服装鞋帽类：②、⑧、⑪、⑬   水果类：⑩、⑫、⑭、⑮

习题1：根据图形性质，把平行四边形、长方形、菱形、正方形分类。

问题2：你能写出几个由0、2、3、4和5构成的三位数乘两个数的公式吗？你能写出最大乘积的公式吗？

思路点拨：本题属于计数问题，应用了分类的思想。对于学生的写作任务并无特定规定，然而教师可以指导他们对问题进行分门别类地思考和探讨。例如，首先让5放到三位数的百位位置，然后选择从0至4中的任意数字放置于十位，接着按照从小到大或者从大到小的顺序安排剩余的数字位于个位。如果剩下两数中存在0，则仅能形成一个两位数，若未包含0，则可生成两个两位数。具体列举如表2-2-1。

表2-2-1　5在百位情况列举

三位数	两位数
502	34
502	43
503	24
503	42
504	23
504	32
520	34
520	43
523	40
524	30
530	24
530	42
532	40
534	20
540	23
540	32
542	30
543	20

上述算式总共能够构成18个，而4、3、2的百位数也分别可以形成这样的算式，因此，我们得到了72个相同的算式。其中乘积最大的是：520×43＝22360或者430×52＝22360。

习题2：用数字0、2、3、4、9组成不同的四位数，能组成多少个？其中能被3整除的有哪些？请把写出来。

问题3：两根同样长的绳子，第一根剪去全长的$\frac{1}{2}$，第二根剪去$\frac{1}{2}$米，哪根绳子剪去的长？

思路点拨：本题不知道两根绳子的长度，可以从绳子剪去的一样长考虑，再分类思考解答。

当绳子长等于1米时,第一根剪去的长度是$1×\frac{1}{2}=\frac{1}{2}$(米),第二根也剪去$\frac{1}{2}$米,剪去的一样长;当绳子长大于1米时,第一根剪去的长度是(　　)$×\frac{1}{2}=\frac{1}{2}×$(大于1的数)$>\frac{1}{2}$,由此得出,第一根剪去的长度大于$\frac{1}{2}$米,第一根剪去的长;当绳子长小于1米时,第一根剪去的长度是(　　)$×\frac{1}{2}=\frac{1}{2}×$(小于1的数)$<\frac{1}{2}$,由此得出,第一根剪去的长度小于$\frac{1}{2}$米,第二根剪去的长。

其实分析时,还可以通过设具体数据来验证结论,把绳子长分别当作0.8米、1米、1.8米来试试看。

习题3:分数的分子和分母分别加上相同的数,分数的大小怎样变化?请举例说明。

二、转化思想

转化也称为化归,是重要的数学思想方法之一。在整个小学生的数学学习过程中,转化观念无处不在。那么,怎样才能让教师把这种转变思路用一种适合孩子理解的方法融合进课堂呢?这对教师的教育技巧提升和对教材深入解读、孩子的思考拓展以及促进他们解决问题能力的提高有着巨大的推动力。教师可以通过计算让学生体验转化;可以在操作中,让学生摸索转化,窥破数学思想门径;也可以在解题中,让学生感受转化,深刻领悟转化。

(一)转化思想的意义

1. 促进学生思维能力的提高

转化是一种将难题由一种形态转变为另一形态的过程,从而使得其更容易被处理。这种方式不仅适用于特定问题的解决,而且能协助学生提升他们的解题技巧,洞察出问题的核心,并开拓新的研究方向。小学生可以通过应用转换理念,例如切割、移动和平移等,将未知形状变换成他们已经熟悉的形式,这有助于将各个二维图像之间的学习有效连接在一起,深化对于几何概念的全面认识。如此一来,当他们在面对新挑战时,能够持续扩大思考的空间;同时,在寻找多种解决方案过程中,感受到数学原理与转换策略的完美融合,并在灵活应对各类现实问题中,逐步增强思辨能力及数学素养。

2. 促进学生全面深入地感悟数学思想方法

在基础教育阶段的数学课程里,转变思维方式是常见的教学策略之一,它指的是通过使用特定的方法或者工具把尚未理解的问题转变成已知的难题,对烦琐的问题进行简化处理,让抽象的内容变得更直观易懂。

3. 有利于学生迁移能力的提高

一般而言,学生的学习深度仅限于表层认知,他们并未深入理解并有效利用已学到的知识。然而,转化思想可以改变这一状况,它能让学生用数学思维的方式整合新旧知识,从而推动他们的解题能力和思维方式上升至更高的层面与标准。教学数学理念有助于深化学生的抽象思维,培养他们的自主探索精神,激发他们的应变力和找寻、解决问题的方法,这对提升学生的学习转移力有着显著的影响。当面临无法直接使用现有的知识解答或者难以解答的问题时,我们常常会将其转化为易解或可解的形式,最后使得原始问题得以解决,这就是所谓的转化(化归)思维。

(二) 相关教学策略

1. 化数为形,直观体验转化

提升学生算术技能的重要性不容忽视,每位数学教师都致力于此。一些问题看起来可能很复杂,但实际上却很简单,它们包含了大量的可供探索的规则。如果能引导学生理解并运用正确的数学技巧,那么他们的运算将会易于完成且结果会更准确。

比如,计算 $12×42+58×12$,若直接用乘法分配率是可以简便计算的,但是有个别孩子反应慢,很难理解。因为小学生的思考方式正从具象转变为抽象,所以我在教学过程中使用了转化思路的方式来解释数字 12。首先,把 12 转化为实物,引导学生在其中找出与 12 相等的数量,从而激发他们联想到冰淇淋,用冰淇淋作为代表 12 的物品,让 12 成为我们要转化的目标,而冰淇淋则是实现这种转化的方法。因此,我们将 12 乘以 42 加 58 乘以 12 变换为计算 42 份和 58 份冰淇淋总共是多少,这正是我们的终极目标。最后得出的答案是 12 乘以(42+58)等于 12 乘以 100,即 1 200。这样的解答过程不仅使孩子们易于理解,而且也使得他们记忆更加深刻。

"曹冲称象"这个故事广为人知且深入人心:只有 6 岁大的孩子——曹冲成功地把"巨大"转化为"微型",通过使用大量石块来模拟庞然巨物的大象以测量其质量。这使得他解决了众多知识渊博的长者都无法解答的问题。

2. 动手操作,多维感知转化

学习算术并不只是思考问题而已,还需要实践行动来加深对知识的掌握程度。当孩子亲自参与到探索过程中时,才能够更深入地领悟其中的含义与原理。小学课本中有些基本理论及定理是必须记住的内容,但如果仅仅依靠机械式的重复诵读可能会让这些内容变得乏味无趣。因此,通过实际操练去探寻并发现那些抽象而复杂的问题背后的逻辑结构,这无疑能激发起孩子的兴趣热情。因此,我们可以在教学中,让学生们动手操作,在操作中摸索、探寻"转化"思想,掌握概念的内涵意义。

比如,当教学"三角形的内角和"这一课题的时候,我会引导学生们自行在白纸上绘制任意形状的三角形,接着,要求他们在使用量角器对每一个角度进行测算后,详细地做下标记。然而,由于他们在操作过程中存在一些微小的偏差,导致所得到的结果并非 180°,可能是 178°或

183°，有些孩子傻眼了。他们的测算结果和教科书中所述的结果并不一致，这让他们感到惊讶。在这个时候，我告诉他们："别急躁，假如你的测算是错误的话，你可以尝试其他方法来验证这个事实吗？"他们困惑地望向我，并不知道如何行动。我微笑回应道："仔细思考一下，你们一定能找出解决之道。"一位小男孩有些胆怯地说："老师，我能否把每个角从三角形上剪下呢？"我回答他："当然可以，也许这样你能得到想要的答案。"一些学生也想到这个问题，于是他们开始剪切、折叠，最后成功地将三条边组合成了一个平角，这时他们震惊了。他们明白了自己的猜测已经被证实为正确。喜悦之情充盈于他们的脸庞，每个人看起来都很快乐。

再如，在教学"认识垂直和平行"时，我是先教学互相平行然后教学互相垂直。学习完"互相平行"这一概念后，我给了学生缓冲的机会，所以理解"互相垂直"这一概念，要相对容易些。经过分门别类的方式，我们教会了孩子们如何辨识相互平行的对象及彼此垂直的关系。他们可以在几何形状里寻找这些现象，然后进一步整理他们的认识，这不仅深化了对于基本概念的理解和运用，也让他们自己发现到矩形的两条相对边是互成平行线且相邻边呈垂直状态的特点，从而扩展了他们在新知识上的探索和应用。

例如，对于几何学里的正方形和直角三角形及斜面形状（包括矩形）的相关公式的演算过程来说，它们的出现都是基于学生对相关形态的基本理解并熟练运用到已知的数学模型上来的；这不仅是小学校园里关于二维物体表面测量的核心问题所在，同时也在整体的小学教育体系内展现出了明显的转换思维模式的存在感。因此教学这类知识通常会把需要被研究的几种形式转化为已经被熟知的形式来做进一步的研究分析，以期达到更好的效果——通过对比的方式找寻新目标所涉及的测量方式及其规律性的东西。

3. 类比关联，深刻理解转化

转变思维方式是一个孩子必须不断学习的，尤其是在小学校园里。随着年龄增长，他们在理解和应用这种策略上有所进步。然而，这仅仅是一种浅层次的学习体验，并未深入他们的内心世界。要使其转化为内在的能力，则需通过大量练习加以强化。所以，我们应该在教育过程中强调并推广这个转化理念，鼓励学生积极使用它，并在解答问题时体会到它的价值所在。

比如，计算 $\frac{1}{2}+\frac{1}{4}+\frac{1}{8}+\frac{1}{16}$

环节一：学生在作业纸上独立完成。

环节二：全班交流多种算法。

学生可能出现的算法有：

一是通分，明确是将异分母分数转化成同分母分数。

二是拆分，明确是将一个数转化成两个数的差。

三是画图法。

结合学生的汇报，使用课件演示：

出示正方形(如图2-2-6)：

假如用它表示单位"1"，你能在图上把这些加数分别表示出来吗？

(课件演示)这几个加数的和在图中指的是哪部分？这几个涂色部分的和除了将这几部分相加之外，还可以怎样思考？

环节三：比较三种方法，体会画图法的简捷。

师："这道算式看起来很有规律，有什么规律呢？"

按这样的规律继续写下去，可以再加，如果一直加到，和是多少呢？你会选择用什么方法来解答？

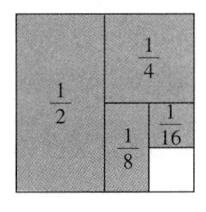

图2-2-6

在解决代数问题时有时需要将抽象的数通过直观的图形呈现，从而使问题迎刃而解。学生在解决问题的过程中能逐步体会转化的方法，领会其内涵，并能触类旁通，灵活运用。

（三）转化思想在解决实际问题中的应用

1. 化数为形，增强直观理解

利用数字与图像相结合的方法协助对概念的理解。概念的学习是数学教育的关键部分，同时也是挑战所在。只有先理解这些数学概念才能继续深入研究。对于主要依赖视觉思考的中年级的学生来说，那些抽象的定义、原理和公式可能难以理解和记住，并且可能会出现混乱的情况。然而，把图像作为数学概念学习的支持，可以取得更好的效果。

例如，在教学小学一年级"分数初识"时，学生必须处理"几分之一""几分之几"这两项关键的数学观念。如果用定义方式向他们解释这两个概念，学生会觉得太复杂且难以记牢。但如果采取转化为图像的策略，并运用数形结合的方法，在黑板或者多媒体图片工具里将一个圆形、一块蛋糕、一只苹果等物品均分为几个部分，选择一部分代表占据总体的部分，学生就会很容易接受。当把一个圆划分为四个部分，然后选取其中的一个部分涂色，涂色的这个部分就是整圆的四分之一，写作$\frac{1}{4}$。同样，当把一块蛋糕切成八个小块，从中拿走两块，这部分就代表着整个蛋糕的八分之二，标作$\frac{2}{8}$。有了这样的图像辅助理解后，学生们能迅速领悟到如何从已知推断未知的技巧，并在他们的练习本上绘制出$\frac{1}{3}$、$\frac{1}{5}$、$\frac{1}{8}$等表示"几分之一"的图案，同时也包括$\frac{2}{5}$、$\frac{3}{7}$、$\frac{4}{10}$等显示"几分之几"的图例，从而快速把握住这两个重要数学概念。

2. 化整为零，降低思维难度

化整为零是将整个事物划分为多个部分并依次处理以达到解决问题的方式。对于二年级学生来说，最不能理解的可能是复杂的"字谜"，他们会遇到条件关联烦琐或解题过程冗长等问题。然而，如果我们从实际出发，利用化整为零的方法将大问题细分，逐步解析和回答每个环节，最后就能得到答案了。

我们所认为的困难其实并没有那么难以克服。例如,当我在批改四年级上册的一个应用题时,发现只有不到40%的学生给出了正确答案,这让我感到非常震惊和困惑,因为学生们都表示这个题目太难了。这个问题如下:"四年级三班有34名同学一起拍照留念,他们的预定价钱是33元,他们会得到4张照片,并且额外打印的价格是每张2.3元。所有人都想要一张照片,所以他们应该支付多少元?每个照片的平均成本又是多少呢?"在这个问题上,我引导学生使用逐步计算的方式去确定额外需要的照片数量、附加照片的总体支出、全部照片的花费以及照片的平均价格。第一步:算出需要额外拍摄照片的同学的人数是 $34-4=30$ 人;第二步:计算额外拍摄影像的总花销为 $30×2.3=69$ 元;第三步:计算买照片的总开支为 $33+69=102$ 元;第四步:得出照片的平均价格为 $102÷34=3$ 元。这样一来,问题就轻而易举地解决了。学生们对未能正确做出这道题目深感遗憾,并称这道题其实很简单。小学二年级的数学课程,难点较少,奇特之处也不明显,因此学生口中的难点常常是题目的描述烦琐、条件复杂且步骤众多。然而,只要我们将问题视为一个整体,将其中的各个条件与步骤看作独立的部分逐个击破,就能轻易化解难题。

3. 化普遍为特殊,培养模型思想

根据辩证实质论观点,所有事物都是包含着内在冲突的存在体;这种存在体的特性是由其内部存在的各种不同元素组合而成,并且这些特性也是基于它们的差异性和独特之处形成的。因此我们需要从中提取一些具有代表意义的事例或模式以便更好地把握事物的核心内容及基本原理,从而达到一种更深层次的学习境界,即教给别人如何捕捉到问题的关键点比直接告诉他们答案更有价值,也更为重要!

例如,对于小学一年级的学生来说,他们在面对"小鸟和小猪共处在一个大房子里"这样的题目的时候,往往会感到困惑,因为这个看似简单的小故事却隐藏了许多有趣且复杂的信息。所以教师应该引导孩子们学会运用逻辑思维去分析这个问题进而找寻解决问题的方法,而不是仅仅依靠记忆力记住固定公式,然后机械式套入解答。

三、数形结合思想

数形结合思维方式是一种利用数字与形状间的关联性和互换性解决问题的方式。数学是一门探索实际世界中数量及形态关系的学科,数量与形态之间存在着一种既对抗又融合的状态,并在特定环境下可实现彼此转换。这里所指的"数"涵盖了如指数、代数表达式、方程组、函数、数量关系公式等多种元素;而"形"则包括了几何图形及其函数图象。在数学历史的长河里,直角坐标系统的诞生为几何学提供了全新的视角,它使几何图形能够以直角坐标系统中的坐标值(即有序实数对)的形式呈现出来,从而使用代数量的计算技巧去探究图形的特性,这无疑是对数形结合的最完美的诠释。数形结合思维的关键在于理解何时应用代数手段处理几何问题是最优解,反之亦然。

（一）数形结合思想的意义

1. 激发学生学习兴趣

在教学小学数学时，教师可以通过把数字转化为图像的方式来简化难以理解的知识点，这样有助于提高学生的积极参与度并让他们更容易地吸收新知。在这个转化过程里，教师们可以用一些数学题目作为引子，引导学生解决这些问题。比如，"鸡兔同笼"的问题常出现在小学数学课程中，有些孩子会因此感到困惑，无法找到解题的关键点。这时，我们可以运用数形结合的理念去解释这个问题：假设有一个笼子里装着鸡和兔，仔细数了下它们的脚一共是56只，再看它们的头有20个，让我们算算有多少只鸡和兔？让孩子们画出20个圆圈代表这个情况，告诉他们如果所有动物都换成鸡的话，那就有40只脚，但实际上只有56只，所以我们需要找出少掉的那部分，也就是16只，把它平均分给每个动物，每种动物都会得到相同的部分，最后发现剩下了8个空格，而每个空格对应的是一只动物，因为鸡有两只脚，兔子有四只脚，所以在剩余的八个位置上，我们要填入两个鸡和四个兔子的标记。通过这种方式，我们将数字和图形相结合，就能轻易地推断出鸡和兔各自的数量。

2. 使数学问题变得简单

在小学教育过程中，许多数理概念是通过图像的方式被教学和解释的。有些图片相对容易让孩子们领会并吸收信息，然而也有一些非常繁杂难懂的内容需要他们深入思考才能掌握其精髓所在。这时教师可以通过把这些难以描述清楚的几何形状转化为具体的阿拉伯数字的形式，以此方式启发孩子们的解题思路及解决问题的能力。目前我们所使用的小学教科书已经开始涉及几何学的相关内容了（比如，对角度或距离的长度的定义），但是由于儿童们缺乏足够的空间想象力，所以这种转化成具体数的做法对于培养他们的逻辑推断能力，以及提高他们在未来更高级别的课程中的适应性和应变能力的意义重大。例如，当我们在讲授"如何求解矩阵或者四边形的面积"这一主题的时候，我们可以首先给每个班级准备一块标准的矩阵模型，然后要求每一个同学都自己动手用尺子量出它的各个边的总长，再把它乘以五，也就是这个大小的两倍就是整个矩阵的大概尺寸。这样一来，就完成了从实际物品到抽象符号之间的转变，从而使我们的课堂更加生动有趣，也更有利于激发孩子的兴趣，让他们主动参与进来积极探索新知。

3. 发展学生核心素养

由于小学阶段的孩子年纪尚幼，他们无法完全掌握数学概念，他们的思考能力和自主学习的潜力还有待提高。因此，有效地利用数形结合的教育策略有助于培养孩子的数学素养。例如，当教学"圆的周长"这一主题时，教师应先向孩子们传授测算圆周长的技巧，接着解释如何计算圆周率，最后深入讨论如何运用这些技能来求解圆周长问题。在整个学习过程里，教师需要预备一系列关于圆形的图像，鼓励孩子仔细观看并积极寻找其中的规律，以此增强他们的视觉和实践操作的能力。

（二）数形结合思想的教学策略

1. 由数解形——从抽象到具体

通过构建和题目中的数字相对应的几何形状，运用这些形状的特点和定律，我们可以探讨解决问题的方法。这样一来，我们能够使原本抽象的内容变得形象生动，同时也能更好地揭示题目的内部关联，从而使得学生更轻松地领悟到其中的含义。

例如：长方形 $ABCD$ 周长40厘米，分别把它的长和宽延长5厘米，那么它的面积增加多少平方厘米？

根据题意，画周长40厘米的长方形 $ABCD$（如图2-2-7）。

分别把长方形的长 AB 延长5厘米和宽 AD 延长5厘米（如图2-2-8）。

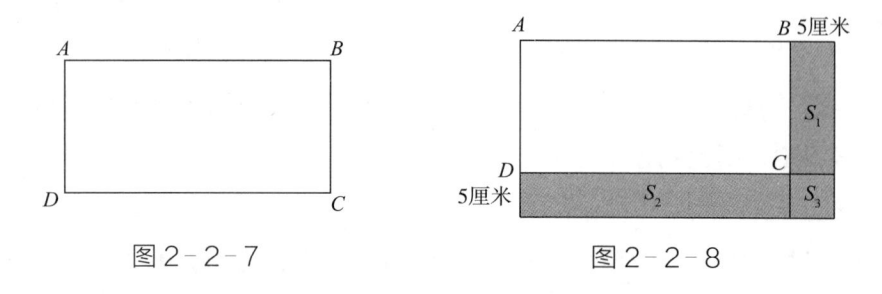

图2-2-7

图2-2-8

从图2.2.5中可以看出增加的面积就是图中的阴影部分面积，增加部分的面积用分割的方法可分为 S_1、S_2、S_3 三个部分，通过计算得出增加部分的面积是 $S_1 + S_2 + S_3 = AD \times 5 + AB \times 5 + 5 \times 5 = (AD + AB) \times 5 + 25 = 40 \div 2 \times 5 + 25 = 125$（平方厘米）。

通过问题的解决，学生能够感知到代数和几何图形之间的关联性。在这个过程中，学生可以体验到数学的实际应用价值，从而提升数学思维技巧，并获得一些研究问题和解决问题的经验和方法。

2. 借形思数——从图形到直观

可以通过绘制图表来揭示数量间的联系，最后利用这些图形关系进行推理和解答。

例如教学苏教版四下"乘法交换律"。例题情境：四年级有6个班，五年级有4个班，每个班领24根跳绳，四、五年级一共要领多少根跳绳？两种方法完成后，可得等式 $6 \times 24 + 4 \times 24 = (6+4) \times 24$，引导学生形成猜想，举例验证，得出结论。这是不完全归纳的过程。此时，教师如能启发学生运用面积计算解释规律，便在数域与形域间形成并联。（图2-2-9）

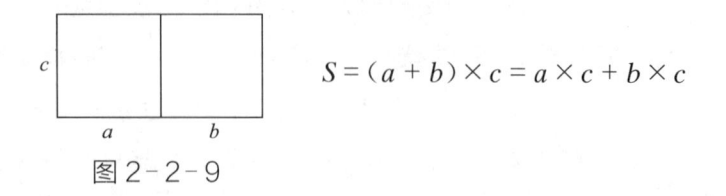

$$S = (a+b) \times c = a \times c + b \times c$$

图2-2-9

再如：某小学举行小学生足球比赛，有4支队伍参加，分别是红队、黄队、绿队和蓝队。每两支球队比赛一场，一共要比赛多少场？

分析：每两支球队比赛一场，是指任意两支球队之间都要比赛一场，既不能多，也不能少。分析时尝试让学生画图思考（如图2-2-10），先用4个点表示4支球队；再用每两点之间的连线表示球队之间所进行的比赛，连线6条，就有6场比赛。

图2-2-10

在数学活动中，无论是绘图还是推理，其本质都是计算过程。推理是抽象的计算，而计算则是具体的推理，图形则是推理的直观表现形式。

3. 数形兼容——从繁杂到简易

当涉及复杂的数字问题并需要用文字表达出来的时候，韦恩图可以有效地协助我们梳理和理解各种数值间的关系，这有助于理清我们的思考路径，最终找到解决问题的策略。

例如：某班有学生45人，参加演讲比赛的有16人，参加书法比赛的有14人，如果这两种比赛都没有参加的有20人，那么同时参加演讲、书法这两种比赛的有多少人？

分析：由题意画出韦恩图（如图2-2-11）：

由图可知，参加比赛的人数为 $45-20=25$（人），而参加演讲比赛的人数＋参加书法比赛的人数为 $16+14=30$（人），30人比25人多，这是因为有部分人既参加了演讲比赛，又参加了书法比赛，这部分人重复计数了，所以同时参加演讲、书法两种比赛的人数（图中阴影部分）为 $30-25=5$（人）。

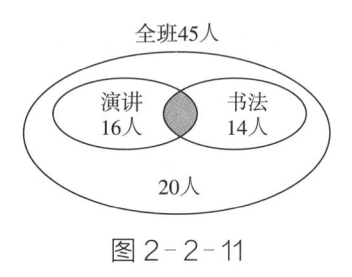

图2-2-11

经过验证，数形结合被视为连接现实问题和数学公式的关键途径，对于学生解决问题的能力有明显的提升效果。此外，我们还需要意识到，并非所有情况都适用数形结合的教育方式，有时也需要适当引入抽象的数学思考技巧，以增强学生的思维质量。

（三）数形结合思想在解决实际问题中的应用

1. 通过将数字和图形相结合，直观地展示了公式的推导步骤

推导出的每一个数学公式都反映了某种特定的数学思维和方法，因此在教育过程中需要揭示这些隐藏的数学理念和技巧，明确它们的名称、内容以及规律，并且有意识地对学生进行训练。而将数字与图形相结合则是公式推导最直观的展现方式。

例如，在教学乘法分配律时，通过图形可以把长方形面积及其长、宽的相应变化直观展示出来。如图2-2-12所示，左图中长方形的长是 a，宽是 b，面积是 ab；中图长是 a，宽是 c，面积是 ac；右图中大长方形面积为 $ab+ac=a(b+c)$。

图 2-2-12

利用此种数形结合的方法展示乘法分配律的公式 $ab + ac = a(b + c)$，有助于学生更好地把握"数字"的相关概念并加深其认识，这充分体现了图象的优点。此外，当学生体验到了数形结合带来的好处后，教师应有针对性地指导他们领悟及欣赏数学理论中的一致性和协调性，从而发掘出数学的美感，激起他们的求学热情，同时提升他们的思考能力和数学素养。

2. 通过将数字和图形相结合，直观地展示了简单的计算步骤

在小学生的数学课本里，大量的篇幅都用于讲解运算技巧。如果我们不能让孩子们掌握这些运算背后的原理，他们就无法真正学会并熟练运用这些技能。因此，在教学过程中，教师需要用明确的理论来引领孩子深入理解这些原理，也就是所谓的"知道为什么这样做"和"如何做"。通过将数字与图形相结合的方式，可以有效地帮助学生准确把握这些原理。

例如，在学生学习分数加减法后，计算 $\frac{1}{2} + \frac{1}{4} + \frac{1}{8} + \frac{1}{16} + \frac{1}{32}$ 这种稍复杂的分数连加式题，学生会用熟悉的一般规则"先通分，再计算"的方法计算，即：

$$\frac{1}{2} + \frac{1}{4} + \frac{1}{8} + \frac{1}{16} + \frac{1}{32} = \frac{16}{32} + \frac{8}{32} + \frac{4}{32} + \frac{2}{32} + \frac{1}{32} = \frac{31}{32}$$

学生这样算会产生"计算过程有些复杂"的直接体验，萌发寻找简便算法的愿望。在此基础上，启发他们大胆地画一个正方形，把正方形看作单位"1"，把算式中的加数填入图中（如图 2-2-13）。利用图形可直观看出空白部分占整个图形面积的 $\frac{1}{32}$，这样就可以把分数连加题转化为相对简单的一步分数计算 $\left(1 - \frac{1}{32}\right)$，即 $\frac{1}{2} + \frac{1}{4} + \frac{1}{8} + \frac{1}{16} + \frac{1}{32} = 1 - \frac{1}{32} = \frac{31}{32}$。

图 2-2-13

在此基础进行引申拓展，如果加到 $\frac{1}{64}$、$\frac{1}{128}$，怎样计算呢？又可以怎样算呢？

这一历程不但能让学生更深层次理解如何通过转化来把复杂的问题变简单和困难的事情变容易，还能让他们初次领略以形象的方式表达抽象公式的方法。

3. 通过将数字和图形相结合，直接呈现了算理的分析流程

通过数形结合的方式，我们可以有效地连接学生的图象思考与理论思考。在解析计算原

理的过程中,教师需要有针对性地指导学生利用直接可视化的图表或实物工具来辅助理解并准确把握数学技巧,实现"遵循规律进入法律,用道理驾驭法律"的目标。精确而巧妙地应用数形结合的方法,可以使对计算原理的解释变得更加生机勃勃且丰富多样。

例如,一杯装满纯牛奶的杯子,首次喝下$\frac{1}{5}$后加入水,然后再次喝下$\frac{1}{3}$,再次加入水,那么这时候杯子里的牛奶还剩余多少呢?

这道题初看显得很抽象,学生感到无从下手,怎样列式呢?可以用方格图帮助理解题意。用正方形图形面积表示一杯纯牛奶,假设面积为单位"1"(如图2-2-14)。

在图上表示出第一次喝去$\frac{1}{5}$,可以看出还剩$\frac{4}{5}$,也就是图中的阴影部分;加满水。

第二次喝的,既有水,又有牛奶。采用隔离技术,上面部分是水,下面部分是牛奶。竖着看,第二次喝的$\frac{1}{3}$,既喝了水的$\frac{1}{3}$,又喝了牛奶的$\frac{1}{3}$,也就是喝去整杯的$\frac{1}{3}$(如图2-2-15)。

图2-2-14

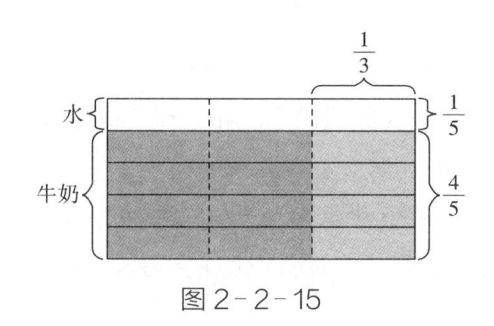

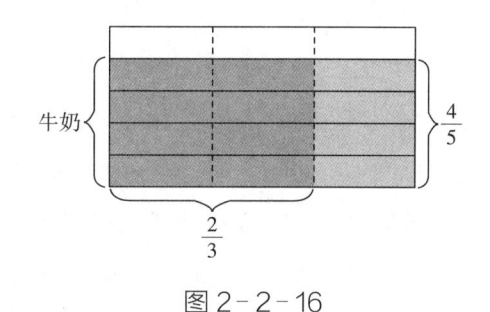

图2-2-15

图2-2-16

继续看图,第一次喝去$\frac{1}{5}$,可以看出还剩$\frac{4}{5}$,加满水;第二次喝去$\frac{1}{3}$后,剩下的牛奶占第一次喝剩下牛奶的$\frac{2}{3}$,图中的双斜线部分就是最后剩下的纯牛奶,这样得出第二次加满水后,杯中剩下的牛奶占整杯牛奶的$\frac{4}{5}$的$\frac{2}{3}$,列式是$\left(1-\frac{1}{5}\right)\times\left(1-\frac{1}{3}\right)=\frac{4}{5}\times\frac{2}{3}=\frac{8}{15}$(如图2-2-16)。

在这里,我们要充分运用方格图,重点关注剩余的牛奶数量,这样就能巧妙地将数值与图形融为一体。

4. 通过将数字和图形相结合,直接呈现了数量的大小对比步骤

数轴是一种创建数字和位置之间的直接关联的方式,它展示了数字和图形间的深层互动,使得原本难以理解的数字有了具体的参照物。通过使用数轴来对比数字大小,不仅能提供生动的视觉体验,也能方便地找到合适的比较方式。

比如,教科书里关于负数的练习:首先填写一下,然后在直线上画出-2和-4,这两个数字哪一个更接近0呢?(图2-2-17)

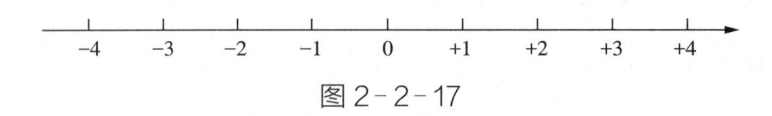

```
  -4  -3  -2  -1   0  +1  +2  +3  +4
←──┼───┼───┼───┼───┼───┼───┼───┼──→
```

图2-2-17

首先,教师可引导学生填写和绘制数字,以体验数字如何映射到数轴上,从而为学生数学感知能力的发展提供丰富的实践经历。其次,带领学生仔细研究数轴上各个位置所代表的数字,发现这些数字随着数的增大而逐渐变大,同时减小的速度也随之加快,即右侧的数字总是比左侧的大,换句话说,就是负数小于零且小于正数。最后,让学生比较数轴上表示-2和-4的点离0的距离,在比较两个负数大小时,离0距离越小,这个数就越大,也就得出-2与-4比,-2更接近0。

利用数轴不仅能精确地测量数字的大小,有时还能比较大小数值之间的差异,这对学生建立数感有所帮助。

四、对应思想

对应思维是一种方法,用于探究两种综合元素相互之间的关系。这种思考方式基于数量的相互关联来解决数学问题,如集合、函数和坐标等。寻找数值内部的相互作用也是解决实际问题的重要策略。如1只羊对应2只眼睛、4条腿,5个人对应1家人,3口之家对应5口之家。在日常生活里,对应思维通常被用来简化认知任务。例如,当孩子遇到非常杂乱的玩具时,想要迅速找出所需要的物品,他们可能会有意或无意地采取一一对应策略去给这些玩具分类。

(一)对应思想的意义

对应是一种基础的数学逻辑,对于提升小学生的加减乘除运算技巧和分析总结能力起着至关重要的作用。

1. 有利于促进学生思考

作为专门用于探索数字及图形关系的研究工具,数轴无疑是一个有效的例子来展示数形结合的重要性。无论是正整数、负整数或小数,我们都能在数轴上寻得相应的位置,而且这些数的分布具有一定的规则性和指向性。这种数与点的关联方式能够引导学生发掘出数之间相互的关系,更准确地对它们进行大小对比,从而使这个原本抽象的概念有了具体的形象依托。

2. 有利于强化学生理解

平面图形是小学数学的主要教学内容之一,同时也是学生们需要克服的挑战。特别在讲授平行四边形和三角形的面积时,我们应该强调底、高对应的数学概念。只有当学生掌握了底、高对应的概念并找到正确的解题方法,他们才能避免出现这样或那样的错误。

3. 有利于培养学生的分类归纳能力

对小学阶段的学生而言,具备分类和整理的能力至关重要。为确保他们能形成这种习惯,教育者应以循序渐进的方式来训练他们的实践操作技能。例如,通过以下的教育案例,我们可以有效地提升孩子的分类与整合技巧。

（1）提出疑问,如何迅速协助警察找到被盗车的失主信息。

（2）解析难题。为处理此问题,教育者需要阐述关于车牌归类的规则,其目的是使学生能协助警方找回车主。在实施教学过程中,首先由教育者讲解中国的车牌划分法则。我们的车牌数据包括四类:色彩标识、汉字、字母及数值。其中,色调分为两种,一种用于描述底牌样式,另一种则是用来描绘字体样式。底牌有五种颜色,分别是蓝、黄、白、黑与绿;而字体类型也有三种,分别为白色的普通民用车辆号牌、黑色的民用车辆号牌（含军方）以及红色的试验或临时的号码牌。第二个汉字代表各省份的缩写,例如鄂指代湖北省,川代表四川省,渝则对应重庆市。第三个字母表明各省的城市级别,通常以首字母来区分,比如A代表省会,B代表次于省会的最大城市,C则是指定给第三大的城市。举例而言,四川省中,A即为成都,B为绵阳,C为自贡。最后五个编号通常反映出某一地区拥有多少辆机动车,这组数字可选取任何一位作为数字或是字母,但是最多只能使用两个字母。

（3）当向学生解释完中国车辆识别号码的规则后,教师将会提供具体的例子,比如"川AR43E1"这个车牌号,然后让他们利用汽车牌照搜索工具上的三种过滤选项来迅速确定此车的车主身份,这样可以大大提高警方找回丢失物品信息的速度。

如果学生能精确地识别出这个车牌的车主资料,那么我们有充足的理由相信他们已经具备了基于对应思维的初级分析和总结技巧。

4. 有利于培养学生的运算能力

对于实体之间的关联,我们称之为对应关系。而在数学领域中,我们可以通过两个数的比较来理解这种对应关系。例如,教师向孩子们展示一组数字,如2、4、8、16和32,孩子们可以通过观察得到后面数字都是前面数字的两倍（即乘以二）的结论。同样地,如果让孩子们去分析另一组数字,比如1、2、3、5和8,他们能看出第一与第二个数之和等于第三个数。

（二）对应思想相关教学策略

1. 数形对应,实现逻辑具象处理

对于教学者来说,引导学生理解并应用数的形状关联是最基本的任务之一,这同时也可以被视为一种典型的思考方式体现于教育实践之中。当教学孩子们执行这种联系活动的时候,我们必须深入挖掘并且探究数字及其形态之间的相互作用。"如果缺少了形象化的描述来解释数量问题就会变得难以想象"是对这个概念最简单的阐述。在小学课程里,大量的例子都是以图形的模式出现的,且它们之间存在着复杂的关系网络——这就是为什么我们要去整理这

些信息,以便让学生们能够更好地掌握它们的规律性的原因所在,这样可以让学生更清楚地了解如何建立起这样的连接,从而培养他们自己主动寻找相关联的信息的能力。这样做不仅有助于提高学生的逻辑思维,还为他们未来的学习打下了扎实的根基。

数形对应关系的应用广泛存在于各个领域,因此教师需要提供合适的指导,以确保学生能够顺畅地理解数形对应的关系,同时体验到其丰富的数学理念。比如,在教学"连续除法与乘除混合的二步计算"一课时,教师向学生提供了案例:某人加工150个零件,计划加工每个零件需要4分钟,后来改进技术,加工每个零件只需3分钟,这样原来的时间可以加工多少个零件?请使用表格的方式进行辅助演示。学生们开始了自主思考,并成功创建了表格,写出了算式:$150 \times 4 \div 3 = 600 \div 3 = 200$(个)。然后,教师对学生的表现进行了总结和解析,赞扬了他们解决问题的思路。教师要求学生制作表格,这有助于他们在视觉上掌握知识,因为表格对于信息的整理更加清晰明了,它能让学生迅速投入数的逻辑推理当中去,从而形成了数形对应的关系。在这个例子中,我们看到了乘除混合运算的内容,而且还包含了图像对应关系的表现,这就证明了教师的教学方案是合理的,也使得学生获得的是全面的数学认识。

2. 形形对应,提升直观推导品质

数学课本包含了丰富的几何元素,各元素之间存在着繁复的关系网络。为了使学生能够理解和掌握这些元素间的关联,教师必须深入研究并整理出它们的相对应性,通过观察、对比、对应及转换来培养学生的认识经验。由于几何形状具有最直接的几何特性,所以要用已知的形状去推断未知的形状,从而搭建起各种形状间的一一对应关系,这是一种常见的小学数学教学方法。当构造这种一一对应关系的时候,学生还需运用其他的数学相关概念,如把几何形状、数字与公式等数学要素相互结合起来加以分析和归纳,以明确其内在逻辑关系。

比如,当教学"平移与旋转"相关知识的时候,教师首先要求学生阅读教科书里的示例图片,并对它们进行合理的分组。为了增强学生的视觉理解,教师使用了多媒体展示了一个动态图像,这使得学生能有一个清晰的学习目标。"升起的国旗、滑动窗口、推动箱子都是沿着一条直线的移动,而汽车的车轮、风车的旋转、指南针的摆动则是在绕某个中心点做圆周运动。"接着,教师引出"平移和旋转"这个概念,引导学生依据教科书上的图案来寻找生活中的实际例子。由于学生们具备丰富的日常生活经验,所以很容易就能找寻到很多实例。"电梯的上行下行为直线运动,属于平移;车辆轮胎的旋转则是旋转的一种表现形式。"最后,教师总结了学生所提供的各种情况,从而有效地促进了他们形状对应关系的建立。

教师指导学生研究教科书中的图形并进行分类,这有助于学生建立基础的形状对应知识。教师还会引领学生搜集日常生活中的平移和旋转实例,这能帮助学生从已有图形开始思考未知图形,并在整理和收集图形案例的过程中构建形状对应关系。[①]

---

① 刘丽霞.小学数学对应思想的教育价值探微[J].名师在线,2020,(01):68—69.

3. 量量对应，理顺数量制约关系

在基础教育阶段的小学数学课程里，数字和算术是主要的学习内容，教师需要深入理解诸如恒定值和可变量之类的基本数学观念，并构建全面的数量关联体系。这便是所谓的"量量对应"。所有的数学公式、代数表达式、线性方程等，都是基于大量的"量量对应"问题的处理，因此，教师必须根据数学上的等量关系来设计课堂活动，以便学生能够通过实践去理解这些等量关系。"量与量"的关系具有明显的限制作用，即任何一方的变动都会引起另一方的相应变化，所以教师应该教学生了解这种变化模式，以增强他们对于数学等量关系的理解。

例如，在探索长方形、正方形面积公式过程中，教师通过"摆一摆"让学生归结出长方形面积公式：长方形面积＝长×宽。为了让学生对等量关系有更深刻的认知，教师要求学生对面积公式进行量量对应关系分析。学生了解基本操作方法之后，很快就理顺了对应关系。"长方形面积一定时，长度增加，宽度就要缩短。如果长方形长度不变，宽度增加，则面积增加；宽度缩短，则面积减少。"教师给出归结性分析：长方形面积、长、宽三者之间构成了量量关系，一个量发生变化，另外两个量也会随之变化，这就叫量量对应。教师列举长方形面积计算公式，让学生对公式中的等量关系进行深度探索，目的是帮助学生形成数学制约关系的意识。量与量是相互依存的关系，每个量都不是孤立的，其等量出现波动，对应关系就要随之变化。[①]

4. 图式对应，形成基本数形思想

对于小学数学教育来说，图式对应是最常见且频繁出现的数学现象之一。为了使学生理解并应用这一概念，教师需要根据课程内容及学生的理解程度来解析图与式的关联性。借助大量的数学实例，学生应能熟练地掌握这种图式对应的关系，并在遇到相关的问题时灵活运用它。这里的"图"指的是形状或图案，而"式"则涵盖了计算方式和公式等元素。图式对应的本质就是把这两者紧密联系在一起，构建成一条完整的学习路径。由于小学生更倾向于直接思考，因此采用基于图式对应关系的教学方法会更加有效，从而带来更好的学习成果。

比如，当教学"校园的面积"这一课时，教师会使用多媒体工具来显示校园的地图，向学生们讲解校内的结构分布情况，并且让他们去算一下教学楼和运动场的占地面积。这个任务中包含了很多部分，如各个区域的大小等都需要学生们辨别，同时还要核实关于教学楼和操场的数据资料。所以，我们需要师生共同参与到数据整理的过程中，然后用面积公式的知识去做相应的运算，从而得到准确的结果。接着，我们会邀请学生们分享他们的答案，以检验他们对于解题步骤的理解程度。在这个过程中，学生的积极性很高，其中一位说道："教学楼是一个正方形的形状，首先我们要查看它的边长数值，再应用正方形的面积公式做计算，就能获得正确的数字。至于操场则是个长方形，从图片里我们可以获取其长度，但要找到宽度的话就必须借助其他的建筑物的信息来推断，然后再通过长方体的面积公式来完成最后的计算，这样才能确定

---

① 韩联君.例析"对应"思想在数学教学中的应用[J].甘肃教育，2014，(02)：86.

操场的占地面积。"这种师生间的互动可以为学生提供更多的实践经验。

展示学校布局图是在教学中最常用的数学方法之一。为了使学生能够通过观察地图上的数据来推算教室与运动场地的总面积，教师必须首先指导他们找寻相关的数值资料，接着使用面积的算法进行运算。在此过程当中，学生需把图片及公式相互结合并加以考虑，以便有效地建立起两者之间的关联模式。

（三）对应思想在解决实际问题中的应用

1. 对应思想在数与代数中的应用

（1）对于数字理解的学习，教师可以利用数轴来引导学生阅读、书写和识别基数和序号等相关知识，让他们明白具有方向性的直线上每个点的位置都与其所代表的数值存在着一对一的关联关系。

（2）对于数值的对比分析，小学一年级的数学教学中使用了"相对应"这一重要的数学观念来阐述"相等数量""较多"和"较少"的情况。这部分内容为学生后续深入理解并解决"谁更多谁更少"的题目提供了基础。

2. 对应思想在"图形与几何"中的应用

（1）在理解形状的过程中融入对应的思维方式。在小学一年级的课程"了解形状"里，教师可以引导学生通过连接实际物品与其相对应的几何形状来识别他们学到的几何形态。

（2）在绘制图形的演算过程中融入"相对应"观念。比如，在计算平行四边形和圆的面积时，我们需要运用到这种思维方式；同样的，对于圆柱体的体积计算也是如此。

（3）对于形状的变化，我们可以在网格纸上描绘出中心对称图案的对称线，或者填充一幅基本的中心对称图像，同时也可以按照横向和纵向的方式移动简化的形状，或是围绕某个特定位置转动它们，所有这些操作都是基于"点的对应"原理实现的。

3. 对应思想在实践与综合应用领域中的应用

（1）对于使用简易除法解决的问题，我们需要找出问题的相关数量和比例之间的对应关系，这有助于让问题变得更加清晰明确。

例如，一家商户在早上销售了12台电视机，然后在下午又销售了7台同样的电视机，这样一来，早上比下午多付出了5 000元的货款。那么，下午该商家能收到多少元的电视机费呢？

分析：首先要抓住最基本的数量关系，其次要求学生列出题中数量的"对应"关系。

接下来，指导学生依据前述的"对应"逻辑构建等式。最终由教师总结：题目中的收益金额与销售台数的量化关联保持一致，但随着条件变换，"配对"方式产生了转变，形成了三个不同的样态：总额配对总额、差距配对差距、一部分配对另一部分。

（2）关于分数和百分比的问题，其核心在于找到具体的数值与其相对应的比例。为了使学生能掌握这个联系，我们需要让他们观察到这个问题中的实际数字和抽象比例间的关联。

教师可以通过使用线条图的方式，引导学生深入了解这种"对应"概念，这会带来显著效果。同时，我们也应该教学生如何运用"对应"原则，即把"对应"的数目等于被分配到的整体（单位"1"）乘上相应的比例；反过来，也可以用"对应"数的除法得到整个总体（单位"1"）。针对较为繁复的分数问题，其量的比例通常难以直接察觉，因此教师需深究教材内容，适时提供指引及归纳，以便充实学生的"对应"思考体验，建立起系统性的"对应"观念和解决问题的方法，从而精确地识别出量和比例间的关系。

（3）在处理综合应用题的过程中，我们经常会遇到这样一种问题，即给定的数值与其对应的数值之间存在变动。为了更清晰地看到这些变化的数值，我们可以根据已知条件的相互关系进行排序，并进行观察和分析，从而找出解答。

比如，奶奶去买果品时，假设她购买了4千克梨和5千克荔枝，那么必需花费58元；若是购买6千克梨和5千克荔枝，则要花62元。问1千克梨和1千克荔枝各值多少钱？[1]

对比分析：我们能够把两次购买的情况记录下来进行对照。

4千克梨+5千克荔枝＝58元　（1）

6千克梨+5千克荔枝＝62元　（2）

观察公式(1)与(2)后可知，两者中的荔枝重量是相同的，而(2)式的总量却多出了6-4=2千克的梨，换算成金额即增加了62-58=4元的支出。这表明每公斤梨的价格应为4÷2=2元，因此，我们可以通过计算得出每公斤荔枝的价格：(58-2×4)÷5=10元。

"对应"思维方式是常见的数学技巧，教育者应当注重其指导作用并在课程设计中有意融入这种思考模式，以确保学生能够理解并运用这个重要的数学观念，从而在处理各种复杂数学问题时得心应手。

五、方程思想

代数知识的基础是方程，它是探索已有量和未知量之间数值关系，建立等量关系模型的关键工具。相较于小学生已掌握的运用算术方式解决问题，方程思维是一种全新的解题策略。这种解题思路让未知参与到已知中，借助等量关系构建起数学模型，使学生的思维实现正向发展，这对于解决复杂的数学问题是一大进步，也是学生积累数学经验的重要过程。

包含未知变量的表达式被称作方程。要判定某个表达式是否为方程，只需符合以下两项要求：一是该表达式中存在未知变量；二是它必须是一个等式。例如，一些小学生常问的问题是：$x=0$和$x=1$是否属于方程？依据方程的定义，它们都满足了方程的要求，所以它们都被视为方程。依照未知变量的数量及其最大次幂，我们可以把方程划分为单值一次方程、双值一次方程、多值一次方程等多种类型，这些都是在初级数学代数范畴内最基础的部分。方程思维的关键在于利用非数字形式的数学符号（通常使用x、y等字母来代表）来表述问题的未知因

---

[1] 韩联君. 例析"对应"思想在数学教学中的应用[J]. 甘肃教育，2014，(02)：86.

素，并基于这些因素间的相对平衡建立方程模式。这展示出已知信息与未知信息的矛盾共存。

（一）方程思想的意义

东北师范大学史宁中教授对于方程思想的本质与意义曾指出：方程思想有着丰富的含义，其核心体现在建模思想与转化思想方面。运用方程思想来解决问题，重在发现问题中的等量关系，通过设元将未知转化为已知，构建成方程或方程组，再通过解方程（或方程组）的方式来解决实际问题。

当遇到实际问题需要解决时，首先需要学生具有利用方程思想解决问题的意识，这样才能通过设、列、解、答等步骤来解决问题。如"鸡兔同笼"问题，解决问题的方法有多种，如抬腿法、假设法、方程法等，当学生学习了方程法后就会发现用方程来解决此问题是最简便的。这样学生就会感觉到方程思想的重要，从而更好地感悟方程思想。

建立方程模型的过程是一个体现学生认知规律的过程，从现实生活或具体情境中抽象出数学问题，从中用数学符号建立方程，表示出数量关系与变化规律。对于小学生来说，建构方程模型的重点是让学生认识到方程的两边是等价的，这样才能让未知参与到等式中，从而方便学生更好地理解方程思想。

如在解决行程类问题时，学生最熟悉的是"速度×时间＝路程"，因此在解决给出的路程和时间的问题时，教师可以引导学生用方程的方法进行解决，这样就可以将一些复杂的行程问题简单地解决，避免出现顾此失彼的现象。如一辆货车和一辆小汽车同时从 A 地到 B 地，已知小汽车的速度是货车速度的 1.5 倍，小汽车 3 个小时到达目的地，这时货车距离 B 地还有 120 千米，求货车的速度。这道题如果用算术方法求解，则很多同学会出现错误，而如果画出直线图，构建方程模型，则可以形象地发现其中的等量关系，使问题迎刃而解。

对于小学生来说，数学知识固然重要，但更重要的是其中涉及的数学思想与方法。数学思想方法从长远角度来讲远远胜过知识，它可以使学生受益终生。对于长期以来习惯了用算式解决问题的学生来说，方程是一种全新的解题思路，让学生体验等价关系，对于后续学习有着重要的作用。在教学中渗透方程思想，不仅仅是为了当前的解题，更是为了以后的继续学习，它能够使学生实现由量的积累到质的飞跃。

1. 渗透方程思想能够化逆为顺

方程思想的重点在于让未知数参与到等式中来，这样使本身需要倒推的问题直观化，变逆向思维为顺向思维。随着问题的不断复杂，学生将会慢慢发现，方程思想不仅符合人的思维习惯，也是解决问题的首选方法。并且方程思想不仅适用于数与代数领域，也是解决图形与几何、统计与概率方面问题的重要方法。在教学的过程中，渗透方程思想，并让学生认可与接受，形成学生稳定的意识，可以为学生的后续学习奠定坚实的基础。

如在学习了方程后，原来在五年级上册学习"梯形面积"时经常出现错误的问题就显得非常简单。如已知一个梯形的上底是5厘米,高是4厘米,面积为26平方厘米,求梯形的下底。在没学方程前,需要先把面积乘以2,再除以高,然后减去上底得出结果,由于需要逆推且步骤复杂,很多同学容易出现错误。而在学习了方程后,学生就可以直接运用公式,设出下底为 x 厘米后,列出方程 $(5+x)\times 4\div 2=26$,这样就使问题显得异常简单,学生也就可以发现运用方程解决问题的优点。

2. 感悟方程思想能实现质的飞跃

方程思想是数学的重要思想,学生通过原有数的计算积累了解方程的方法,而在把握了方程思想后,学生就可以实现质的飞跃。方程思想的重要性体现在让学生对于等量关系有更深的感悟,等是相对的,不等是绝对的,从相等的临界中优化策略,可以让学生更好地将所学知识应用于生活。

如在学习五年级下册"简易方程"时,对于方程的解法原来是通过算术倒推的方法进行教学的,现在为了与初中衔接,都是用到等式的性质,这是教学思路的转变,也是符合学生认知规律的调整。如在解方程 $2(x-3)=8$ 时,首先学生会用等式的性质2将方程两边同除以2,然后用等式性质1将方程两边同加上3得出结果。在这里方程的基本解法得到了体现,学生通过解题也可以感受到解方程其实很简单。在基本例子的基础上渗透解法,学生能够轻松掌握并加以应用。

3. 方程思想对于小初衔接具有重要作用

方程是一条贯穿中学数学教材的大动脉,是一条联系初、高中数学体系的纽带。在代数、平面几何、解析几何、立体几何中方程问题可谓无处不在。在小学阶段掌握一定的方程思想,为后续的中学学习奠定了重要基础,可以帮助学生快速适应中学的数学学习。

(二)方程思想教学策略

在小学数学中渗透方程思想需要教师进行引导,以此来让学生感知方程思想对于学习的重要性。在教学时需要教师精心预设,将方程思想渗透到教学的每一个环节中,这样学生才能实现精彩的生成。知识教学只是教学的一部分,思想与方法的渗透才是教学的根本,学生感悟了基本的数学思想,则可以自主进行学习,变"我学会"为"我会学",这才是教学的目的,也是提高学生数学素养的有效方式。

1. 精心预设帮助学生体验

在小学数学教学中,教师的引导作用需要得到充分的发挥。学生是学习的主人,教师是教学活动的组织者、引导者与合作者,精心预设才能实现精彩生成。在教学过程中,教师可以放手让学生进行体验,从而让学生自主发现规律,找出解决问题的最有效方法。方程思想作为重要的数学思想,在教学中的渗透需要体现"以生为本"的原则。让学生在体验中感悟才是教学的根本,也才能让学生在真正掌握知识的基础上感悟方程思想。

如在学习六年级上册"长方体和正方体"时，教师可以预设生活中的实际问题，让学生进行思考与探究。如新学期开始之际，学校对教学楼的墙壁进行了粉刷，已知教学楼的长为200米，宽为120米，共粉刷面积7980平方米，问教学楼的高是多少？如果每平方米用涂料1千克，则共需用多少涂料？在本题设计中既让学生认识到用方程来求高是最好的选择，又让学生明白长方体的表面积不一定是求所有面的面积和，需根据实际情况明确求的是哪几个面，这样在分析与思考中突破了本节的重难点，让学生更好地理解了所学知识。

2. 观察比较凸显思想重要

方程是在五年级下册才刚刚接触的内容，而在前几年的学习中学生已经适应了用算术方法来解决问题，因此在解决问题时，有很多学生不能主动地运用方程来思考，这也就影响了学生的进一步发展与提高。因此在教学时，教师可以把同一问题的不同解法进行展示，让学生在比较中发现方程思想的重要性，从而优化解题的思路与方法，让学生体会到方程思想对于解决实际问题的重要价值。

如在学习五年级上册"解决问题的策略"时，对于问题的解决有不同的方法，这时让学生对于不同方法进行比较，从而在体验与感受中发现方程法的优势，由此也就对方程思想有了更全面的认识。如某市移动公司开设了两种业务："全球通"用户每月交50元基础费，然后每通话1分钟付0.2元；"神州行"用户不用缴月基础费，每通话1分钟付0.4元，请根据你的实际选择相应的业务。在解决本问题时首先需要学生思考用什么方法求解最有效，也就是让学生比较不同方法对于解决问题的优劣，学生通过比较可以发现用方程求出两种通话方式费用相同后，就可以根据通话时长选择出最适合自己的业务。

3. 深层挖掘把握数学本质

数学教学的本质是让学生把握数学的思想与方法，这对于学生的长远发展来说意义重大。在教学时，通过师生互动、生生互动等方式，让学生感悟到数学思想的重要性，从而帮助学生提高数学素养，提升解决问题的能力，才能实现教学的根本目的。

如在学习六年级下册"正比例和反比例"时，学生在列表的同时进行计算，可以训练运算能力，但是本节的重点是让学生明白变量之间一一对应的关系，学生通过列举可以发现规律，从而用字母表示出来。这里就涉及表示变量之间关系的问题，也让学生感受到了方程中由未知到已知的过程。再通过画出图象，对应关系更加一目了然，这样学生就能真正把握数学的本质，让方程思想、函数思想深入到心中。

在教学过程中渗透方程思想，让学生明白构建方程模型可以化逆为顺，让未知与已知共同参与到等量关系中，从而将复杂问题简单化，实现建模中的优化思想，这对学生良好思维品质的培养具有深远的影响。方程思想是小学数学的重要思想，在教学中通过启蒙与渗透，可以最大程度上提高学生的数学素养，增强学生解决问题的能力。

（三）方程思想在解决实际问题中的应用

1. 加强语言阅读理解

处理数学难题的第一步是读懂题目并领会其含意。以小学五年制教材"简单等式的应用"为例。初次接触时，许多孩子难以明白"$6(x+3)$"和"$6x+18$"，加号变乘号是什么意思。为使他们能真切地把握这些符号背后的意义，教师可以把其中的 x 用具体数量代替来做演示操作，引导孩子们注意两个表达方式之间的联系及差异后又恢复使用原始形式——这有助于引出"除"的原则；然后用这个原则让学生将"$6(x+3)$"改写为"$6x+18$"，接着再次比较这两个版本以便于更好地吸收知识内容。这样持续性的训练使得同学们能够熟练掌握这种算法思想，并且渐渐形成自己的解题思路。所以我们需要一直保持对数的认知及其衍生出来的抽象化思考模式，以整体而非割裂开来的个体元素看待它们的发展变化的过程，包括了由基本计量单位开始建立起来的基础理论框架，如三元一次函数关系模型等，直至最终达到解一阶线形微分或积分问题的阶段为止。在这个漫长的探索历程里，同学们的逻辑推理能力和文字解读技巧也在不断提升，这对后续的学习乃至整个人生的科学素养都有深远的影响。

2. 掌握方程解决步骤

掌握解题方法是首要步骤，接下来的关键环节就是理解和应用方程。只有精通解决数学问题的技巧，我们才能真正解决问题。

首先，联系"前方程"。当学生第一次接触到解方程时，由于涉及抽象概念，往往难以理解，特别是"方程的解"。为了帮助学生理解，教师可在第一课中先引用一年级上册"11—20 各数的认识"中的"前方程"进行课程导入。即 $7+\square=10$、$10+\square=12$、$11+\square=13$，引导学生将 $\square$ 替换成 x，即 $\square$ 代表什么值，如今的 x 就代表什么值。而 x 是方程的常用未知数，也就是所谓的"方程的解"，求 x 的值也就是之前求 $\square$ 的值，这一过程被称作"解方程"。[①]

其次，需要培养全局意识。当学生解答问题的时候，他们常常不能够从宏观的角度来处理方程，特别是对于 $ax\pm b=c$ 这种类型的方程，他们难以明确加减乘除的优先级。比如，在教学"解方程"时，提供的例子是 $3x+4=40$，其中，$3x$ 是加项，4 也同样是加项，目标是要找到 x 的具体数值。然而，许多学生可能会陷入这样的误区：$3x+4=40\to 3x/3+4=40/3\to x+4=13.3$。这表明，这些学生并没有完全掌握等式的特性，也就是等式两侧都视为一个整体，也就是说"$3x+4$"作为一个整体来看待。正确的解决方式应该是在等号的左侧和右侧同时减去 4 并用 3 去除，即 $3x+4=40\to(3x+4-4)/3=(40-4)/3\to 3x/3-0/3=36/3\to x=12$。

最后，对于错误率较高的方程种类，教师应该进行专门的强化训练，让学生在不断的练习中理解规则。

---

① 李世英.方程思想：小学数学能力培养新实践[J].基础教育论坛，2022，(09)：60—61.

对于解决问题的策略要有所了解和熟练运用。比如，解完题目 $2/3x + 1/2x = 42$ 之后，许多同学都感到困惑且犯错频率高。因此，教师需要引导他们从全局的角度思考问题，把 $2/3x + 1/2x = 42$ 看作是两个 x 的部分之和，再把它转化为 $(2/3 + 1/2)x = 42$，这样就能找到 x 的数值了。这种方式一旦被理解并应用到实际中，题目解答起来就会变得非常容易，但是仍然需要不断地加强训练，以降低出错的几率。

3. 优化方程教学设计

首先是强化参与度。教师可以在课程中大量使用小组合作的学习方式，这能确保每个学生都融入这个过程中去。此外，我们应该把重点放在"鼓励型教育"上面，对那些表现优秀的同学给予肯定和赞扬，让他们逐步建立起学习的自信心，激发他们对于数学的热爱。这样一来，他们的课业参与程度会更高，课堂的效果也会随之上升，形成一种"双赢并进、同步进步"的良性循环模式。

其次是强化提问思维。教师可以通过"生活场景教育法"，也就是利用现实生活中的趣味元素搭建课程环境。借助环环相扣的环境设置，把问题融入进去，让学生在这种氛围下逐渐理解和运用学习策略。比如，在教学"使用字母表示数字"的过程中，可以采用这样的情境：春节来临之际，亲友拜访家中，他们互相猜测对方的年纪。假设父亲比女儿大了 30 岁，而女儿现在是 a 岁的话，那父亲就是 $(a + 30)$ 岁；同样的，如果叔叔比父亲年轻 5 岁，叔叔现在的年龄则是 $(a + 30 - 5)$ 岁。这样一步步引导学生深思熟虑。

最后是建立思考习惯。其一需要培育对代数的理解和应用能力。只有具备这种能力的个体才能主动使用公式去解决问题并意识到如何利用变量的概念，这是发展有效的代数思路的关键因素之一。例如，"用字母表示数"一课中，已知在月球上人能举起物体的质量是地球的 6 倍，当在地球上能举起的物体质量为 a 时，在月球上则为多少？我国青少年在 1980 年平均身高为 x cm，到 2000 年平均身高增长了 6 cm，那么 2000 年我国青少年的平均身高是多少？通过不断的学习，让学生逐渐形成符号自觉，从而真正养成代数思维。其二，形成顺向思维。经低年级的几年学习，学生早已形成了算术思维。这一思维表现为逆向思维，往往会增大解题难度。而方程思想则依托于顺向思维，根据题中的数量关系，理清其中的等量关系，设立等量关系式，即可得出相应的方程式。例如，"实际问题与方程"课后题：一个数的 8 倍比这个数的 3 倍多 105，这个数是多少？如果用以往的简单算术来计算，绝大部分学生都无法解决。若选择方程方法则简单得多，只要将题意顺向列出即可，方程式为 $8x - 3x = 105$，整理可得 $x = 105 \div (8-3)$，而 $x = 105 \div (8-3)$ 就是基于方程思维的结果。[①] 学生若能形成顺向思维，运用方程方法进行问题解决，不仅可以提升他们的抽象逻辑思维能力，还能增加他们解决问题的策略，从而在思维层面和本质上增强他们处理数学问题的能力。

---

① 李世英.方程思想：小学数学能力培养新实践[J].基础教育论坛，2022，(09)：60—61.

六、函数思想

作为一个基础且关键的部分,函数构成了现代数学的基本架构,并发挥着核心功能,它也是微积分的主要研究目标。此外,函数思维被视为一种重要的数学思考方式,它是揭示现实世界规律的一般化策略,同时也为改进数学学习的实践提供了理论依据。根据《普通高中数学课程标准(2017 年版、2020 年修订)》,函数成为四个主题的主干部分,并在所有层次的普通高中数学课程(包括必修课、选择性的必修课及选修课)中起到连接知识点与建立数学逻辑框架的关键角色。

什么是函数?这个概念最早由 17 世纪德意志的数理学大师 Leibniz 提出,并广泛应用于 Function 这一词汇中,之后又衍生出各种不同的解释,如分析性的描述方式,用以表示关系的参数设定,等等。在中国大陆地区,对于初学者来说可能对"函数"有不一样的理解:从小学到大学的阶段都存在差异化的认识角度——尽管它们都在试图揭示一种共同的核心思想,即"function 是一种用于探究固定值与其相关因素之间或稳定状态及其动态过程之间的量的关联思考模式",其中包含了一种广阔而深入的关系网络及变动发展的哲思理念。

什么是函数观念?从哲学的角度来看,它是一种描述物体动态和演变发展的方式,并且通过使用数值分析来探究它们之间量的联系。同时,这也是对函数概念的一种体现,即在不断变化的过程中寻求恒定的规则或关联,这是函数的关键所在。

假设存在两组不同的数字元素构成的无穷大且未被赋予特定名称的数据集合 A 和 B,若根据一种明确的方式来对应数据点 x 在 A 中时所产生的 y 的结果,我们便可以将该过程称为映射(mapping),并用符号 $f(x) = y$ 表示此种关联方式。在这个过程中,被称为独立参数或输入项的 x 是决定输出即函数结果的关键因素之一——这个特定的输出的位置由其所属的位置或者说坐标系统指定,这就是所谓的"图象"。另外一端则是从这些已知条件推导出来的可能性的总合区域——这个领域就是我们在谈论"功能图表"(function graphs)的时候经常提到的。我们通常把这种类型的表达式描述成单向关系的方程式的形式,这意味着当某个给定数量的变化产生影响后其他相关联的部分也会随之做出相应的反应,这便是线性和多维度的基本概念所在之处。核心理念在于函数思维中,事物的变数之间产生着某种互相依赖性的联系。因变量会随着自变量的改动而发生变化,通过研究这些变化,我们可以找出它们之间的对应原则,进而建立起函数模型。这个观点反映了运动和普遍联系的重要性。

(一) 函数思想的意义

1. 有利于培养学生的唯物主义观点

物质构成了我们所处的世界的基础,所有的事物都在不断地演进和转变,并且这些过程都受到一定规律的影响,这正是唯物论的核心要素。唯物论的基本理念在于强调物质独立于人类的主观思维之外并具备特定的规律性。同样地,函数的学习也涉及这种动态的变化过程,通过图形展示出数字之间的互动关系,同时也符合事物的自然发展轨迹。当向儿童传授数学概念的时候,我们可以把函数的思路融入进去,让他们从新的角度理解和认识这个现实的世界:物质会持续变动与进步,它们之间有着广泛的关联,而且彼此互相牵制。所以,对于事情的发展方式及构建连接来说,孩子们必须考虑其中的固有规律。例如,在小学阶段,我们会教孩子关于整数和分数的加减乘除等操作,但实际上,他们最先接触到的可能是整数的计算,即"被除数越大,商越大"的原则。如果按照这样的逻辑来处理小数的除法问题,结果就会出现颠倒的情况,那就是当除数是一个比 1 小的数值时,商反而变得更大。这就表明,只要被除数保持一致,那么商的大小将会由除数决定,一切皆源于除数的特性,这就是一种规律对变化方向的约束。综上所述,函数思维成功地突显出了唯物主义的主要特点,有助于培养孩子的唯物主义观念。

2. 有利于培养学生科学探究的意识

新的课程改革强调了当前教育的主要任务——创新并更新现有模式。无论是教师的授课策略或是学生的学法都应该朝着多样化的趋势转变,这是由于每个人的情况都是独特的。首先,教师需要重视每个孩子的独特之处,了解他们的认识程度、技能水准及个人特质后才能做到个性化指导。其次,孩子也要依据自身的特性去挑选合适的工具或技巧来使用,毕竟"最好的不一定是最适用的",而且也没有绝对的好或者不好,只看你怎么运用它们而已。知识点就是思维传递的中转站,因此我们在教学数学的时候会无声息间把一些重要的思考理念融入其中。在小学教学过程中引入函数概念能激发孩子们对于问题的热情并且培养独立研究的习惯。教师可以通过图象的形式展示这些公式及其变换关系,这样更易懂且直接明朗,也能让学生更加深入透彻地领悟这个主题的重要性所在。同时我们还需鼓励学生在接受信息的基础上自己动手实践操作,这不仅能让他们的各个方面都能得以提升,还能给他们带来精神上的满足感跟智慧的发展进步。

3. 有利于学生未来的数学学习

小学和初中阶段的教育主要关注的是确定性的知识,而对于变量的认识还不够普遍化,因此学生的思考模式已经相对稳定。然而,当函数理论逐渐被引入时,变量和定量之间就开始产生互动影响,这促进了数学理念的发展。通常情况下,学生会受到常规思维的影响,无法完全接纳变量思维。正如俗语所说,"每个园子都有杂草生长",这也暗示着所有的事物都是双面的。首先,函数的学习能激发学生形成新颖的思考方法,拓宽他们的视野,使他们能够顺畅地从简单的函数向复杂的函数转变,这对今后的数学学习是有利的。其次,虽然函数可以分成多个层面,比如线性函数、指数函数、单项式函数等,但教材仅对其进行了简要介绍,并没有给出全面的总结。这样一来,学生就难以把握其核心内容及构建过程(例如,并非所有的变量都会发生变化,有时候它们也会受到外部因素的约束)。这一情况揭示出,我们有必要提升学生对函数的理解深度。总的来说,尽管存在这些问题,但是函数思维对学生将来学习的优势是不容忽视的,而且它不仅仅局限于数学范畴,在其他的学科领域也有所体现。

(二) 函数思想相关教学策略

1. 在探索"数与运算"规律中渗透函数思想

在小学数学课程里,我们经常会遇到关于"数和操作"的问题。比如,"2.4÷8,24÷80,240÷800"等这类题目的解答通常只依赖于除法规则,但实际上,这些题目不仅是在测试我们的计算技巧,更重要的是引导我们去发现问题,只有存在疑问才可能激发思考。当我们再次审查这个问题时,我们会寻找问题的关键点,分析结果的独特性和产生这种情况的原因。若学生能在之前的题目中找到规律并且将其归纳整理,那么他们就能解决后面的分数计算问题,即便还没有学习过分数运算也能给出正确的回答。这样一来,学生们就理解到了"常量和变量之间有其内在的关系"这一概念。简单来说,这就是函数思维与数字运算的紧密融合。这个想法和算法的结合使得商恒定性的原理和小数除法的相关知识点产生了关联,这是一种事半功倍的效果。所以我们可以认为,"数和操作"的原则是我们传递早期数学理念的基础,它见证了数学观念的发展史。运算是一个实现数学思维的过程,也是对认知的一种深化和推动力。学生可以通过探究的方式来提高思辨水平。

2. 在"图形与几何"领域的教学中渗透函数思想

在教学空间和形状的过程中,教师可以通过组织测量、计算、绘制等课程环节来激发学生的兴趣。

如果我们画一个直角三角形,若以每10°为一区间,可以有多少种不同画法?并完成表2-2-2。

表 2-2-2

序号	角1(°)	角2(°)	直角(°)	示意图
1				
2				
…				

学生可以得出如下几种结果:角1(10°/80°),角2(80°/10°);角1(20°/70°),角2(70°/20°);角1(30°/60°),角2(60°/30°);角1(40°/50°),角2(50°/40°)。共有8种结果,而最终画出的图形只有4种。三角形内角和是180°,直角为90°,要想画出不同类型的直角三角形,必须保证直角三角形中两锐角和为90°,而改变其中一个锐角的大小,另一个角随之增大或减小。这使得原本静态的图象具有活力,激发了学生的思考,让他们更积极地参与到学习过程中来,从而更好地理解函数理念。函数的核心概念就是"动态"和"转变",而在空间和图形领域中的许多内容

都强调了这一特性。因此，我们可以认为"空间与图形"是一个重要的载体，有助于推广函数观念，同时也锻炼了学生的立体思维转化技巧，提高了他们的创新思维能力，这对高中的数学立体几何教学有很大的益处。

3. 在提取生活中的素材时渗透函数思想

来自生活的数学知识构成了我们周围的世界。从宏观角度看，所有的物质都在不停地移动，例如各式各样的行星，微观而言，我们的家园——地球也在不断地旋转。地球上的生命形态同样处于不断的演化中，这意味着变化和变量无所不在。生活中充满了各种各样的信息，它们涵盖着人们所能想象到的任何事物，这些知识都源自生活并且被应用于生活之中。教育过程中的关键在于利用日常生活中的变化作为实例，确保其简单明了且容易理解，这样学生才能真正体验到其中的含义。通过这样的实例，我们可以引导学生深入了解变量之间的关联，同时也能传递出函数理念。比如，一个人走在街上，他行走的路程和他花费的时间有什么关系？对于初次学习正比和反比概念的学生，他们可以通过分析上述提及的实际案例来探索变量之间的关系。由此，他们会发现生活中的变化无处不在，无论是天气、经济、文化还是外观等都有可能发生变化，而且变量之间总是有紧密的相互影响。因此，如果从数学的角度观察生活中的变量问题，就能让学生更全面地理解事物的变化，同时也能够灵活运用函数思考的方法处理相关的问题。

4. 在将数学理论从静态转变为动态的过程中，融入函数的概念

著名的美籍心理学者、教育学专家奥苏贝尔曾提出"有效学习的理念"，他认为有效的理解和掌握过程可被划为两类——被动式吸收与主动探索式。因此，学生应该具备将任何一种学科内容纳入自身已有认识体系中的能力。但是教师在教学活动中可以动态化知识，只要改变问题的某些条件，提出新的要求，就能使静止的问题动态化，并在此过程中逐步渗透函数思想。以静换动也是函数思想创造性的体现，打破原有模式。例如，一块长方形的铁皮，长30厘米，宽25厘米，如果从四个角各切掉边长5厘米的正方形，然后做成盒子，这个盒子的容积有多少毫升？这是一个简单的求容积问题，一定程度上考量了学生的立体思维。如果改变其条件：一块长方形的铁皮，长30厘米，宽25厘米，如果从四个角各切掉一个正方形，然后做成盒子，可以怎样剪，盒子的容积分别是多少？由于剪掉正方形的边长不确定，完全依赖于学生的抉择，所以它可以有不同的剪法，容积大小也受边长的影响，随之递减或递增。这个以静换动的过程，可以渗透函数思想，使学生形成函数意识；可以活跃学生思维，轻松解决更多复杂的学术问题；还可以推动数学领域的发展。

总而言之，函数反映了两个或多个因素之间对立和统一的关系，这构成了初中阶段主要的教育主题的一部分。作为一个思考工具，它被融入小学教育的各个环节之中，从而为我们的孩子们未来的数理基础知识的掌握打下了扎实的根基；同样也在塑造他们的认知方式上起到了积极的作用——构建出全新的思辨模型来应用这个概念，并在日常生活中将其付诸实践。所以我们要深入研究其含义及怎样有效地把这种理念融合进我们的教学过程里，以便能更有效

地提升教育教学质量，使孩子们能够更加高效、愉快地掌握这些知识点。

（三）函数思想在解决实际问题中的应用

在小学数学领域，函数思想随处可见。从更广泛的视角来看，包括公理、规则、特性、定律和数值关联等，都在展示函数思想的存在。所以，教师需要引导学生理解并掌握"变化"与"恒常"之间的联系，从而深入了解数学学科的核心内容。

1. 规律探索：感知变化模式

"研究法则"作为一种重要的方法论应用于教学过程中，尤其是在小学阶段，学生需要识别并理解隐藏在特定事物中的基本规则（如形状和简化的序列）；而到了初中阶段，他们应能进一步深入挖掘这些事物的潜在规律或者变迁模式。

（1）在数的规律中感知

当学生们探寻数字的规则时，他们需要能理解简单的一致变动（例如等差变化、等比变化）或者特定的波动情况（比如一定数量的增加/减少）。举例来说，在一年级的时候，我们可以让学生研究"一百个数"表格，并从中找出各种变动的模式。透过纵向、横向或是斜线方向来查看这个表格，我们就能找到不同类型的等差变动模式。此外，如果我们仔细地看每一行的某个位置或者每一列的任意两个位置，又或者是在任何两条线的交点上寻找四个连续的位置，我们会看到一种间隔为十的变动模式，从而进一步了解了这些数字是如何按照这种方式排序的。

（2）在形的规律中感知

当学生探究形状的规则时，他们需要能察觉到推进和周期的变换方式，并且理解这些如何与其数值上的规律相连结。例如，在一年级上学期按照顺序绘制 10 个图案教学中，学生必须能在各种图像数量的变化中识别出推进模式。再比如，在四年级上学期的周期题目里，学生需体验到每一组图像以周期性的形式重复呈现，实际上是由于每一个图像所处的位置存在着等差变动，这样就能在研究形状的规律过程中明确地发现变化规律。

（3）在算的规律中感知

对于加减乘除等计算任务，学生需要理解并运用各类操作规则，同时也要能发掘其中的模式。例如，在学习乘法时，他们需通过编制口诀及记忆口诀的过程去领悟"当其中一个因素保持恒定时，其与其他因素之间的乘积会随另一因素的变化而变动"的概念。而在四年级上半学期，我们特意安排了一课关于"积的变化规律及其不受影响的情况"的学习内容，让学生们可以从倍数的角度出发去理解积的变化情况：两个数字相乘，如果其中一个变量维持稳定，那么另外一个变量的任何数量的增加或者减少都会导致相应的结果发生相应比例的增减。

2. 多元表征：体验对应关系

函数揭示了变量间的联系，需要用非数字符号来表示，常用的方式包括排列法、图象法和分析法。在第一学段的教育中,教师应重点关注语言描述和列表法,而在第二学段的教育过程中则应着重于图象法和解析法。

(1) 在列表法中体验

在小学的教学中,利用表格来揭示规律是极其重要的手段之一。在研究各种模式探究、公式的演变、形状的变化规则、数值关系等时,我们可以通过使用表格的方式去深入解析这些变化的规律并发掘其内在的核心价值。例如,关于长方形的面积计算方法,即"长方形的面积等于长乘以宽"其实就是一种二维的一次线性函数表达方式。为使学生更深层次地理解"长方形的面积是由长度与宽度共同确定的"这一概念,我们可以在课堂上引导他们先估计一下,再计算一番,然后整理成表格,最后从这个过程中总结得出长方形的面积公式。

再如,苏教版四上习题(图2-2-18):

(1) 张大爷把采摘的猕猴桃分箱包装,前10分钟一共装好5箱。照这样的装箱速度,你能把下表填写完整吗?

箱　　数	5	25	30		
装箱时间/分	10			80	94

(2) 如果每箱装30个,这批猕猴桃一共可以装60箱。如果每箱装24个呢?你能把下表填写完整吗?

每箱个数	30	24	50		
箱　　数	60			45	90

图2-2-18

若只关注知识教学,突出算式与结果,就会呈现平面化设计。教师可改变教学方式,引导学生观察表格,看看有什么发现?学生可能发现第(1)小题箱数和装箱时间在变,商始终不变;第(2)小题每箱个数和箱数在变,积始终不变。此时组织学生对两题解题思路进行关联,提炼出都是求不变量的规律,体现渗透函数思想的教学考量。

(2) 在解析法中体验

通常,我们使用字母作为表达函数的方式。这个转变的过程是复杂且漫长的,学生必须通过实践活动去累积关于符号化的丰富体验。例如,一年级和二年级的学生应该能理解并运用"□"或"○"这样的符号代表已知的数字;到了三年级,他们应学会以长度与宽度的文本形式描述矩形的周长和面积;而对于四年级的学生来说,掌握如何利用字母来表述某些数学定理是很重要的;当进入五年级开始系统地接触字母表示法时,学生们需具备应用字母来定义变量、建立方程、推导计算公式及理解正反比率的基本概念的能力等等。这些都为后续的学习打下了基础,即函数解析式的形成。

(3) 在图象法中体验

利用图象能使孩子们更好地领悟到各种因素间的关联,因为它们具备直接性和可见度特性,使得各类数据的变化过程清晰明了。对于初次接触曲线分析的学生来说,他们需要从这些曲线上看到并识别出各个参数如何随时间而发生变动的情况;而在教学五、六年级关于等比关系的视觉化呈现时,教师应该鼓励孩子去体验这两个数字是如何持续性地相互作用着(任何一对点的坐标都代表了一对特定的数量),并且感知其可选数的区间所蕴含的信息及意义所在。然而需要注意的是,小学数学里的图表与实际上的图表存在些许差异——仅有第一象限内部横纵轴长度的标准单位并非一致,但是这并未阻碍学生们洞察其中的变动规律。

3. 着眼融合:接近函数本质

在小学阶段,函数理念的渗透呈现出螺旋式上升的趋势,然而,由于小学生的整体构建能力相对较弱,这使得他们对函数理念的理解并不明确和深入。因此,我们可以将函数理念与日常生活、游戏以及其他学科进行有机结合,以便更好地接近函数的本质。

(1) 与生活融合

变动无常,万物皆有其转变,例如价格波动、气温起伏、四季更替、年岁增长、体重增减等等。教育者需要指导学生通过日常生活中的熟悉元素来理解这种转变,并以数学的方式探究它们与其他变量的关联及相互影响,从中找出隐藏其中的模式,以此全面体验到函数思维的重要性,深入了解事物的演化实质,进一步把握现实世界的认知,预见未来的趋势。

(2) 与游戏融合

长久以来,许多人认为数学和娱乐之间有着深厚且密切的联系:大量的数学概念都隐藏在了各种形式的玩乐之中,反之亦然——众多有趣的活动里包含了丰富多样的算术思维方式。例如,著名的"最后一天"难题就是一个很好的例子,通过参与这个名为"Hanoi Tower"的活动并记录移动步骤的学生们会逐渐发掘出一种叫做 $2n-1$ 的模式来理解这个问题。这种方法不仅让孩子们能在轻松愉快的活动中掌握新知,还能让他们从心底领悟到这些问题的变化性和稳定性的奥妙所在。

(3) 与学科融合

许多科目内的知识点都揭示了变量及其相互作用的关系,例如科学领域里的杠杆平衡法则,它展示的是质量与距离的变化关联;而在体育课程中,我们能看到体脂率(BMI)这个指标,它是身体重量与身高的相关性的体现。教师需要指导学生以数学视角去理解这类变量间的互动关系,通过观察它们如何随时间而发生变化来深入了解各科目的核心概念,并在此过程中激发对函数理念的思考。函数观念不仅是一种解决问题的关键策略,更是一种认知世界的独特方法。对于小学生的函数观念教育主要采取"融入"的方式,所以教师必须站得高远,全面考量各个方面,有意识地把各种教学元素整合在一起,引领孩子们逐步深化理解函数观念,让他们能够运用动态发展的眼光来看待日常生活中的事物和社会环境。

七、统计思想

在实际生活场景下,我们经常面临大量数据的研究与解析任务,例如人口规模、价格水平、产品质量标准、种子的出苗比率等等。有时候,我们可能必须对全部数据进行详尽的调研,比如中国曾为了解其人口状况而进行了全国家庭登记。然而,通常来说,并非每个目标都需要被完全评估,像物价指数、产品质量等级等问题,就需要我们采用随机抽样的方式来获取并处理信息,以便利用样本去估算整体,进而做出明智的判断和决定,这便是统计学的思维模式。在统计学领域内,存在两大估计策略:一种是基于样本的频次分布来预测总体的分布,另一种则是通过样本的信息属性(例如均值、中间值或多数值)来预判总体的信息特性。

(一)统计思想的意义

尽管小学数学中的统计图表内容被视为必备的学习项目,但在过去的课程标准执行期间,由于当时人们的认知限制,对于统计学的理解及教育仅停留在其基本概念和技巧上,并未将其有效融入到现代信息技术和社会经济发展之中。如今,我们每天都需处理大量的信息和数据,学习如何获取、管理并解析这些数字,掌握用数据来表达想法的能力,以作出明智的选择和决定,是每个个体都应具备的基本数学素养和思考模式。所以,让学生在基础教育时期接触统计理念,逐渐建立起统计意识,有利于他们从概率的角度去理解世界,从而构建出一种科学的世界观和理论体系。

(二)统计思想教学策略

1. 经历数据分析过程,渗透统计思想

(1)经历收集和整理数据过程,养成数据意识

要让学生树立数据分析观念,有效的办法是让学生投入数据分析全过程中去。因此,在数据分析时要能做到"了解在现实生活中有许多问题应首先做调查研究,收集数据,通过分析做出判断,体会数据中蕴含着信息"。[①]

例如,苏教版教材中例题:你有蛀牙吗?有几颗?其他学生呢?这是学生第一次经历调查收集、整理数据的过程。为增强学生数据意识,发展初步的数据分析观念,精心设计如下教学环节:

【片段一】动画引入,激发兴趣

上课伊始,播放保护牙齿的医学动画片,让学生了解怎样的牙齿就是蛀牙,自己有没有,有几颗?同桌之间交流互相说一说。提问:那怎样了解全班同学蛀牙的情况呢?

这一系列问题激发学生想了解班级同学蛀牙情况,让学生感受到解决这个问题需要统计知识。

【片段二】自主探究,加深理解

要想了解全班学生蛀牙情况,我们怎么做呢?同学之间相互交流一下。

生1:把全班同学分成4个小组,由4位组长到小组成员处统计并记录下来,再汇总交给班长,统计全班结果。

---

① 中华人民共和国教育部. 义务教育数学课程标准(2011年版)[M]. 北京:北京师范大学出版社,2012.

生2：按性别把全班分为男生和女生，分别统计男生蛀牙情况和女生蛀牙情况，再汇总统计结果。

生3：全班同学都坐好，由老师分别让有1颗、2颗、3颗蛀牙的学生站起来，数一数有多少人。

……

教学中让学生经历数据调查统计过程，激发参与调查活动的积极性，鼓励学生从不同角度感受数据蕴含的信息，不断丰富描述数据的经验。

【片段三】总结反思，画龙点睛

在课快结束时，教师提问：我们用什么方法了解大家蛀牙情况的？

通过调查活动，比较班级有蛀牙和没蛀牙的人的多少，有哪些收获？今后生活中应怎样去做？

在提问和解答问题过程中，潜移默化地让学生体会分析数据方法，初步形成分析数据意识，逐步渗透统计思想。

(2) 经历描述和分析数据过程，体会蕴含信息

形成统计观念并不能完全依靠书本，而是需要让学生真正参与到统计活动中，去经历收集和整理数据、分析数据、得出结论的过程。

例如，在学习"折线统计图"时，不妨让学生做3月28日到4月3日这一周的早晚天气统计表。学生一开始想到的是早晚分开做扇形统计表，后来觉得不妥改为条形统计图，接着在教师的引导下作折线统计图。此教学的设计让学生充分认识统计的全过程，自己通过整理数据、分析数据排除掉扇形统计图和条形统计图的做法，最终用折线统计图统计出需要的数据。这样会让学生更加了解统计知识，渗透统计思想。

2. 学会数据分析方法，渗透统计思想

统计知识在日常生活与工作中的运用是无所不在的。仅有正确的统计观念是不够的，还需要掌握如何有效迅速地收集和处理数据的方法，然后通过分析数据，针对问题做出最后的判断和决策。

(1) 学会收集数据，提取数据信息

"数据"都有其实际的意义和代表，不能简单地和"数字"混为一谈，模糊它真正的含义。例如，学习折线统计图，先要弄清这个统计图统计的是什么内容，然后收集整理有关的数据，每个数据所代表的含义又各不相同，不能混淆。一般折线统计图中的数据是连续不断的，代表的是一段时间内连续的数据，能观察出这段时间中所发生的变化或规律。这就需要学生有足够的耐心去寻找数据，观察数据，而不是不经过严密的思考和分析，看到题目中有什么数据全部照抄。

(2) 学会数据分类，提升活动价值

现实生活中的数据丰富多彩，很多时候需要把收集到的数据根据给定的标准或自己选定

的标准进行分类。需要选用合适的方法收集数据,并结合统计数据解答一些问题,体会数据进行表达与交流的作用。要循序渐进,把统计思想渗透到学生的日常生活中,让学生能够熟练运用统计知识。

例如,在苏教版二年级下册"数据的收集与整理(一)"中,教材通过提供学生熟悉的生活场景,让学生说说"图中有哪些人?在干什么?各有多少人?",再引导学生整理出有用的数据,选用不同标准进行分类:一是按职业分为教师和学生两类,二是按参加活动分为看书、下棋、做游戏三类。接着分析问题,得出最后的答案。我们可以看出教学内容非常简单,像初步掌握"分一分、排一排、数一数"的方法,初步认识基本统计图表并回答问题。但是我们不能仅限于此,要想让学生形成统计意识,在日常生活中渗透统计思想,要从认识统计作用入手。"大象过生日"这个案例中,参加生日宴的动物数量相对较少,对于学生而言毫无难度和深度,不利于学生认识到统计思想方法的重要性。所以,教师在教学过程中,可以在此基础上增添动物的数量和种类,提升题目的难度,让学生感到生日宴上动物的混乱复杂,进而自觉运用统计来"分一分、理一理"。学生通过参与分类活动,学会分类方法,体会到分类是收集数据和整理数据的基本方法,也是学习统计、开展统计活动的基础,从而进一步感受数学与现实生活的联系。

(3) 学会再现情景,提供决策依据

当今社会信息更新迅速,各种统计数据每日变更,有时候根本不清楚哪些信息是真实的。例如,政府发布的统计数据一般是真实的,但是其他途径发布的数据就可能存在很大的误差。然而人们并没有识别真假信息数据的能力,如果恰好相信了一些错误的信息,就可能给自己或其他人带来伤害。统计知识的学习,在一定程度上能够帮助人们从科学的角度来分析数据,从而得出正确的判断和结果。例如,最近公布的2014年各地区家庭平均支出情况。很多人会感到疑惑,自己家里并没有花这么多钱,甚至有的支出超过了自己家庭一年的真实收入。但是从统计的角度来说,这个数据只是平均数,并不代表每个家庭都是一样的支出,这个数据是把每个家庭的支出总额除以总家庭数量得出来的结果。其实要想搞清楚数据的大致分布情况,可以结合平均数和中位数知识一起分析。

3. 感受随机事件发生,渗透统计思想

随机性是难以理解、建立的概念,教学中要通过游戏、实验等活动,引导学生加强数据分析意识,重视数据分析,发挥数据作用,体会随机性,获得随机观念,提升数学素养。

(1) 在游戏中分析数据,体会可能性

学生的数学学习内容应当是现实的、有意义的、富有挑战性的。在学习可能性知识时,要让学生知道:有些事件是一定会发生的,有些事件是可能发生的,有些事件是不可能发生的;有些事件发生的可能性相同,有些事件发生的可能性不同。例如,在一些游戏中,可能性相等,游戏公平;可能性不同,游戏不公平。在六年级教材习题中就创设常见的"石头、剪刀、布"的游戏情境。在活动开始前,要求3人一组,其中2人游戏,另1人做好记录。游戏时思考会出现哪些情况？活动中学生怎样有序记录呢？学生先列举出游戏中所有可能出现的结果，记录如下：小芳出拳头，小娟可能出拳头、剪刀、布；小芳出剪刀，小娟可能出拳头、剪刀、布；小芳出布，小娟可能出拳头、剪刀、布。这样统计共有9种可能性，其中赢、输和平局各3种，所以小芳和小娟获胜的可能性相同。这样通过对游戏双方获胜可能性的统计，加深学生对简单随机事件特点的认识，增强随机意识和数据分析意识。

苏教版四上"可能性"，为了让学生更加清晰地建立"一定""可能""不可能"这些表达概率的概念，不能简单地让学生说出结论，而是要让学生经历观察、推理和证明的实验过程。比如设计摸球游戏，首先让学生观察球的颜色、每种颜色的数量；然后结合理论和经验推理摸出的球的颜色，此过程要让学生进行充分说理；最后进行实际摸球，反复实验，基于实际数据对学生推理的合理性进行论证。学生在事实观察、逻辑推理、实验证明的体验中经历审辨过程，积累求证方法。营造求证氛围触及了审辨核心，学生感受到答案的确定性或不确定性，学会在理解、包容别人见解的基础上提出自己观点，根植了理性精神，涵养了理性气质。[①]

(2) 在实验中分析数据，体会随机性和规律性

要理解随机性的内涵，不但要多做实验，而且要多收集和分析实验数据，切实感悟到数据中既有随机性，又有规律性。

例如这样的习题：四人一组，一人准备三种不同花色的扑克牌共6张，其他三人轮流摸牌。每次任意摸一张，摸后放回，打乱后再继续摸，一共摸10次，记录摸的结果，再根据结果猜想下面问题：

(1) 这6张扑克牌是哪三种花色？

(2) 哪种花色扑克牌的张数最多？哪种花色最少？有张数相同的花色吗？

实验前：准备好扑克牌和记录表，把全班40人分成10组，明确分工，友善合作，选用红桃、黑桃、方块三种花色，两张都分别是2和3的一副新扑克牌，带着问题思考：每组摸10次，你能确定第几次摸到红桃花色的牌？一共能摸到多少次红桃牌？

实验中：先示范，要求每次摸牌前要打乱6张牌，猜测能摸到哪种花色、哪张牌。摸牌后做好记录，看摸的与猜测的是否相同。

实验后：小组汇报，每组选派1人介绍本小组摸牌结果与每次猜测过程的思考。组织其他组成员评议，重点是说说思考过程与猜测结果是否合理，再说说产生这种现象的原因。

课后反思：由于每次摸出牌的花色是不确定的，试验的次数又少，根据摸牌结果来判断花色数量的多少，出现猜错的情况是正常的。以后如果做摸牌试验，摸的次数要多，根据花色出现的次数来判断花色和每种牌的数量多少。

学生对摸牌结果进行了分析、比较：从个人的实验结果看，有时摸到红桃，但不能确定是第

[①] 孙欣. 审辩式学习：儿童数学学习的创新路径[J]. 江苏教育研究. 2023,(05):72—76.

几次;从小组的实验结果来看,每次都有人摸到红桃,每次摸到红桃2和3也不确定。由此,学生从具体实验中体会到了事物的"可能性"和"随机性"。

若把上面实验中6张牌换成3张红桃,2张黑桃,1张方块,其他实验要求一样,让学生自主操作,对摸出红桃牌的结果猜测、统计。当摸的次数比较少的时候,摸到的牌是红桃、黑桃、方块都有可能;随着摸牌次数越多,摸到红桃的次数越来越多,摸到红桃牌的次数占总次数的概率越来越接近一半。体现了数据的随机性和规律性。

在今后"可能性"教学中要进行多次实验和分析,这样学生才能从外在走向内在、从感性走向理性,从而帮助学生升华活动经验,获得随机体验,发现规律,提升数学素养。

"统计与概率"的内容在新课程中得到较大重视,学生要学好统计,树立正确的统计意识,掌握必要的收集数据、整理数据、描述数据和分析数据的方法,体会数据的随机性和规律性,这样才能运用知识于实践。

(三) 在处理实际问题时,统计学的运用

1. 辨别概念的异同,找到关联的起点

(1) 对"可能性"这一主题的教学情况进行解析:明确其含义

以似是而非的随机事件为例。

【案例一】教师通过构建的场景来引入"有可能":明天的课堂上会迎来一位新的学生,让我们预测一下他是男孩还是女孩吧。有些学生认为是男性,而另一些则推断为女性,教师进一步询问:这意味着存在多种选择吗?(是的,确实如此)"有可能"这个词是从学生的口中流露出来的,显得十分顺畅和自然。

不确定性和随机性是两种相互依赖的概念,可以通过包含关系来描述。简单地说,不确定性就是指与确定性相对应的现象,而不确定性则涵盖了随机性、模糊性及其他各式各样的偶然事件。为了加深理解,让我们以例子来说明:每个人都无法确保一生都不会患上疾病,这是个明确的事实,然而具体的病情和发病日期则通常具有不可预测性。至于治疗后药品的效果如何,其效果的大小又是一个未知的概率事件;同样的,个人的身体健康状况也是一种含糊不清的现象。

毫无疑问,教师需要提醒学生区分不确定和随机现象,但并不意味着在教学过程中让学生去分辨这两者的差异。这两者之间存在着密切但又有所不同的关系。众所周知,随机现象的研究涉及一种关于随机现象的科学——概念论。所谓随机现象指的是那些在特定环境下有可能发生或不会发生的、具有一定的统计规律的现象。从理论角度来看,要深入理解随机现象,通常需要先设定随机实验的概念,接着引入样本点的观念及样本空间的理念,这样才能够明确地界定随机事件,并对基础事件与复合事件的关系做出明晰的阐述。(图2-2-19)

```
随机现象 → 随机试验 → 样本点、样本空间 → 随机事件 ┬→ 基本事件
                                                    └→ 复合事件
```

图 2-2-19

（2）缺失的统计概念

生活中抛图钉、投长方体骰子,分别有 2 种、6 种可能性并不相等的结果,各种结果的可能性大小,只能通过试验数据计算出现某种结果的频率来近似地代替。[①] 从可能出现结果的个数看,古典概率与几何概率已经覆盖了有限与无限,但这两种概率模型都要求每个结果出现的可能性相等,那么当结果出现可能性不相等时又该怎么办呢? 可以采用统计概率。

从理论上讲,在一定的相同条件下,如果随机重复试验,次数逐渐增大,趋于无限,目标事件发生的频率稳定在某个常数附近摆动,这个常数才能叫该事件发生的概率,这就是统计概率的定义。

如果追求数学的严谨性,则上述三种概率的定义都内含一个逻辑循环:古典概率、几何概率以等概率为前提,统计概率的频率稳定性以概率的存在为前提。

2. 摸清教学内容的最近发展区,联"知识点"成"知识片"

（1）初步认知等可能性、不等可能性

在此前的学校教育过程中,孩子们已经通过各种方式了解并体验了诸如抛硬币、投掷骰子和抽取签名(即抓阄)等事件,因此他们自然而然地形成了等可能性的认知,认为所有随机的结果都有相同的几率发生。学界对这一观点的研究也有着清晰的阐述,例如:"等可能性偏差被视为概率思考的主要误解之一,受到了众多研究人员的重视。这是一个非常根深蒂固的偏见,它不仅出现在各年龄段的孩子身上,而且还存在于具有不同数学基础的人群当中。"

因此,当我们在小学高级阶段教学随机现象的时候,需要找准机会引入对等概率和非等概率事件的理解,以便充分利用初次接触新知识时的主导心态,尽量协助学生消除"等概率误区"。

经过教育经验证实,小学阶段的学生可以理解并接纳不同概率的随机现象。比如,有些教师会让孩子们做掷啤酒瓶盖试验,收集完结果之后他们发现正面朝上的几率更小,这是什么原因? 当教师们展示出踢毽子的图像时,孩子立刻明白:毽子上覆盖着羽毛并且下方附带皮环,这使得其质量有所提升,与瓶盖的情况相似。

现有的教育内容中存在着紧密的逻辑关系,例如所有版本的教科书都包含的"摸球"试验,

[①] 曹培英. 小学数学统计与概率教学研究(五)[J]. 小学数学教育. 2020,(Z1):4—13.

这个试验的关键条件是每一个球被选中的概率均等。如果缺少这一步骤,那么我们无法得出结论"红色球数量较多,因此选择它的几率较大"。另外,教师们在教学过程中特别提到,这些球在外观上没有差异,并且它们会被重新混合以保证每颗球被挑选的机会都是平均分配的,这是因为他们希望确保这种公平性。

(2) 不回避可能性大小的量化

学生答题的主要困难不是写出表示可能性大小的分数,而是必须关注卡片张数的连续变化。一旦在这个思维转折点上给予提示,就能保证较高的正确率。

类似的实践都能告诉我们,学生掌握了分数的意义与基本性质之后,学习用分数表示可能性的大小是可行的。

对此,持有异议的教师认为:古典概率是一个比,用分数的意义"把单位'1'平均分成若干份,表示其中的一份或几份"来分析不妥;将可能性的分析异化为求一个数是另一个数的几分之几是"本质与表象厘析不清"。

其实,把比看作分数并无不妥,两数相除用比、用分数表示是等价的。何况概率的公理化定义首先就确认事件的概率是一个实数,具有非负性。

推行《义务教育数学课程标准(2011年版)》以来,多次听课发现教学落后于学生发展的现象。最常见的,如学生回答"硬币正面朝上的可能性是二分之一""骰子1朝上的可能性是六分之一"等等,教师不敢接嘴,都以"可能性相等"回应。显然,用分数表示可能性的大小不应成为禁区。

八、集合思想

集合思想被视为当代数学的主要思考方式,已经深入到了各个国家的小学数学教科书里。中国的新版小学生数学教育也在积极尝试直接融入集合思维,以更新和优化教材的内容。集合理论和小学生的数学学习有密切的关系,并在小学数学比赛中有大量的实际运用。

当我们将某个特定对象视为一整个单位时,我们便构成了一个集合(简称为集),此处的每一个对象都被称为该集合的一个成员(也称之为元)。对于已定义的集合而言,其组成元素需保持一致且固定,也就是说,某项具体事务是否被纳入到这一集合中,应有清晰界限。例如,"优秀的学习者"无法形成一个集合,原因在于它们的组成元素存在模糊性;然而,"那些在语文与数学考试中取得超过90分的同学们"则可以构建为一个集合。如果两组集合的元素完全雷同,那么我们就认为这两组集合是等价的。

通常使用两种方式来表达集合:一是通过逐一罗列其成员的方式,即所谓的"列举法";二是以定义该集合成员特性的形式,也就是我们所说的"描述法"。然而,尽管列举法适用于那些拥有有限或可数个成员的集合,但对于具有大量成员或是无穷多的集合来说,它就显得有些力不能及了;此时,描述法就能发挥它的优势。另外,有时候也能够利用闭环线条(如韦恩图)直接形象化展示集合之间的关系,其中线段内的部分代表着所有可能属于这些集合的对象。

（一）集合思想的意义

1. 有利于学生理解数学概念

由于儿童的认知成长特性，他们在理解一些复杂或抽象的数学理论上存在困难，这就要求教师借助形象化的方法来协助他们学习。比如，当教学"单位1"这个概念的时候，孩子们往往难以构建出清晰的图像感。然而，如果使用集合理论和矩形图的方式，就能让他们更明确地认识到总体的观念，了解到可以用数字1代表整个群体，这就是所谓的"单位1"。由于小学阶段的教科书并未涉及关于集合的定义、分组及标识等相关信息，所以在实际的小学数学教育过程中，教师们主要依赖于集合理论与口头表达方式，引导孩子对集合有基本的了解，并领会其中的理念，以便更好地掌握数学知识。

2. 提高学生解决问题的能力

集合观念是一种高度总结和具备引导性的数学理论。掌握集合观念，不仅有助于加强学生记忆力，教师还可以充分运用和引导他们利用现有的认知资源及技巧来处理复杂的数学挑战，从而提升他们的数学思维能力和实际操作水平。比如，当学生已经熟练地使用点子图去计算"15－9"这类题目时，他们也能轻易应对类似于"11－9""13－9"等问题。在这个解题过程中，学生逐步理解了20以内进位减法的基本规律，这有助于他们在后续的学习中更好地应用这些策略，同时也提高了运算效率。

3. 有利于知识的衔接

利用集合理论能有效地连接知识点，其核心在于数学学科间的连贯性和教学阶段的连续性。根据学生的学识需求和生活成长轨迹，小学数学课本里的集合理念是以循序渐进的方式逐步融入的。例如，在"图形与几何"这一主题下，集合思维先后出现在"识别形状""理解矩形和平行四边形"等相关课程中，同时教科书也深入研究了三角形、多边形等图形的内在关联，并将它们以集合的形式展示出来。所以，教科书里包含的集合观念能够紧密结合数学知识，使得数学体系更为完善和有序。经过小学时期的教育，学生已经学会了一部分基本的集合理论，这对他们将来在初中或高中的进一步学习是有益的。当学生步入初中后，将会遇到诸如数值分割、函数等问题，这些问题对他们而言既新鲜又具有挑战性。借助之前所学习的集合理念，学生们可以通过寻找新老知识间的关系来顺利过渡至初小学习。这样一来，学生就能轻易地吸收高中阶段关于集合的定义、类型及操作等方面的新知识。

（二）集合思想教学策略

1. 集合思想在教学中的妙用

集合之间的交集、并集、补集等运算在教学中有着妙用。实际上，在解题中借助数轴来完成无限数集之间的运算，借助平面直角坐标系解决数对组成的集合之间的运算，是我们经常采用的"数形结合"的思想方法。但对一些有限数集之间的运算，却往往忽视了韦恩图所起到的辅助作用,从而使问题的解答变得抽象而复杂。在问题分析中,若能恰当运用数形结合的思想方法,有效地借助图进行比较、分析、判断,则可化繁为简,化抽象为直观,使问题的求解一目了然,也能加深对集合间各运算关系的认识和理解。[①]

2. 渗透集合思想,开阔解题思路

一些小学数学竞赛题和思考题,数量关系比较隐蔽且复杂,若以集合思想辅以图形分析题意,则可以使数量关系明朗化,进而找出解题方法。

例1:某小学举办学生画展,展出的画中有16幅不是六年级的,有15幅不是五年级的,现知道五、六年级共展出25幅画,那么其他年级展出的画有多少幅?

分析:假设六年级展出的画数为 a,五年级展出的画数为 b,其他年级展出的画数为 c,根据题意可得图2-2-21。

显然,其他年级展出的画数为:$(15+16-25)÷2=3$(幅)

图2-2-21

例2:某班有学生45人,参加演讲比赛的有16人,参加书法比赛的有14人,如果这两种比赛都没有参加的有20人,那么同时参加演讲、书法这两种比赛的有多少人?

分析:由题意画出示意图(图2-2-22)。

由图可知,参加比赛的人数为 $45-20=25$(人),而参加演讲比赛的人数+参加书法比赛的人数为 $16+14=30$(人),30人比25人多,这是因为有部分人既参加了演讲比赛,又参加了书法比赛,这部分人重复计数了。故同时参加演讲、书法两种比赛的人数(图中阴影部分)为:$30-25=5$(人)。

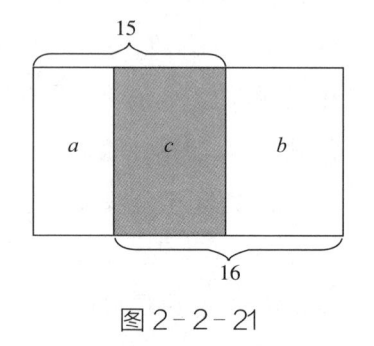

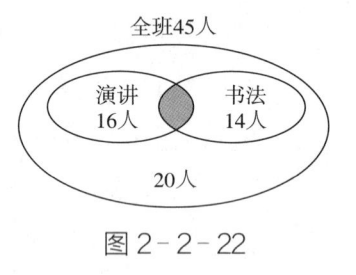

图2-2-22

由此可见,集合思想已经渗透到小学数学教学中,应用到小学数学教学和数学竞赛活动中。因此在教学中须加强对集合思想的启发,才能提高学生的素质。小学数学中的集合思想,都是依附于教学知识而出现的,教材中没有对任何一个集合下过定义,或出现过任何一个集合符号。正因如此,教学时教师就不必向学生一一介绍这些抽象的名词术语,主要是使学生获得一些对集合的感性认识,形成集合思想的某些初步观念。

3. 集合概念在教学中的渗透

在小学数学的开始,教材就通过直观形象的韦恩图渗透了集合的概念。在认识0~10这十一个数字时,每个数字都有一张相应的集合图,也就是告诉学生,一个集合中有几个元素就用"几"来表示。如苏教版一年级上册表示"1"的集合图里只有一个元素(一只大象),表示4的集合图里有4个元素(4朵白云)。这就很形象地把集合中的元素与基数的概念有机地联系起

---

① 高慧明. 韦恩图在集合运算中的妙用[J]. 数学通讯. 2004,(18):12—13.

来。在教学"0"时,教材通过三个集合里分别有两个茶杯、一个茶杯、没有茶杯来说明空集这一概念。

一年级上册的"分类"一节课中,把两个球圈在一起,还把书包、鸡、气球放在一幅图里,让学生试一试能否把同类物体圈在一起。这部分内容渗透了如何把一些同类的物体组成一个集合的思想。

教学"分数的意义"时,为了突破单位"1"的含义这个难点,教材通过两个实物韦恩图,直观说明把4个苹果和6只熊猫玩具各作一个整体,都可以用自然数1来表示,通常把它叫作单位"1"。

五年级下册"倍数和因数"单元,集合的渗透更加明显。数学教学中有很多知识除了用语言叙述外,还可以根据知识的特点用集合图来表示,这样既形象、具体,又能培养学生的整体观念,渗透集合思想。如:表示物体个数的0、1、2、3、4……叫做自然数,用集合图可以表示成图2-2-23:

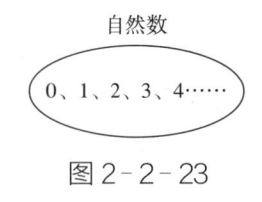

自然数

0、1、2、3、4……

图 2-2-23

又如,12的因数有1,2,3,4,6,12;12的倍数有12,24,36,48……用集合图表示为图2-2-24、图2-2-25:

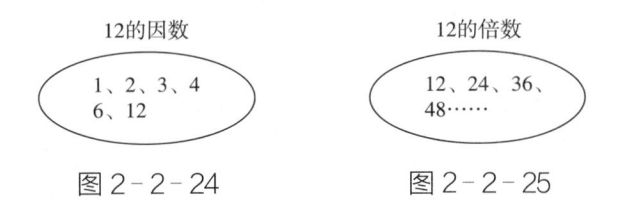

12的因数

1、2、3、4
6、12

图 2-2-24

12的倍数

12、24、36、
48……

图 2-2-25

在教学求18的因数时,通过摆彩条和列算式帮助学生理解因数的概念。在摆彩条和列出算式的基础上,用集合圈表示出一个数的全部因数,使学生初步体会到一个数的因数的个数是有限的(图2-2-26)。在教学求2的倍数时,教材把摆彩条列算式对照起来,也用集合圈把2的倍数表示出来,使学生初步体会2的倍数是无限的(图2-2-27)。

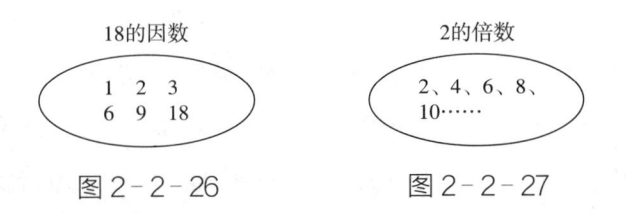

18的因数

1 2 3
6 9 18

图 2-2-26

2的倍数

2、4、6、8、
10……

图 2-2-27

4. 元素与集合之间的关系在教学中的渗透

元素与集合之间的关系是属于或不属于。一个元素对一个集合来说,不是属于就是不属于,不能有其他情形。小学数学教材中关于集合与元素之间关系的渗透是结合数的组成及分类来进行的。

如练习题:检查下面各数的因数的个数,指出哪些数是质数,哪些数是合数,分别填在指定的圈内,并用质数表检查。

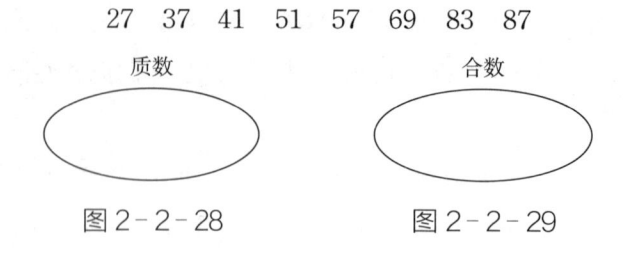

27　37　41　51　57　69　83　87

质数　　　　　　　　合数

图2-2-28　　　　　图2-2-29

5. 集合间关系在教学中的渗透

集合间的包含关系在小学数学教学中的渗透,主要表现在概念系统的构建之中。教师应认识到,用集合韦恩图法来揭示若干概念之间的关系,是一种非常行之有效的方法。因为韦恩图法能使学生清楚和直观地了解各个概念之间的联系和差异,这样有利于学生对概念的理解和掌握。小学数学教材中,有关三角形的分类问题,除用文字说明外,还可以用集合形象地表示出来,使学生看清三角形集合与锐角三角形、直角三角形和钝角三角形各集合之间是整体与部分的关系(图2-2-30)。[①]

图2-2-30

学生在学习了平行四边形后,会发现长方形、正方形也都具有两组对边分别平行这一特征,所以长方形和正方形都是特殊的平行四边形。那么,正方形、长方形及平行四边形之间的关系是一串包含的关系,表示为如2-2-31所示的韦恩图。这种直观的表示方法便于学生加深理解,同时渗透了子集、真子集的含义。

图2-2-31

(三)集合思想在解决实际问题中的应用

1. 利用场景设定要素,初步渗透集合理念

利用学生的年龄特征和兴趣爱好来融入集合理念到小学数学课程中,可以借助丰富的场景元素,增加课堂教育的多样性和趣味性,让学生更容易吸收知识。第一步是根据教学主题寻找生活中的关联场景元素,并在此基础上创造一种能解释"集合"概念的环境。然后,把这些环境因素拆分成简单明了的部分,用容易理解的方式传递给学生,让他们更好地领悟集合理念的传播方式。比如,在讲授"加法"这个知识点的时候,教师可以通过组合所有有关加法的内容,找到与之对应的生活实例,并将数学元素放入其中,启发学生去思考相关的问题,这样就能实现将集合观念引入课堂的目标。举个例子,教师从"购物"这个场景开始提问:如果某个学生想买一根价值8元的钢笔和一套价格为5元的尺子,他总共要付多少费用?在这个情景里,"钢

[①] 王立芳.集合思想在小学数学教学中的渗透[J].济南教育学院学报.2001(05):58—59.

笔"和"尺子"代表着两个独立的数学元素,但只要学生按照教师的设定进入这种情境,就很容易明白如何处理这两个元素构成集合的过程及其含义,并且准确地理解加法的定义。以上的方法有助于打破过去数学课上缺乏逻辑构建的困境,同时也能为后续集合思维的传导提供重要的基础支持。

2. 引领学生投身于实践活动中,深化集体课程的感受

除了对于抽象理念和原理的学习之外,学生的实际动手能力和深度投入也是他们学好数学的关键因素之一。所以教师应该把实操环节视为集合理念融入课程的核心部分,并以此提升学生的课业经验及算术推理能力。比如,当教学"多"这个主题时,为了能让学生迅速领悟如何处理这类题目,可以设计一系列基于集体观念的活动供其参加,这样他们在执行的过程中就能逐步确立正确的关于比例关系的基本认识了。比如说,先分成若干个不同的团队(成员任意),然后每个人都拿一支标有数字的小棍子做记号,以便表示各自所在团体中的个体单位;接着由教师指导大家依据团体的规模去核定每一队手中持有这种标志物的总量,从而导出了"单×n = n"的基本公式,并且鼓励学生自己探索一下存在一些特殊情况的运算法则会产生什么样的情况?通过这样的方式可以让孩子们摆脱过去仅依赖课本解释的方式而深入了解这些知识,进而积极主动介入其中,并在解决此类题目的过程当中充分利用这一策略加深自己的感官印象,最后形成了自我驱动的、独立性的解题模式。

3. 遵循转移增强法则,明确集合思考步骤

学习的历程是逐步深入的,学生必须基于现有的知识结构持续增强理解力,真正领悟思考的方法,才能从根本上建立起有逻辑性的认识架构。所以,教师应全面遵行转移加强的原则,按层次把数学知识点依序安排好,并协助学生运用集合理念梳理数学问题的思路和步骤,以此实现对数学基本功的有条理地巩固提升的目的。比如,可以视同一套系统的数学知识为一组集合,然后根据集合中的各个数学知识点要素进行由浅入深地编排,先完成简单的部分概念灌输,接着过渡到下一个阶段的学习任务。举例来说,"几何形状"这部分内容,教师就可以把"平面的""立体的"当作其中的一部分集合元素,先开始教学"平面的",然后再一步步深化到"立体的"理解建构,使得教学活动呈现一种有序推进的状态。通过这种方式,学生可以在知识进步的过程中依照逻辑次序来明确自己的独立思考路径,极大地突出了数学教育的指导作用,也对学生的思维扩展和成长提供了重要的支持。

九、极限思想

众人皆知的是,一些小学数学问题并不能仅靠基本算学方法解答,例如关于圆面的测量就不可能像处理矩形那样直截了当地得出答案。中国古代的学者们为测定圆面的大小及确定 π 值,曾提出"切线"技术——首先构建内部包含 6 个顶点的正六边形(称为外切),然后逐渐增大到包括 12 条边的形状,如此下去,每一步都使其更贴近圆形的轮廓,且使得它们的表面积或长

度逐步趋向该平面上最完美的图样，也就是完美无缺的一个完整的平面圈儿。此种操作方式的研究者指出："如果把这个过程继续推进的话，就会发现无论怎么推演都不会有任何损失出现。这就是因为最终结果已经完全符合整个曲线的外部形态特征，并且没有遗漏掉一丝一毫的信息。"这意味着只要持续不断地扩大这些几何图案中的点阵规模，就可以让它们变得更加精确，从而达到一种可以被视为同心全封闭曲线的状态——换句话讲，就是在理论上实现了对所有相关数据变化规律的一种精准把握——这是利用有限条件下的渐进式思维模式去探究变量间相互关系的结果体现。

（一）极限思想的意义

1. 有利于学生逻辑思维的拓展

为了使小学生掌握数学知识的能力得到进一步提高，促进其逻辑思维的拓展，小学数学教师在授课过程中要有意去挖掘学生的极限思维，渗透极限方法和思想，使其在日后的工作和学习中能够充分发挥极限思想的效用。

小学生的思维以形象思维为主，逐步向逻辑思维过渡；此外，在小学数学中还渗透着既对立又统一的辩证思维，如加与减、乘与除是学生非常熟悉的辩证关系。在极限思想中，也渗透着有限与无限、曲与直、变与不变的辩证关系。我们知道，多边形的面积直接用公式就可以计算出来，而如果其中有的边改成曲边，就无法直接用多边形的面积公式计算，就要用定积分来求了。如曲边梯形（直角梯形的斜边是曲边）的面积计算，就是先把曲边梯形平均分成 n 个小曲边梯形，在每个小曲边梯形里取一个最大的小矩形，这时 n 个小矩形的面积的和 S_n 近似等于 n 个小曲边梯形的面积的和。当 n 越来越大时，小矩形的面积就越来越接近于相应的曲边梯形的面积；当 n 趋向于无穷大时，如果 S_n 的极限存在，记作 S，最后 S 就等于所有的小曲边梯形的面积的和了，那么就得到了曲边梯形的面积是 S。这是从有限的曲边梯形的面积中找到无限个小矩形的面积，再从无限个小矩形的面积的无限变化中回归到曲边梯形的有限的面积的过程，体现了有限与无限、曲与直相互转化的辩证思想。因此，极限思想对于培养学生初步的辩证思维有所裨益。

2. 有利于学生数学学习的效率

良好的数学思想与方法结合可以提高学生学习数学知识的效果，在小学数学教学中有效地应用极限思想方法，是学生掌握数学知识的重要方式。极限思维在小学数学教材涉及的知识点和内容中有明显体现，例如一些数量无限多的概念和无限延伸的几何概念，包括循环小数、奇偶数、自然数和平行线、角的边、射线、直线等。

3. 增进学生的爱国情怀

极限概念的萌芽可以追溯至公元前 300 年，当时我国著名哲学家庄子的著作中便有"一尺之棰，日取其半，万世不竭"的论述，蕴含了朴素的极限思想。在南北朝时期，刘徽（225—295）

利用圆内切多边形的面积逼近圆的面积来计算圆面积,即所谓的"割圆术",这是建立在极限思想上的一种直观方法及极限思想的直接应用。刘徽在描述这种做法时说:"割之弥细,所失弥少,割之又割,以至于不可割,则与圆周合体无所失矣。"也就是说,随着正多边形的边数无限增加,圆就转化为无限的圆内接正多边形,即化圆为方,这种思想就是极限思想,即用无限逼近的方式来研究数量的变化趋势的思想。另一位伟大的古代数学家祖冲之(429—500)利用极限的思想计算圆周率,也取得了巨大的成果。他们是极限思想发展史上最原始、最杰出的代表。在小学数学教材中也出现了以上阅读材料,这些璀璨的数学史进入教材为极限思想的渗透提供了有利的契机,使得极限思想的渗透更为名正言顺。[①] 在相关内容的教学过程中,如果能让学生了解其中蕴含的极限思想,对于学生了解我国的数学史和数学文化,培养学生的爱国主义情怀有重要意义。

(二) 极限思想教学策略

小学生正处于身心发展的重要阶段,在这个阶段中,他们的形象思维可以发展为抽象思维。目前,由于教学应用中对极限思想方法的认识相对狭隘,因此,教师应该深入研究极限思想方法,通过学习概念、推导公式、练习和总复习等过程,有效地渗透极限思想方法,从而提高小学生的抽象思维能力。

1. 极限思想方法在推导公式过程中的应用

小学数学中的公式往往是利用极限思想方法推导出来的,在此过程中,教师可以将该思想潜移默化地渗透给小学生,以圆的面积推导公式为例。

第一种渗透极限思想方法的过程是:教师先让学生在纸上绘制一个圆形,再将圆形剪下来,通过对圆不断对折的方法,让学生找到规律——随着对折次数的增多,圆形也越来越趋近于三角形;然后再让学生把圆展开,根据折痕,将圆平均分成若干个近似的等腰三角形,而圆的半径是该三角形的腰,圆周长的部分长度,即该三角形的底边。在该圆对折环节中(如图 2-2-32),学生能够很直观地观测到由曲变直的过程,通过近似分割的方法掌握数学思维方法中的无限细分方法。该公式的推导有效地运用了极限分割思路,实现"圆化为方"和"曲化为直",以有限分割作为无限细分想象的基础,帮助学生更加牢固地掌握圆面积的公式,并对其渗透无限细分的极限思想。[②]

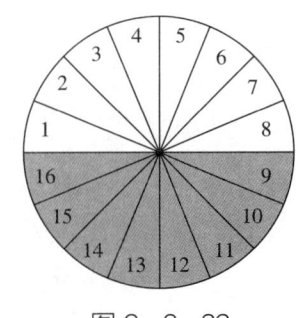

图 2-2-32

第二种渗透极限思想方法的过程是:教师可以先让学生将三个圆分别划分为 16、32、64 个一样的扇形(采用对折法即可),然后将这些扇形拼接成一个近似平行四边形的图形,学生在拼

---

① 巫吉洋. 极限思想在小学数学教学中的渗透研究[D]. 重庆:西南大学,2020.
② 于秋琳. 浅谈极限思想在小学数学教学中的渗透[J]. 考试周刊. 2014,(29):73—74.

接的过程中可以发现随着划分的细致化,近似平行四边形的图形愈趋近于近似长方形(如图2-2-33)。学生可以发挥其想象,将圆进行无线细分后可以拼接为一个真正的长方形,而长方形的边长为 $\pi \cdot r$,宽为 r,最终推导出圆的面积公式 $S = \pi r^2$。

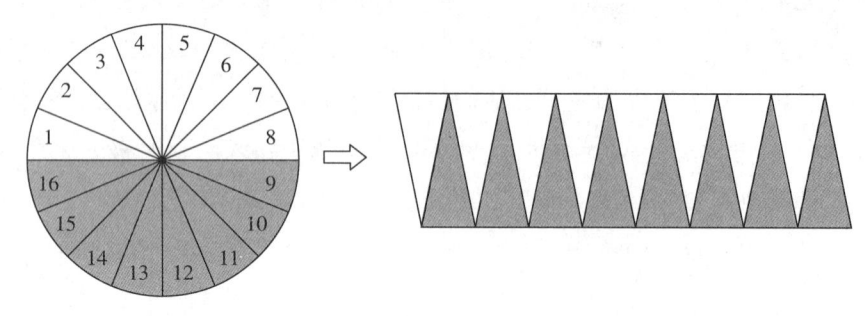

图 2-2-33

2. 极限思想方法在学习新知识中的应用

极限思想方法在学习新知识中发挥了极其重要的作用,它能够充分开发学生的想象思维,使学生能够在潜意识里形成良好的学习思路,从而更快速地掌握新知识点。

例如,在认识循环小数概念时,发现该教学内容的概念性相对较强,在这节新课知识的讲解中要有效应用极限思想方法。教师首先可以向学生提问,1 与 0.999…大小的比较。学生可以将 1 与 0.999…两个数同时乘以 10,而前者变为 10,后者变为 9.99…,因此前者大于后者。然后再在 1-0.9=0.1,1-0.99=0.01,1-0.999=0.001,1-0.000 9=0.000 1 这些计算公式中寻找规律并计算 1-0.999…的值,学生可以发现,随着小数部分 9 愈趋近于无限时,其结果将无限趋近于 0,在此过程中发挥了极限思维的想象价值。

3. 极限思想方法在数学知识练习过程中的应用

课后练习在数学学习中占有很重要的位置,它能够对已学知识进行一系列的训练和巩固,但是,目前小学数学教师并不是十分重视数学方法和思想的训练。由于培养数学思想与方法需要长期的积累和应用,因此,在培养学生的极限思想方法时,教师不但要在新课中潜移默化地渗透,更要在数学知识练习过程中不断地训练和巩固。

以 $\frac{1}{2} + \frac{1}{4} + \frac{1}{8} + \frac{1}{16} + \frac{1}{32} + \cdots\cdots$ 与 1 的大小进行比较为例,这道题目看似很难,无从着手,但是可以利用对它的变形,拓展学生的知识层面。学生可以很容易地发现后一个分数的分母是前一个分数分母的 2 倍,利用极限法将其变为以下边长为 1 的正方形。从图 2-2-34 中可以得出,即使加法个数在不断增加,但是随着分数分母的不断扩大,其所划分到的面积却越来越小,面积之和的结果仍是在面积为

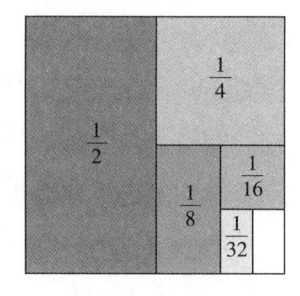

图 2-2-34

1 的图形面积中,因此计算结果也无限趋近于 1,所以相应的结论为:$\frac{1}{2}+\frac{1}{4}+\frac{1}{8}+\frac{1}{16}+\frac{1}{32}$+……<1。

4. 极限思想方法在复习过程中的应用

总复习就是将以往所学习的零散知识点和独立知识点聚集到一起的过程,其对知识点梳理的主要方式包括归纳、回归和总结,帮助学生构建良好的知识网络,并使学生对各个概念之间的联系加以明确。极限思想方法能够帮助学生更加系统化、完整化和条理化地掌握小学数学内容。以平面图形的整理和复习为例,在教学中,教师要通过将平行四边形、圆、正方形、长方形、梯形和三角形依次罗列的方法,对其特点进行系统地分析。利用梯形面积的极限思想来对其他图形进行梳理,可以推导出其他图形的面积计算公式。梯形的面积计算公式是:上底与下底之和与高相乘的积除以 2。我们对梯形的上底进行假设,该上底无限缩短趋近于 0,那么将得出一个无限趋近于三角形的图形。① 由此,可以推导出三角形的面积计算公式,即底与高的乘积除以 2。同理,其他平面图形的面积公式也可以由此方法进行推导。如长方形可以看作是两腰趋向于无限垂直底边的梯形,推导出的计算公式为下底乘 2 再乘腰除以 2;正方形可以看作是两腰与上底和下底趋向于无限垂直相等的梯形,推导出的计算公式为下底乘 2 再乘下底除以 2;平行四边形可以看作是两腰平行的梯形,推导出的计算公式为下底乘 2 再乘高除以 2。

为了让学生更清楚地认识到完整的知识结构,帮助学生更好地掌握平面图形所包含的知识点,教师可以通过以下平面图形面积公式的推导,构建一个系统的知识网络图(如图 2-2-35),发挥其极限思想方法有效的教学价值。

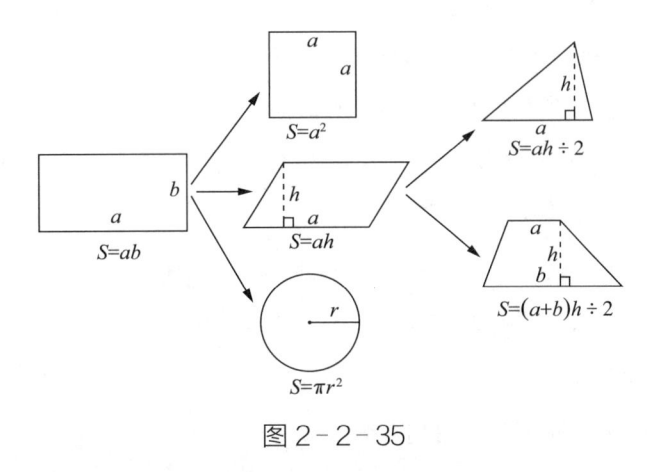

图 2-2-35

再以苏教版"多边形的面积"为例,相关内容如下:

---

① 于秋琳.浅谈极限思想在小学数学教学中的渗透[J].考试周刊.2014,(29):73—74.

表 2-2-3 多边形的面积计算公式

图形名称	面积计算公式
长方形（正方形）	$S = a \times b$（$S = a \times a$）
平行四边形	$S = a \times h$
三角形	$S = a \times h \div 2$
梯形	$S = (a + b) \times h \div 2$

这些公式貌似各不相同，却具有本质关联性。若改变顺序，以梯形面积公式 $S = (a+b) \times h \div 2$ 为"根"，可以运用极限思想作如下生成：上底缩小为 0（$b=0$），就变成三角形；若上下底相等（$a=b$），就变成了平行四边形（长方形或正方形）。几种图形面积公式均可表示为 $S = (a+b) \times h \div 2$。如下图（板书）：[1]

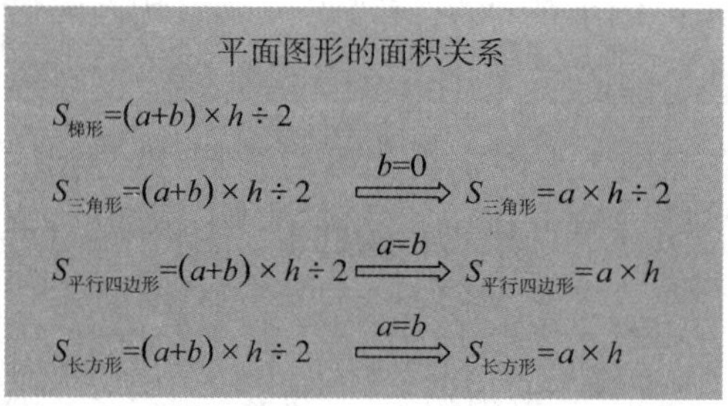

$$S_{梯形} = (a+b) \times h \div 2$$
$$S_{三角形} = (a+b) \times h \div 2 \xRightarrow{b=0} S_{三角形} = a \times h \div 2$$
$$S_{平行四边形} = (a+b) \times h \div 2 \xRightarrow{a=b} S_{平行四边形} = a \times h$$
$$S_{长方形} = (a+b) \times h \div 2 \xRightarrow{a=b} S_{长方形} = a \times h$$

图 2-2-36

教师如果关注看似纷乱的知识背后的内在联系，带领学生进行梳理与打通，便能帮助学生筑起认知之柱，将知识压缩，化整为零，感受数学知识的本质统一。

5. 极限思想方法在几何初步知识学习过程中的应用

在几何初步知识学习中贯穿着极限思想方法的应用。以直线概念的相关教学内容为例，为了使学生能够更清楚地认识线段和直线的区别，在教学中教师可以采取让学生自主画图操作的方法，让学生明白将线段向两端无限延长就能够形成一条直线，使学生充分运用极限思想方法，认识到几何内容知识之间的规律，从而更加深刻地认识到直线、线段和射线之间的区别与联系，提高抽象思维能力。

（三）极限思想在解决实际问题中的应用

1. 在教材钻研中，深挖极限思想

小学数学教材是极限思想最重要的文本载体，教育工作者在解读数学教材的过程中，既要

---

[1] 孙欣. 关联教学理念下儿童数学系统性思维品质的提升策略[J]. 江苏教育. 2021, (35): 40—44.

立足于教材,从教材出发,又不能囿于教材,为教材所束缚。数学教材中的知识是显性的,但极限思想则是采用蕴含的方式隐藏于数学知识体系之中,如在学习"生活中的数"时,让学生看到自然数0、1、2、3……是"数不完"的,通过初步的计数体验感到自然数有"无限多个";学完梯形面积计算公式和三角形面积计算公式后,让梯形的上底无限趋近于0,就得到了三角形的面积计算公式,让学生初步地感知极限思想。为了将这样的"不可见的思想"可视化,教师在开展教学之前、在钻研教材的过程中应充分挖掘极限思想,考虑哪些具体的内容蕴含了极限思想,有意识地将渗透极限思想作为教学目标之一。根据教材知识中蕴含的数学思想,教师在平时的备课中,要在教学目标中写出选择适当的渗透策略。首先,目标定位要准,建构主义理论认为,课堂教学目标是教师教的目标与学生学的目标的高度合一,具有灵活性、协商性、自我监控性三大特征。所以要注意对学情和教材的把握,设置科学合理的教学目标,不要增加学生的学习负担。在小学阶段,极限思想只是渗透而已,并不让学生认识相关概念。其次,过程设计要以活动为主,讲解为辅。在教学过程中,教师应当设计具有针对性的教学活动,充分发挥学生的数学想象力,让学生在主动参与的过程中感知、体会、感悟到极限思想。正如东北师范大学史宁中教授所说:"数学思想是一种智慧,是悟出来的,而不是教出来的。"

2. 在知识发生过程中,渗透极限思想

(1) 在概念教学中渗透数学思想

数学是小学生的启蒙教育学科,其中概念教学非常抽象,教师只有采取正确的教学方式,才能帮助学生更好地理解数学概念。所以在教学过程中教师要从渗透极限思想的角度出发,从培养学生数学思维模式入手,帮助学生提高理解抽象学习内容的能力。如循环小数的概念教学中,就可以先创设情境,让学生尝试独立思考、列式解决问题。学生在计算 73÷3 及 9.4÷11 的过程中引发认知冲突,发现:①除不尽,前者的余数重复出现3,后者的余数从第二步起重复出现5和4;②商是无限小数,前者为 24.33……,后者为 0.854 54……,二者的小数部分从某一位数字起,有一个或几个数字依次不断地重复出现。然后从这一现象入手,归纳出循环小数的概念。其中,"无限循环"稳定状态的分析过程正是极限思想的渗透过程。在分数的概念教学中,要帮助学生理解平均分的份数与每份的大小是什么关系。我们可以引导学生先画图理解,将同样大小的圆平均分成2份、3份……让学生观察随着份数的增加,每份的大小是怎么变化的。学生可以看出,随着平均分的份数的增加,每份的大小反而减小。也就是说,$\frac{1}{2} > \frac{1}{3} > \frac{1}{4} > \frac{1}{5}$……进而可以总结出结论:分子相同,分母越大,分数越小。接着还可以继续渗透,引导学生想象:如果把单位"1"平均分成1 000份,10 000份,甚至更多,每份的大小各是多少? 使学生感受到,当 $n \to +\infty$ 时,$\frac{1}{n} \to 0$,从而理解分母对分数大小的影响,加深对分数概念的认识。在讲解长方形与正方形的关系时,可以借助多媒体演示:当长无限趋近于宽时,长方形就变成了正方形。也就是说,正方形是长方形在长趋于宽时的极限。同样的道理,可以借助教具或多媒体演示:当内角趋近于直角时,菱形就成了正方形。从而让学生理解正方形是特殊的菱形。再比如,在"可能性"的概念教学中,学生需要进行大量的操作活动才能证实和理解概率的意义。只有让学生反复地抛掷一枚硬币,并将结果记录下来,然后对数据进行观察和分析,才能发现正面朝上的次数与反面朝上的次数逐渐接近,从而感受到这两者发生的可能性是一样的。通过引入极限思想,学生可以有效地理解相关的数学概念,可以加深对于概念的掌握。

(2) 在公式教学中渗透极限思想

在小学教学中,圆的面积不能像长方形的面积那样直接利用公式计算,圆柱的体积也不能像长方体那样直接利用公式计算,利用极限思想可以解决这些问题。如圆的面积计算,先把圆平均分成若干等份,拼成近似的长方形,但它还不是长方形,仍然无法直接按照求长方形面积的方法来求。因为无论把一个圆进行怎样细小的分割拼补,都无法真正拼成一个长方形。这时只要借助极限思想,想象将圆无限细分,拼成的图形就越接近于长方形,最后通过取极限来得到它的面积。也就是说,极限思想是这样操作的理论基础和计算精确性的保证。

3. 在总结反思中,升华极限思想

数学思想是对数学知识融会贯通后的理解和升华,富有数学思想的数学知识具有良好的自我生成能力。所以,在渗透极限思想的过程中,一方面教师应在适当的时机对极限思想进行提炼和总结,强化学生的直观感受。如在教学 $\frac{1}{2}+\frac{1}{4}+\frac{1}{8}+\frac{1}{16}+\frac{1}{32}+\cdots\cdots=?$ 可以先通过画正方形或线段,让学生观察图理解最终结果等于1,但学生依然有可能感到疑惑,认为会永远加下去,但永远到不了1。此时,教师可以通过提问、讲解对这一知识中隐藏的极限思想进行点拨,帮助学生将形象思维转变成为抽象思维,以此来帮助学生理解好数学知识,在加深自身感悟与理解的同时提高学习的效果。另一方面,要培养学生养成总结反思的习惯,根据自己对数学知识的理解程度建立自我的"极限思想运用体系"。

在小学数学教材中能够体现数学极限思想的内容非常广泛,教师在教学中若能通过研读教材、发掘内涵、相机渗透,让学生感受到使用极限思想的数学知识的特点、运用极限思想解决问题的好处,以及极限思想的正确使用方式,最终学生沉淀下来的就不只是数学知识,更是一种数学素养,能为他们以后建构新的数学知识体系夯实基础。

4. 在问题解决中,运用极限思想

学习数学的最终目标是解决问题。问题是数学的心脏,数学问题解决的过程,其实就是命题的不断变换以及数学思想反复运用的过程。在数学练习中,若能让学生感受到极限思想的存在,并在练习中灵活地运用,就可以在提高学生解决问题能力的同时,激发出他们的学习兴趣,培养出自主探索能力。如在学习完分数的基本性质这一课后,学生已经初步掌握了分数的概念,在练习中就可以给学生展示出一组分数:$\frac{2}{3}$,$\frac{4}{6}$,$\frac{6}{9}$……要求学生以此为例,在一定的时间内写出几组大小相等的分数。接着提问:"如果给大家更多时间,是不是能写更多的分数?如果不限定时间的话,是不是能够一直写下去?"最后学生给出的答案是肯定的,当没有限定时间时,与$\frac{2}{3}$大小相等的分数有无数个。或是学生在练习行程问题时,可以借助极限思想降低计算难度:一艘轮船往返于甲、乙码头间一次,问静水中航行所花时间长,还是流水中航行所花时间长,或是所花时间一样长? 若想通过计算来判断则缺少条件,因为流水的速度没给定。可以假定水速足够大,以致和船的静水速度相等,那么,轮船逆水航行时将止步不前,轮船无论花多长的时间也无法在这样的流水中从一个码头到另一个码头;而在静水中航行的话,往返一次所花时间是确定的数值。所以可以判断,在流水中航行所花的时间长。在解决这个行程问题的过程中,把船在静水中的航速视为水速的极限,巧妙地渗透了极限思想。再比如,有些数学问题经常用试算的方法,逐步逼近正确的答案。例如,30×( )<124 或 20×( )<97 等式子,要在括号内填入最大的整数,可以用1、2、3、……逐一代入,检验是否符合题意,直到出现一个不符合不等式的数为止,这也是极限思想的运用。极限思想在解决问题中的案例还有很多,在解决问题时渗透极限思想有两大意义:首先,可以让学生在解决问题过程中感悟极限思想;其次,学生可以借助极限思想巧妙地解决问题,培养数学素养,提高思维品质,完善认知结构。[1]

---

[1] 巫吉洋. 极限思想在小学数学教学中的渗透研究[D]. 重庆:西南大学,2020.

第三章

数学教学：
小学数学教材中数学思想的教学及梳理

第一节　基本数学思想和核心素养

一、核心素养的内涵

通俗地讲,数学素养就是把所学的数学知识都排除或者忘掉后剩下的东西。它是指学生以先天遗传条件为基础,在进行数学学习和应用实践的过程中,通过个体自身的不断认识和实践,使数学文化知识和数学能力在主体发展中内化,逐渐形成和发展起来的"数学化"思维方式和观察世界、解决问题的能力。[①] 也就是指"个体能从数学角度看问题,有条理地进行理性思维、严密求证、逻辑推理和清晰准确地表达的意识与能力"。数学素养是个体数学素质的集中体现,包括数学意识、解决问题、数学推理、信息交流和数学心理素质五个部分。主要表现在:能够主动探寻并善于抓住数学问题的背景和本质的素养;熟练地运用简明、规范的数学语言准确地表达自己数学思想的素养;具有良好的科学态度和创新精神,能够合理地提出新的思想和方法的素养;能够以数学的理性思维,从多角度探究解决实际问题的方法的素养;能够对现实世界中的现象和过程进行合理的抽象,从而建立数学模型的素养。《义务教育数学课程标准(2022年版)》继承了"四基""四能"的目标,创造性地明确核心素养导向,聚焦学生正确价值观、关键能力和必备品格的培养,凝练出数学核心素养"三会"。即会用数学的眼光观察现实世界(即数学眼光),主要表现为抽象能力(包括数感、量感、符号意识)、几何直观、空间观念与创新意识;会用数学的思维思考现实世界(即数学思维),主要表现为运算能力、推理能力(推理意识);会用数学的语言表达现实世界(即数学语言),主要表现为数据观念(数据意识)、模型观念(模型意识)、应用意识。小学阶段,核心素养主要表现为:数感、量感、符号意识、运算能力、几何直观、空间观念、推理意识、数据意识、模型意识、应用意识、创新意识。

二、数学基本思想和核心素养的关系

数学基本思想是个体认识事物、学习数学的基本依据,是处理数学问题的指导思想和基本策略,主要包括数学抽象的思想、数学推理的思想和数学模型的思想。其中,数学抽象的思想可细分为分类的思想、集合的思想、有限和无限的思想、数形结合的思想、符号化的思想、对称的思想、对应的思想等;数学推理的思想可细分为归纳演绎的思想、化归的思想、代换的思想、类比的思想、一般与特殊的思想等;数学建模的思想可细分为量化的思想、方程与函数的思想、随机的思想、抽样统计的思想、简化的思想等。[②] 这些思想的运用能够强化学生的数学思维,帮助个体解决不同的实际问题。它们贯穿于数学的整个学习过程,是对数学本质理解的集中

[①] 蔡双春.培养学生数学素质的探讨[J].数学学习与研究(教研版).2008,(06):35.
[②] 吴汝萍.数学基本思想:数学课堂教学的"魂"[J].课程教学研究.2014,(02):45—48.

体现。无论是数与代数、图形与几何、统计与概率，还是综合与数学实践，这些数学学习内容都应该以数学基本思想为统领，在具体内容的理解和掌握中体现数学的基本思想，从而形成数学概念、建立数学知识体系。

三、发展核心素养的教学策略

从 20 世纪 80 年代开始，数学教育界已经开始深入地关注和讨论当下数学课程和数学教学改革中如何加强学生数学能力的培养，如何增强学生的创新意识和实践能力，如何提高学生的非智力因素等问题。《2011 标准》中明确提出"四基"要求，即通过数学教学帮助个体达到掌握数学基础知识，训练数学基本技能，领悟数学基本思想，积累数学基本活动经验的目的。因此，过去一味地强调知识技能是不够的，必须重视发展学生数学素养的其他方面。而数学基本思想正是促进学生数学核心素养形成和提高的重要组成部分。数学基本思想中的抽象思想、建模思想、推理思想以及其分支都反映了数学的本质，是数学教育教学的重要内容，这些思想的培养和练习是提高个体数学素养的关键和核心。渗透数学基本思想，提高学生的数学核心素养，是历史发展的必然趋势，也是当今社会对每个个体提出的必然要求。

1. 增强数学意识，提高数学素养

数学意识是指人们在学习数学、应用数学的过程中，逐渐形成的对数学的见解和看法。它通常在三个不同的层次中表现出来：一是个体能够主动地用数学知识来观察、分析和处理一些问题；二是个体能够理解数学的学科意义，理解数学知识的内涵，懂得数学知识的实际应用价值；三是在数学文化方面，个体能够理解数学这门学科的科学意义、文化内涵等。[1] 也就是说，数学意识是一种精神状态，它是个体主动地从数学的角度，运用数学的语言、知识、思想、方法来理解与解决各种实际问题的意向。在小学数学中，增强学生数学意识是提高他们数学素养的重要途径之一。

（1）增强符号意识，提高数学素养

符号是在文字语言的基础上产生的，它将文字语言表达的主要意思通过直观、简洁的方式形象地呈现出来。数学符号是数学无声的语言，是人们进行表达、计算、推理、交流和解决问题的工具。数学本身就是抽象出来的符号化体系，准确地建立和把握符号意识，有助于个体清晰简洁地表达数学思想和方法。在小学数学学习阶段，发展学生符号意识的教学内容主要指用字母表示数或数量关系，如用字母表示运算法则、运算规律以及计算公式等，这有助于学生从具体情境中抽象出数量关系和变化规律，并准确地表示出来，从而有助于进一步运用数学知识解决问题。

作为个体数学素养之一，《2022 标准》中强调学生的符号意识的发展，并指出："符号意识主要是指能够感悟符号的数学功能。知道符号表达的现实意义；能够初步运用符号表示数量、

---

[1] 朱茜.基于数学意识培养 提高数学素养[J].科普童话.2019,(42):19.

关系和一般规律;知道用符号表达的运算规律和推理结论具有一般性;初步体会符号的使用是数学表达和数学思考的重要形式。符号意识是形成抽象能力和推理能力的经验基础。"鼓励学生用自己独特的方式来表示具体情境中的数学关系和变化规律。学生不仅要完成从具体到抽象的概括,还能在具体的应用中,深化对字母表示数的意义和作用的理解,体会到引入符号的必要性、简洁性和实用性。教师要善于在教学中把握符号化意识的内涵和本质,引导学生学习数学符号,帮助他们建立符号意识,逐步形成正确使用符号的能力,能够把实际问题中的数量关系用符号表示出来并进行符号间的转换,不断丰富他们的数学素养。

(2) 增强学生数感,提高数学素养

"数感"是我们既陌生又熟悉的一个概念,它来自数学实践,又指导数学实践,是个体一种主动地、自发地理解和运用数字的意识。在《2022标准》中对数感的内涵和功能表述为:"数感主要是指对于数与数量、数量关系及运算结果的直观感悟。能够在真实情境中理解数的意义,能用数表示物体的个数或事物的顺序;能在简单的真实情境中进行合理估算,作出合理判断;能初步体会并表达事物蕴含的简单数量规律。数感是形成抽象能力的经验基础。建立数感有助于理解数的意义和数量关系,初步感受数学表达的简洁与精确,增强好奇心,培养学习数学的兴趣。"它是个体的一种基本的数学素养,是学生认识数学对象从而获得数学技能的重要途径,其形成不是一蹴而就的,需要一个循序渐进的过程。帮助学生培养数感,不是依靠教师的讲解,而是要让学生在对数字的充分感知和领悟中,结合具体情境,将数的概念寓于具体的生活实践中,在理解数的意思的基础上,把握住数的相对大小关系,通过数学活动得到感受和体验,学会用数来表达和交流。

(3) 增强空间观念,提高数学素养

数学空间观念的培养和确立,是发展孩子空间思维的基石,也是推动他们认识世界、了解社会,在生活中正确运用数学解决问题的有效工具,是每个个体都应具备的数学素养之一。[①]

空间观念是指物体的形状、大小、位置、距离和方向等形象在人脑中的表象,它是人们认识和描述生活空间并且进行交流的重要工具。《2022标准》中空间观念主要是指:"对空间物体或图形的形状、大小及位置关系的认识。能够根据物体特征抽象出几何图形,根据几何图形想象出所描述的实际物体;想象并表达物体的空间方位和相互之间的位置关系;感知并描述图形的运动和变化规律。空间观念有助于理解现实生活中空间物体的形态与结构,是形成空间想象力的经验基础。"在实际教学中,教师要根据学生的实际水平,注意再现生活经验,引导学生观察现实生活中的素材,形成鲜明的表象,初步建立起空间观念,再加强操作感知,进行合理的比较和大胆的想象,促进空间观念的形成,最后运用到实践中去,发展空间观念。只有把学生的观察、操作、想象、思考和运用结合起来,在运用中逐步形成、加深、提高和发展学生的空间观

---

① 朱茜. 基于数学意识培养 提高数学素养[J]. 科普童话. 2019,(42):19.

念,才能使思维更加地活跃和发展,空间观念得到提高和发展。

(4) 增强数据分析观念,提高数学素养

当今社会,信息化的程度在日益提高,人们的日常生活更多地开始依赖于纷繁复杂的数据信息。因此,数据分析观念已经成为每一位公民不可或缺的基本素养之一。

2001 年颁布的《标准(实验稿)》将原有的"统计初步知识"更换为"统计与概率",并提出了具体的培养目标,"统计与概率"成为小学数学课程的四个学习领域之一。而《2011 标准》进一步将"统计观念"修改为"数据分析观念",将学习的内容变得更加的具体,凸显了统计的研究对象——数据。《2011 标准》中明确指出了:"数据分析观念包括了解在现实生活中有许多问题应当先做调查研究,收集数据,通过分析做出判断,体会数据中蕴含着信息;了解对于同样的数据可以有多种分析的方法,需要根据问题的背景选择合适的方法;通过数据分析体验随机性,一方面对于同样的事情每次收集到的数据可能不同,另一方面只要有足够的数据就可能从中发现规律。"《2022 标准》明确小学阶段要发展学生的数据意识,并指出"数据意识主要是指对数据的意义和随机性的感悟。知道在现实生活中,有许多问题应当先做调查研究,收集数据,感悟数据蕴含的信息;知道同样的事情每次收集到的数据可能不同,而只要有足够的数据就可能从中发现规律;知道同一组数据可以用不同方式表达,需要根据问题的背景选择合适的方式。形成数据意识有助于理解生活中的随机现象,逐步养成用数据说话的习惯"。

在小学义务教育阶段,学生学习数据意识的主要依据是发展"统计观念",具体表现在能够认识到统计对个体决策的作用;能够从统计的角度思考与数据有关的问题;能够通过收集数据、描述数据、分析数据的过程,做出合理的决策;能够对数据的来源、收集和描述的方法、结论进行合理的质疑。在教学中,教师要善于借助实际的实践活动,具体问题具体引导,让学生能够有意识地从统计的角度思考问题,学会对数据进行收集和整理,通过平均数、中位数、众数等进行描述与分析,借助简单的统计图表,能对一些情况做出合理的推测,从而提高数据分析能力,提升数学素养。

(5) 增强数学应用,提高数学素养

应用意识主要是指有意识地利用数学的概念、原理和方法解释现实世界中的现象与规律,解决现实世界中的问题。应用意识有助于用学过的知识和方法解决简单的实际问题,养成理论联系实际的习惯,发展实践能力。《2022 标准》中要求"能够感悟现实生活中蕴含着大量的与数量和图形有关的问题,可以用数学的方法予以解决;初步了解数学作为一种通用的科学语言在其他学科中的应用,通过跨学科主题学习建立不同学科之间的联系"。因此在实际教学中,必须重视数学应用的教学,将学生应用意识的培养和应用能力的发展放在重要的地位上。教师要帮助学生树立正确的数学价值观,通过精心创设的生活化情境,让学生体会到学习数学的意义以及数学的应用价值,养成用数学的眼光观察生活的习惯。只有这样,才能使学生具有适应生活和社会的能力,使他们能够实际运用所学的数学知识和思想方法去思考和解决实际的问题。

(6) 增强创新意识,提高数学素养

数学作为一门相对抽象的学科,无论是平面图形还是立体图形,无论是具体数字还是方程式,处处都强调了对学习者想象力的要求,体现了创新意识的重要性。创新意识是指人们根据社会和个体生活发展的需要,引起创造前所未有的事物或观念的动机,并在创造活动中表现出的意向、愿望和设想。它是人类意识活动中的一种积极性的、富有成果性的表现形式,是人们进行创造活动的出发点和内在动力,是创造性思维和创造力的前提。

在数学中运用创新意识主要表现为能够对新的信息和情景进行设问,然后选择有效的方法或者手段进行分析,综合地运用所学的数学知识、思想和方法,进行独立的思考和探究来提出解决问题的思路,从而创造性地解决问题。《2022标准》中强调"创新意识主要是指主动尝试从日常生活、自然现象或科学情境中发现和提出有意义的数学问题。初步学会通过具体的实例,运用归纳和类比发现数学关系与规律,提出数学命题与猜想,并加以验证;勇于探索一些开放性的、非常规的实际问题与数学问题。创新意识有助于形成独立思考、敢于质疑的科学态度与理性精神"。因此,在实际教学中,教师要增加教学的趣味性,鼓励学生积极参与,注意思维的诱导,培养他们的求知欲和问题意识。通过大胆的猜测和合理的类比,培养学生的发散思维和联想能力,加强各种思维的练习,最终挖掘他们的创新潜能,使个体成为真正具有创造意识和创造能力的人。

2. 提升数学能力,促进数学素养

(1) 提升几何直观能力,促进数学素养

《2022标准》对"几何直观"的描述为"主要是指运用图表描述和分析问题的意识与习惯。能够感知各种几何图形及其组成元素,依据图形的特征进行分类;根据语言描述画出相应的图形,分析图形的性质;建立形与数的联系,构建数学问题的直观模型;利用图表分析实际情境与数学问题,探索解决问题的思路。几何直观有助于把握问题的本质,明晰思维的路径"。数学是一种研究现实世界的空间关系和数量关系的科学,几何直观可以将复杂的数量关系和抽象的数学概念,通过直观的图形变得更加形象,将抽象的数学语言与直观的图形语言有机地结合起来,将抽象思维与形象思维结合起来,充分展露出研究问题的本质,有利于学生高效地学习数学知识。在实际教学中,教师要引导学生在主动参与数学学习的过程中获取对图形的认识,借助多媒体信息技术重视他们识图、作图能力的培养,从而提高学生思考问题、解决问题的能力。

(2) 提升运算能力,促进数学素养

数学中的概念、法则和公式、定理等是进行数学运算的依据,其实质就是依据已知数据和算式,通过运算推导出结果,从而解决问题。运算能力主要是指根据法则和运算律进行正确运算的能力,能够明晰运算的对象和意义,理解算法与算理之间的关系;能够理解运算的问题,选择合理简洁的运算策略解决问题;能够通过运算促进数学推理能力的发展。运算能力有助于形成规范化思考问题的品质,养成一丝不苟、严谨求实的科学态度,[①]作为数学素养之一,对个体数学的学习起着强大的制约作用。

数学运算能力是指能够根据题目条件寻找正确的运算途径,依据法则和运算规律正确地进行运算并且能够理解运算原理的能力。无论是哪种形式的运算都遵循着由简单到复杂、由低级到高级逐步形成和发展的原理,因此个体对运算的掌握和使用也应该是逐步有序的。但是现实当中,由于实际教材编排的不合理性、学生思想意识的不严谨性和固化的思维方法,受教育者的运算能力受到限制,从而影响数学其他方面的学习和深入。其实,运算能力的培养与发展是一个长期的过程,应该伴随着数学知识的积累而不断深化。个体首先要培养良好的计算习惯,如看到问题先仔细审题,学会灵活运用计算法则进行计算,自觉遵守运算定律等。在运算时,要适当地限制使用计算器,尽量在运算中培养数感,提高基础运算正确率,从而形成良好的数学运算能力。教师在日常教学中也要重视学生运算能力的培养,侧重于运算技能、运算技巧的分析和讲解,帮助学生提高运算能力,为日后更复杂的数学学习打下扎实的基础。

(3) 提升推理意识,促进数学素养

《2022 标准》认为"推理意识主要是指对逻辑推理过程及其意义的初步感悟。知道可以从一些事实和命题出发,依据规则推出其他命题或结论;能够通过简单的归纳或类比,猜想或发现一些初步的结论;通过法则运用,体验数学从一般到特殊的论证过程;对自己及他人的问题解决过程给出合理解释。推理意识有助于养成讲道理、有条理的思维习惯,增强交流能力,是形成推理能力的经验基础"。推理在数学学习中具有重要的地位,具有一定的推理能力是培养个体数学素养的重要内容。目标中明确要求学生:"在参与观察、实验、猜想、证明、综合实践等数学活动中,发展合情推理和演绎推理能力,清晰地表达自己的想法。"合情推理是从已有的事实出发,凭借经验和直觉,通过归纳和类比等推断某些结果;演绎推理是从已有的事实(包括定义、公理、定理等)和确定的规则(包括运算的定义、法则、顺序等)出发,按照逻辑推理的法则证明和计算。[②] 在解决问题的过程中,合情推理用于探索思路,发现结论;演绎推理则用于证明结论。教师要善于借助课堂和教材,引导学生感知规律、合理猜想、善于总结,培养他们的推理能力。学生们通过自主探究式的学习,经历了观察、猜想、验证、结论的数学学习过程,感受到数学学习的快乐,循序渐进地促使了推理能力的形成和提高,从而使得自身的数学素养得到丰满。

(4) 提升建模能力,促进数学素养

徐利治先生认为:"'数学模型'是指参照某种事物系统的特征或数量相依关系,采用形式

[①] 崔海江,刘永昌,杜晓虎等. 小学数学毕业总复习指导[J]. 教育实践与研究(A),2023 (04):21—34.
[②] 徐锋,杨晓荣. 小学生推理意识培养中若干关系的辨析与思考[J]. 小学数学教育,2022(22):4—6.

化数学语言,概括地或近似地表达出来的一个数学结构。从广义的角度来说,一切数学概念、数学理论体系、数学公式、数学方程以及由之构成的算法系统都可以称为数学模型;而狭义的角度是指只有那些反映特定问题或特定的具体事物系统的数学关系结构才叫数学模型。"数学建模思想就是用数学的角度发现现实世界中有待解决或者还未解决的问题,通过数学语言进行抽象概括,并综合运用所学的数学知识寻求解决方法的一种数学思想。《2022标准》中认为:"模型意识主要是指对数学模型普适性的初步感悟。知道数学模型可以用来解决一类问题,是数学应用的基本途径;能够认识到现实生活中大量的问题都与数学有关,有意识地用数学的概念与方法予以解释。模型意识有助于开展跨学科主题学习,增强对数学的应用意识,是形成模型观念的经验基础。"数学建模思想是个体运用数学知识去解决实际问题的一座桥梁,有利于学生进行数学知识和实际生活的双向构建,提高学习数学的兴趣和应用意识。在实际教学中,教师要有意识地培养学生数学建模思想,增加数学教学的操作环节,完成数学到数学模型之间的过渡,让师生共同经历数学建模的过程,渗透应用数学的意识和能力,在潜移默化中提升学生的数学素养和综合运用的能力。

综上所述,数学教育的目标是提高学生的数学素养,而数学素养的养成不是一蹴而就的。教师首先要关注学生数学意识的培养,鼓励他们用数学的视角去认识、观察世界,以基本的数学知识为起点,精心组织数学活动,在数学内容的准备和概念、定理、公式等数学知识的教学中渗透数学基本思想。还要让学生在生活中感知和理解数学,通过自主合作探究学习的过程归纳和总结、领悟和主动应用所学的数学思想方法,让数学成为一种思维习惯,形成一种数学技能。[1] 同时适当地增加些难度,让他们在不断挑战和锻炼中提高数学素养,逐渐形成递进式的、螺旋式上升的数学素养,更好地让数学教育为提高学生整体素质服务。

第二节 数学思想方法教学的基本原则

教学原则作为指导教学活动的依据,是教师实施教学行为时所必须参考的标准或准则。因此,为探索出符合小学数学思想方法教学特征的、具有操作性的策略,首先需要明确小学数学思想方法教学的指导原则。[2] 数学思想方法蕴含于数学知识的发生发展过程中,学生头脑中的数学思想方法也是在教学活动中逐步形成的。因此,整个教学过程都要精心设计安排,遵循以下四个原则,做到有意识有目的地渗透数学思想方法。

1. 过程性原则

教师在课堂上引入数学思想方法时,要注意其与数学知识之间的内部关联。因为数学思

---

[1] 朱茜.基于数学意识培养 提高数学素养[J].科普童话.2019,(42):19.
[2] 朱焕.小学数学思想方法教学的策略体系研究[D].临沂:临沂大学,2022.

想方法的获得不是简单的总结,而是一系列的观察、探究以及反复验证的过程。例如,教师在课上让学生随意写出几个商是3的除法算式,有的学生给出的算式为$3÷1=3$,有的学生给出$9÷3=3$。学生通过不断地尝试和计算,明白这道题目研究的是商不变性质。在这个过程中,学生对这种归纳推理的思想方法有了进一步的认识,愿意进一步探究其在其他知识方面的运用。

2. 反复性原则

由于小学生的认知水平较低,他们在感悟数学思想方法时,往往需要教师有意识地不断强化,这样才能慢慢地从感性、具体的认知上升到理性、抽象的认知。例如,数学中普遍存在极限思想,学生理解起来需要花费较长的时间。如在刚认数时,对自然数的概念就是数字有无限的多,数都数不完;又如教师要求学生尽可能多地举例验证乘法结合律时,学生发现可以举很多很多的例子,一张纸都写不完。诸如此类,数学中很多极限思想需要学生在不断地练习和思考过程中逐步体会理解。

3. 系统性原则

数学知识的难度在学习的过程中不断增加,而对数学思想方法的要求也随之改变。教师在教学活动中要注重挖掘数学思想方法与知识之间的衔接性,遵循系统性原则,将数学思想方法的应用层层递进。例如,在教学20以内加减法时,要求学生对数学的化归思想有一个基本的认识;在教学两位数乘除法时,要求学生对其有进一步的理解;而在推导梯形面积公式时,则要求学生能熟练运用数学的化归思想。这样一来,学生对数学思想方法的理解更加全面。

4. 参与性原则

数学知识教学与数学思想方法教学有着显著区别。数学知识教学是数学认识活动结果的教学,呈静态点型,重在记忆理解;数学思想方法教学是数学活动过程的教学,呈动态线型,重在领会应用。离开数学活动过程思想方法也就无从谈起,只有组织学生积极参与教学过程,在教师的启发引导下才能逐步领悟、形成、掌握数学思想方法。[①]

上面提到的四个原则不是独立存在的,在实际问题的解决中,这些原则都是相互作用的。因此,教师在教学中要根据教学任务和学生的不同情况采用适当原则,引导学生对数学思想方法有更深的理解,从而进一步提高数学的学习能力。在小学数学教学中教学数学思想方法一般应经历三个阶段。

1. 引导阶段

因为小学生尤其是一二年级学生还没有具备一定水平的学习能力和清晰的逻辑思维,所以有些数学思想方法无法完全掌握。这时,教师要考虑到低年级的学生能力有限,设计出实用的教学方案,在这样的模式下,使学生饶有兴致地、清晰地学会所教的数学思想方式。以一年

[①] 曾华涛.试析数学思想方法在教学中的渗透[J].江西教育.2002,(19):24.

级课本《操场上》一课中的例题为例,大致讲的是操场上有 2 名老师和 10 名学生,求学生比老师多几名。教师可以设计这样的方案:先让自己和班级中一名较高的学生做老师,再邀请 10 名学生和两名老师站在一起,最后让下面的学生默数多出几个人。这时教师在黑板上用两个不同的图案代表学生和老师,渐渐引导学生往刚才的思路上靠,得出结论是:10－2＝8。通过建立数学模型,运用类似的教学活动,向学生渗透其思想方法,让他们感悟领会其中的奥妙。

2. 发展阶段

当三四年级的学生掌握了一定数学知识,浅显地学习到了某些数学思想方法,对高年级的学习有一定的帮助。在升入高年级后,教师则要具体情况具体分析,设计出适用高年级学生的教学方案,找出让高年级学生较快接受数学思想的方法,逐步提高其对数学思想的认知。例如,教师在上"平行四边形面积"一课时,可以引导学生通过剪一剪、移一移、拼一拼,使学生发现其中的"变"与"不变",从而推导出面积公式。同时可以铺垫"转化"这一数学思想方式,待到教学"三角形面积"一课时,教师就可以顺其自然地让学生运用"转化"这一思想,来渐渐得出三角形面积公式。同理,教师可以要求学生运用相同的转化思想去探究讨论梯形的面积公式是什么。这样可以让学生较快较好地把"转化"这一思想牢牢掌握,在今后遇到类似问题时,就能很快想到用这种方式来解决。

3. 提高阶段

五六年级的学生较一到四年级的学生来说,有较成熟的数学思想方法认知体系,然而随着数学知识点的增加,如何引导学生把数学思想方法运用准确、恰当,对教师来说是个不小的挑战。在小学数学课本中包含了许多普遍重要的数学思想方法,如假设、比较、符号化等,学生在掌握这些数学思想方法后,就能提高解决问题的速度,有利于形成相对完善的思维模式。以符号化为例,几乎每个公式都会运用到符号,比如在求正方形面积公式时会用到 a 这个字母代表边长,那么会得出周长是 4a,面积是 a^2。这就是个符号化过程。在今后学生会遇到各种不同的数学内容,运用不同的数学思想,如何让学生更快、更准确地找到解决方法,提高自我认知程度,培养数学思维模式的敏锐度,就需要教师在此过程中不断鼓励,正确引导与培养。

此外,在小学数学教学中,教学数学思想方法还要关注以下五个基本途径:

1. 在教学预设中合理确定

在教学预设时,教师要考虑数学知识与思想方法之间的内在联系,即在讲授数学知识时,教师要灵活地将思想方法应用其中,帮助学生解决复杂、烦琐的数学问题。例如,概念教学,在引入相关的数学概念时,教师可以在课堂上传授比较的方法;在教学概念的形成和发展过程中,教师可以加强学生对数学概念的总结提升;而在实际运用数学概念时,教师可引导学生学会用类比的方法解决问题。在小学数学教学中,教师要根据学生的实际情况向学生讲授相关的数学思想和方法,特别是小学数学中常用的数形结合和化归的思想。例如,在教学运算律和性质时,学生往往会将定律和性质混淆,这时可通过使用类比的思想方法,将两方面的知识进行类比,找出异同点,将数学知识串联起来。当然,根据不同的知识结构和教学要求,教师在实际的课堂教学中还会用到很多其他的思想方法,如猜想、观察等。在教学预设中渗透适当的思想方法可以增加课堂的深度与厚度,提高教学效率,提升教学质量。

2. 在知识形成中充分体验

数学思想方法与数学知识是相互联系的,知识是思想方法的载体,而思想方法又对知识的发展起着促进作用。教师在教学时不能一味地照着教材讲解数学知识,要让学生真正掌握知识中包含的数学理念和解题方法,这样才能真正帮助学生提高数学水平。比如,在讲解"角"这一知识点时,教师不用急于把其概念告诉学生,可以利用多媒体技术,在幻灯片上呈现出各种不同的角,让学生观察角的变化,对角的概念进行直观地认识。教师还可以设计让学生能亲自动手实践的教学活动,比如让他们事先准备好图钉和纸条,在课堂上结合相关的知识,自己动手制作一个角。[①] 通过亲身体验,不仅能很快掌握有关角的知识,还能体验数学思想方法形成的过程,从而也提高了数学的学习兴趣。教师在小学数学教学时应当注重培养学生的思维创造力和动手实践能力,引导学生充分感悟和体验数学思想方法。

3. 在方法思考中加强探究

数学思想与数学方法,两者存在紧密联系,相辅相成,即思想中蕴含方法,方法中体现思想。如果只向学生讲解数学解题的具体方法,而完全没有结合数学思想,学生会认为数学的学习非常无趣,毫无吸引力。例如,在教学如何巧妙计算时,有这么一道题目:试用多种方法计算 $1100 \div 25$。有的学生采用的是最普遍的做法,即列竖式计算;有的同学则采用了简便算法,如将除以 25 看为连续除以两个 5,即 $1100 \div 25 = 1100 \div 5 \div 5$;有的同学用的方法是把原式改为 $1100 \div 100 \times 4$。无论学生采用何种计算方式,都将已学过的运算定律和方法应用到当中来,值得表扬。学生之所以能够想到这么多不同的计算方法,追根究底是对其本身的数学思想有了足够的理解和运用能力。因此,教师应将抽象的思想和具体的方法两者结合起来,从数学方法中了解数学思想,用数学思想指导数学方法,更好地帮助学生学会数学方法,同时掌握相应的数学思想,从而增强学生的数学能力和数学素养。

4. 在问题解决中精心挖掘

数学的学习往往通过解决问题来巩固所学的数学知识。数学中存在的很多问题需要学生具备一定的解题方法或技巧才能得以解决,而具备这些能力的基础是掌握一定的数学思想方法。所以,在解题过程中,要学会从问题中挖掘出数学思想方法的本质,提高解题正确率。例如,教材中提到的"植树问题":有一条 300 米的小路,每隔 3 米要在路的两边都种上树,需要准备多少棵树?学生碰到这道题目第一感觉会觉得很难,无从下手,这时教师可以鼓励学生多动手在纸上画画,和同学们相互讨论,共同探讨出解题的方法。运用一些学过的数学思想方法,

---

[①] 墨天娇. 巧用数学思想渗透,提升学生思维能力[J]. 考试与评价. 2016,(11):6.

如归纳的方法、建立数学模型的思想,都可以有效帮助解决此题。教师在问题的设置上要充分考虑数学思想方法的实际运用,时刻帮助学生加深对它们的认识。因此,教师对数学问题的设计应从数学思想方法的角度加以考虑,鼓励学生积极参与到数学思想方法的认知和学习过程,提高学生的解决问题的能力。

5. 在回顾反思中及时提炼

当一节课结束甚至是做完一道数学题目后,教师都要提醒并引导学生去进行回顾反思,体会解题的思路和策略,感悟其过程中蕴含的数学思想方法,养成良好的思维习惯。如学生回顾课堂上教师是如何将数学的思想方法运用到实际的解题中的,反思是否可以用更好、更简便的方法解决问题。同时,学生还应当学会巩固所学过的数学思想和方法,丰富数学知识,感悟数学的本质,优化课堂教学效果。例如,在复习"平面图形的面积"时,教师首先让学生把所有学过的相关公式写出来,并把学生分成几个小组,分别让他们去推导这些面积计算公式。如小组1推导的是三角形面积的计算公式,小组2推导的是平行四边形面积的计算公式。在每个小组完成各自任务后,教师鼓励他们相互探讨,做出总结,很快学生认识到可以通过"化归"思想将它们统一为梯形的面积计算公式。这样回顾反思的教学将不再是盲目地做练习题,而是将数学思想方法融入其中,帮助学生融会贯通。有目的地渗透数学思想方法并进行针对性的训练,可帮助学生达到灵活运用、熟能生巧的水平,并且能使学生接受数学思想的熏陶,培养逻辑思维能力。

在实际的教学中不难发现,教师在小学数学预设教学中应当合理确定数学思想方法渗透的内容和方向,帮助学生不断探讨数学知识和思想方法的形成过程,并让学生意识到数学思想与方法之间的紧密联系性,从而养成勤于动脑、不断反思的习惯,最终熟练解决数学难题。此外,对数学思想方法的理解并不是一蹴而就的,需要学生进行深入的探讨和研究,形成自己独特的理解。

第三节　数学思想教学的一般策略

数学核心素养的精髓是数学思想和数学方法,学生掌握了数学思想和数学方法,才能实现"教为了不教"的目的。因此,小学数学教学中,从核心素养的培养角度进行分析和研究数学思想方法的渗透,应成为我们教师的核心任务。

(一) 备课预设:吃透教材、拟定目标、设计预案,挖掘数学思想方法

做任何事之前都应该拟定目标,有一定的计划,否则只能达到事倍功半的效果。现在数学课本呈现的知识点大多数都是结论性的语言,如何让学生理解这些理论结果推导的过程,即理解知识点涵盖的各种思想和方法,才是教学的重中之重。因此教师在做好课前准备工作时,不

能只停留在书本上呈现的知识点,要深入研究文本,充分挖掘教材一切可用的有利资源,找出知识点中所涵盖的数学思想方法,并将其列入教学目标当中。同时,教师还应当提前设计好一系列的教学活动,在课堂上形成良好的教学环境,将数学知识与数学思想方法完美结合起来,这样学生既加强了对数学知识的理解,又能明白数学知识形成的过程以及数学思想方法的意义,最终提高学生综合素质的发展。因此,认真研读教材是教师做好备课工作的首要任务。教师应当将教材里的内容和自己的教学模式联结起来,并时常进行思考如何让学生明白数学知识的形成过程而不是简单的结论传递,要不断引导学生进行深入地思考和探究而不是止步于会做几道数学习题,寻求更佳的方法将数学思想深入到课堂当中,提升学生的思维能力,当然,教师还应当以学生为主体,调动学生的学习兴趣,激励学生主动学习。例如小学数学课本中有一节教学"小数加减法"的课,教材提供的素材是"歌手比赛"(如图3-3-1)。

图 3-3-1

教材呈现的算法是:$9.43-(8.65+0.40)$。但教师在备课时发现若采用其他的计算方法,如 $9.43-8.65-0.40$,这个算式能直接体现出假设的思想方法;同样地,若将计算方法改为 $8.65-8.55=0.10, 0.88-0.40=0.48, 0.48-0.10=0.38$,则体现了对比思想。教师应将这些计算方法和数学思想明确在教学目标中,并在课堂上让学生主动思考,提高教学效率。

(二)课堂教学:创设情境、建立模型、合理应用,教学数学思想方法

数学教学中,如何让数学思想贯通数学课堂教学,以此发展和培养学生的核心素养,成为中小学数学教师的不可忽视的普遍关注的问题,而数学方法、数学思想,贯通教学过程中,帮助学生培养良好的数学意识和数感,强化学生数学思维,提升解决问题能力,渗透数学思想、数学方法,是发展学生核心素养,为以后的进一步学习打下坚实的基础,也是数学核心素养的要求。下面从四个方面阐述。

1. 以反思性学习渗透数学思想

数学思维和数学思想的培养,是一个渐进的过程,需要在反思中不断渗透和强化。为此,数学教学中,教师应从探究性学习活动的开展入手,在探究性活动开展过程中,通过解题思路的探讨和反思,而发展数学思想、培养数学思维能力,让学生掌握数学方法,从而促进学生综合

素养的全面提升。反之,良好的核心素养,有助于学生更好地运用数学思想、掌握解题方法。

数学教学中,运用反思的过程向学生进行数学思想和方法的渗透。如一道填空题:"一张长方形纸片,剪去一个角,剩下的图形是＿＿＿＿边形。"对于这个问题,不同的学生给出不同的答案,填"3""4""5"的都大有人在,于是,答案给出后,教室里顿时形成"三国鼎立"的局面,大家都坚持己见。此时,教师不是给出明确的答案,而是引导学生坚持自己的答案正确的同时,反思其他同学的答案是否也正确,如果三个答案都正确,说明了什么问题? 思考以后做题应该怎么样? 这样的错题引领,培养学生的反思学习能力,也培养学生全面思考问题的习惯。

反思性、探究性教学的开展,是发展学生的数学思想、提升学习能力常用的方法,也是有效的方法。但是,需要我们在组织学生反思性教学时,应捕捉一些值得学生反思、探究的问题,不仅仅是错题的反思,更应注重问题的探究性,通过对探究性问题的思考,促使其发散思维的培养,发展数学思想和数学方法。如"异分母分数计算法则"的教学时,教师先通过情境引出教学目标,给出 $\frac{1}{2}+\frac{2}{3}$ 的问题,然后,"让学于生",放手课堂,让学生说出计算的方法,学生在交流过程中,既踊跃说出自己的想法和做法,也表达了自己想出的方法中的弊端,如化成小数再计算时,发现 $\frac{2}{3}$ 除不尽,采用四舍五入法计算时,检验时出现偏差;有的说画图,也不方便……最后,学生们得出化成同分母再计算的方法。这样,学生自主探究的过程,是学生思维发展、方法提炼的过程,是学生能力提升的过程。数学教学中,经常性开展探究学生,是渗透数学思想方法的有效途径。

2. 在优化组合中渗透数学思想方法

数学思想方法教学中,要根据优化组合的方式,培养学生的数学思想、发展数学方法,以深化学生思维敏捷性、数学敏感性。

"化归思想"的融入,教师应首先从化归思想的实质内涵出发,让学生了解一些问题需要通过转化、归结等的方式,进行数学思维,让复杂的问题变得简单。教师可以通过一题多解的练习题、思考题,让学生通过一题多解,寻找最佳解题方案,从而提升学生的数学思想和数学方法。

对于"一题多解"的问题开展探究性学习,也是学生反思性学习的主要方法,通过一题多解的问题的解决和思考,渗透数学思想和数学方法。如《解决实际问题》的教学时,教师给学生一道应用题:"一块长 6 米、宽 5 米的菜地,扩大菜地面积,长度上增加了 2 米,那么,这块菜地的面积增加了多少平方米?"

问题提出后,让学生想出不同的方法解决这个问题,并比一比谁想出的方法多。这样,竞赛性元素的融入,激发学生参与的积极性、主动性。于是,几种方法应运而生:

方法一:$6+2=8(m)$

$8\times5=40(m^2)$

$5×6=30(m^2)$

$40-30=10(m^2)$

方法二：$(6+2)×5-6×5=10(m^2)$

方法三：$2×5=10(m^2)$

这样，同一个问题，不同的学生给出不同的解法。第一种方法，受定势思维的影响，做题时按部就班，运用了分步计算的方法；第二种方法，是第一种方法四大步的综合，列的是综合算式，也运用传统、常规的解题方法；第三种方法，学生运用其他的思想进行解答，走的是创新思维的捷径。在进行解题方法的反思时，教师应引导学生第二种和第三种，都是运用了图形结合的方式，第三种方法，也渗透了转化法，即求多出的面积，实质上是求长和宽分别为5m、2m 的长方形的面积。一题多解的问题，让学生在自主学习中挖掘数学思想、寻求有效、简便的方法，通过教师的点拨，渗透了"数形结合"思想，锻炼学生的数学思维的品质，提升数学能力。

"一题多解"的问题，行程类的问题中居多，为此，可以借助于"行程类"的问题，通过问题的思考和探究，培养学生的化归思想。以一道思考题为例："汽车从 A 到 B，以每小时 60 km 行驶，将提前 1 小时到，若每小时 50 km，则会准时到 B 地，求出 A、B 的距离。"对于这个问题，如果按照常规的思路思考，题目将变得复杂，并且缺少条件，找不到问题的突破口。而引导学生抓住问题中的关键点"早到 1 小时"，从这个关键点打开思维之窗：每小时 60 km 比每小时 50 km 多行 10 km，想出来多出 60 km 就要花费 6 小时，那么，冗杂的信息条件清晰可见，复杂的问题变得简单。通过这个问题，学生了解了化归思想的优越性，学生的核心素养得到培养。

3. 在重难点突破中渗透数学思想方法

突破重点和难点，是数学教学的首要任务之一，是探究性学习的重要过程，是核心素养培养的关键，更是数学思想方法形成的主要策略之一。因此，核心素养培养下的小学数学教学中思想方法的渗透和发展，应在重点、难点的突破的过程中有机渗透，从这个层面上说，对重点、难点的突破的过程，是学生思维全面训练的过程。为此，数学教学中，应通过教学的重点、难点的突破，而发展学生数学思想、数学方法，促进学生综合素养的全面提升。

例如，"梯形面积的计算"的教学时，梯形面积公式的推导，不容置疑，是教学的重点，也是难点。对于这些重难点，多数教师采用"灌输"的方式，让学生死记硬背梯形面积的公式"上底加下底乘高除以 2"，之后，让学生机械套用公式计算，以收到巩固知识的效用。显然，这样的教学，学生对于公式的推导知之甚少。这样，学生的思维力、探究学习能力、创新思维能力等被束缚，数学思想方法也得不到培养和提升。而如果教学时，笔者先借助于多媒体给学生呈现一些形状不同且上面印有 $1 cm^2$ 方格的梯形，这样，学生便可以直觉感知每一个梯形的上底、下底、高各是多少，再让学生根据梯形所占的方格的数目而粗略估计梯形的面积是多少，再引导他们根据所估计出的每一个梯形的面积探讨规律：梯形的面积与哪些元素有关？有哪些联系？

最后再引导学生根据探究而推导出梯形的面积公式。

这个过程，学生从观察到感知、到估算、到公式的推导，学生的思维从直观到抽象的跨越，从特殊到一般的飞跃，学生的数学思维得到发展、数学方法、数学思想得到提升。为了更好地发挥学生的主体性，培养他们的数学思想和数学方法，教师可以通过一个印有 1 cm² 方格的上底 4 cm、下底 8 cm、高 5 cm 的等腰梯形，让学生先整体预估这个梯形的面积（30 cm²）后，引导他们将这个梯形进行分割，先分割成一个平行四边形和一个三角形，再计算出梯形的面积：$S_{梯形} = S_{平行四边形} + S_{三角形} = 4 \times 5 + \frac{1}{2} \times (8-4) \times 5 = 30 \text{ cm}^2$。再提出问题：你还可以采用什么方法，将这个梯形进行分割转化为熟悉的图形，然后利用学过的知识进行面积的计算吗？这样，问题再次把学生带进探究学习活动中，有同学会想出分割为一个长方形、两个直角三角形等等，学生们在教师的引领下，积极参与到学习活动中，学生的思路清晰、讲得有理有据、奇思妙想不断涌现，创新思维能力得以提升，同时，学生的转化思想方法得到进一步训练。

再如，"比的认识"的教学时，"比"的相关知识比较抽象，如何让学生掌握这个抽象的知识，是教学的重点和难点。找到突破这个重点、难点的突破口，并有效引导，发展学生的学习能力的同时，培养数学思想和数学方法，是这节课成功与否的关键，这就需要我们教学中，从教材内容、教学需要、学生特征等方面出发而进行循序渐进地引导，渗透类比的思想，帮助学生构建知识。如首先从除法引导，引出"比"的概念和意义。如 2 支钢笔 20 元，一支多少钱？学生迅速给出 20÷2 的算式，就此指出：两个数相除就是两个数的比，"÷"用"："代替。由此，从"除法"类比出"比"，让学生快速认识了"比"与"除法"的相通之处，比的前项和后项以及比的性质，从除法的各部分的名称以及除法的性质等找到一一对应的联系。这样的教学重点和难点的突破，通过类比的思想的运用，帮助学生构建知识，提升学生的数学思想和方法，促进学生核心素养的提升。

4. 在旧知复习时渗透数学思想方法

知识的学习是一个不断复习旧知、学习新知的过程，知识间也不是相互独立的，而是相互联系的，因此，"温故知新"是教师们课堂教学中备受关注的环节，该环节的有效与否，直接决定一节课的成与败。并且，复习旧知，也是避免遗忘、巩固知识的有效之举。注重旧知的复习和巩固不可小觑，同时，也是渗透数学思想方法的主要途径之一。

首先，新授教学时，可以在旧知回顾的环节中渗透数学思想。教授新知识时先通过复习旧知而引出新知，比较思想方法、类比思想方法、转化思想方法、化归思想方法等传递给学生，让其内化为自己的能力和素养，既有助于核心素养的提升，也发展他们的数学思想、数学方法。如上文提到的"比的认识"的教学时，先通过复习"除法"而引出"比"，让学生对新知的学习降低了难度，提升了有效性，同时，这个复习的环节，虽然不到 3 分钟，但是，让学生从"由此及彼"的学习中，发展了联系、比较的数学思想，掌握了有效的学习方法。再如，教学"梯形面积的计算"时，多数教师会改变传统的"避重就轻"的教学方法，即抛开公式推导过程、直接给出公式，让学生记住再运用的模式,而是先通过复习,引领学生回顾平行四边形、三角形的面积公式的推导方法和推导过程,以及检查平行四边形、三角形的面积公式的记忆等,为梯形的面积计算公式的推导打下坚实的基础。之后,通过呈现出印有小格子的梯形的图形,让学生估算面积之后,以问题:你能运用三角形、平行四边形的面积公式的推导的方法,而想办法推导出梯形的面积吗?这样的"温故"为"知新"提供了方法论,发展学生的数学思想。

其次,新授课中的复习环节,渗透数学思想方法,有助于学生有效学习和探究新知,复习课堂上,也应渗透数学思想方法,应避免单一的数学知识的再现、题海战术的运用的方式,而是注重数学思想和方法的渗透,以帮助学生形成规范化、系统化的知识链条、形成网络化的知识体系,让学生对所学的知识深深烙印在脑海中。

以《多边形的面积》章节学习后,教师们都会上一节复习课,旨在通过复习,让学生全面掌握该章节的内容。但是,多数教师会把重心放在知识的层面,如以提问检查的方式,让学生说出正方形、长方形、平行四边形、三角形、梯形的面积计算公式,然后给出不同图形,或者给出相关的解决实际问题的思考题,让学生思考、讨论、交流。显然,这样的章节复习,停留在应试的层面,忽视学生素养的培养、忽视数学思想、数学方法的渗透和提升,与新课改的理念相去甚远。核心素养下的数学复习,教师应注重数学思想方法的培养教育。如借助于多媒体,为学生呈现出三角形、梯形等图形,让学生说出、写出各个图形的面积公式,再让学生回忆公式的推导过程,然后,再"慢教学",让学生说说自己的发现,于是,学生经过思考和交流,说出下面的发现:

(1) 这些面积公式的推导时,都用了转化法;

(2) 梯形的上底 $a = 0$,梯形就变成了三角形;

(3) 梯形的上、下底相等,即 $a = b$,那么,梯形就是平行四边形;

……

这样的复习,不仅带领学生从宏观上掌握了章节的知识点,也侧重于知识中蕴含的数学思想和数学方法的渗透,以此帮助学生构建知识体系的同时,发散学生思维,促使学生形成良好的数学思想方法,提升思维品质,提升复习课的教学质量。

总之,提升数学学科核心素养是数学教学的终极目标,是新课改赋予我们一线教师的新要求。作为新时期的数学教师,应在核心素养的指引下,借助于数学思想、数学方法的渗透,为学生构建有助于思维发展、方法形成的高效课堂,让学生掌握知识的同时,牢固、灵活运用数学思想方法,不断提升思维品质,促进学生全面发展,为以后的学习发展打下基础。

(三) 技术赋能:激发兴趣、感知概念、形成直观,教学数学思想方法

信息技术的迅猛发展为教学提供了全新的可能性和机遇。小学数学教学中,信息技术赋能数学思想的教学,能够让数学思想的实现变得更加有趣。传统的数学教学往往以纸面上的文字、图形和计算为主要形式,缺乏足够的互动和实践性。而信息技术可以通过多媒体、互动

软件、在线教育平台等方式,为学生提供生动的图像、动画、音频和视频等资源,使抽象的数学概念更加形象直观,让学生更容易理解和记忆。① 此外,信息技术赋能数学思想的教学,还可以拓展数学学习的范围和深度。通过互联网等渠道,让学生接触到更多的数学资源,包括数学教学视频、在线课程、电子图书等,培养他们的实际问题解决能力,构建数学思想体系。

1. 运用信息技术激发学习兴趣

小学数学知识具有一定的抽象性,只凭借教师的口头讲解很难提高学生对知识的理解效果,也不利于激发学生的学习兴趣和维护学生的数学学习信心。为了改善这一现状,教师可以结合实际情况提高对信息技术使用的创新性,以此增加课堂教学的趣味性。例如,在学习"20以内的退位减法"时,为了让一年级学生以浓厚的学习兴趣来学习,教师可以在教学白板上向学生播放《西游记》中的一个片段:由于天气炎热,唐僧让猪八戒去找水喝,猪八戒发现了一片瓜田,可把他高兴坏了。教师进而可出示数学问题,猪八戒一共摘了16个西瓜,在路上吃掉了5个西瓜,他能带回去几个西瓜?通过有趣的动画视频引导,学生逐步进行问题解决,从而取得更加理想的学习效果。再如,学习几何知识时,为了帮助学生提高空间想象能力,教师可以运用3D技术向学生呈现立体化图形,进一步提高学生的学习兴趣与知识掌握效果。②

2. 运用信息技术感知数学概念

在使用数学思想进行教学时,借用新一代信息技术建立可视化数学模型可以提供更生动、直观的学习方式,帮助学生更好地理解和掌握数学知识。特别是在轴对称和平移以及圆柱与圆锥这两个知识点中,信息技术的应用可以起到很大的作用。

(1) 对于轴对称和平移的教学,可以借助虚拟技术建立可视化的数学模型。通过使用数学绘图软件或者几何模型软件,可以让学生在电脑屏幕上看到图形的轴对称和平移过程。学生可以通过拖动图形的点或者线段,实时观察图形的变化,并直观地感受到轴对称和平移的效果。同时,软件还可以提供交互性的功能,让学生主动参与其中,通过实践操作来深入理解这两个概念。

(2) 对于圆柱与圆锥的教学,虚拟技术同样可以提供可视化的数学模型。学生可以使用3D建模软件或者虚拟现实技术来构建和观察圆柱与圆锥的立体模型。通过旋转、缩放和移动模型,学生可以更好地理解不同参数对图形的影响,如圆柱的底面半径、高度以及圆锥的斜高等。同时,软件还可以提供模型的剖面展示,让学生清楚地看到圆柱与圆锥的截面形状,并从不同角度观察图形的变化。③

《相交与平行》一课中平行与相交的前提是"两条直线在同一平面内"。内是相对于外而言,可是,小学阶段研究的位置关系都是同一平面内的,异面的要到初中再学习。对小学四年级的学生来说,这样抽象的位置概念光靠简单的语言表述,是没办法很好的理解的。因此,教

---

① 王黎黎.如何推进信息技术与小学数学教育教学融合[J].试题与研究,2023(31):114—116.
② 杨尕福.探究小学数学教学如何提高学生学习兴趣[J].试题与研究,2023(32):185—187.
③ 王黎黎.如何推进信息技术与小学数学教育教学融合[J].试题与研究,2023(31):114—116.

学中,老师们想方设法,有实际演示的、有生活中寻找的,还有干脆放弃,简单带过的。其实,不管是怎样的思考和实践,都是想让学生建立的概念更加科学性、更加严谨。通过虚拟技术呈现两条立交桥上的汽车有序行驶(图3-3-2)。于是这样的问题迎刃而解。老师一个小小的提问"为什么小轿车没有相撞?",学生就对这个研究的难点豁然开朗,发出了原来如此的感叹,化抽象的解释为直观的体悟。

图3-3-2

3. 运用信息技术建立数学直观

信息技术赋能概念教学时,能够让学生更直观、更清楚、更生动地体验图形的由来,感知图形特点,解决了常规教学中教学效果不佳的问题。

在进行图形概念教学时,通常情况会提供一些直观实物,让学生摸一摸,比一比,说一说,在操作中感知图形特点。在教学实践时受到环境影响,实物操作效果总是不太理想。但应用教学软件设计情境,能真实演绎所需要的直观感受的效果。

在《认识图形》中,教师一方面在选择小棒和动手拼图的过程中初步感受图形特点的构建;首先借助存储复制图片的功能,在白板上复制好若干长短不一的小棒,为学生提供操作工具,学生进行整体对比,提出推进问题:选择怎样的小棒就可以拼出长方形?学生可能会说两根长的两根短的。教师使用软件技术分别拖拉出两根不一样长的长小棒,追问:这样的两根长小棒可以吗?在这样的矛盾冲突中,学生很快明晰怎样的小棒可以拼出长方形。再利用拖拉旋转功能,进行拼摆长方形、正方形和三角形,这时呈现学生的不同摆法,同时为师生、生生交流提供了生成性资源。

另一方面,在聚焦、观察、比较和分析中探究图形的特征和联系;借助学生所拼的图形进行分组比较,运用软件技术中的探照灯功能,引导学生把注意力聚焦与图形中,促使学生的注意力集中不受其他因素干扰,真正实现了"探究有效"。同时能够更好的分析图形之间的相同点和不同点,加深对图形本质特征的理解。

以上两个案例中,虽然我们采用传统的教学方法,比如事先准备好复杂的教具学具也可以实现其中某一些教学目标,但是采用了新一代信息技术后,教师把动手实践的机会放给了学生,然后再收集学生生成性资源,并且通过比较、分析等思维活动,让学生对图形的认识逐步地深入,做到了层层递进。可见,借助信息技术既提高了学生的参与学习的热情,更重要的是引导学生在不断的探究、观察和比较中得以提升——加深对图形特征的认识,通过调动多种感官——想、听、看、说、做,发现事物本质联系,建立了学生空间直观。

4. 移动教学让数学实践变得饱满立体

学校教室里配置先进的教学硬件,校园网络全覆盖,特别是学校几年来建立的数字化资源库,为教学提供了基础的技术保障。学校信息化的发展与特色引领中,使得老师们在实现数学思想的教学中,特别注重新技术新媒体的融合。

例如,国家中小学智慧教育平台,可以根据学生的学习水平和进度提供个性化的学习内容和反馈。在实施分数加减法的教学中,教师可以根据学生的理解情况和能力差异,选择合适的教学资源和题目难度,以满足每个学生的学习需求。同时,学生可以通过移动设备在家也能随时学习,自主安排学习时间和地点,提高学习的灵活性和效果。

其次,通过在线交流和协作功能进行移动课堂教学,促进学生之间的合作学习和师生互动。在家,学生可以通过教育平台或即时通信工具与同学和教师进行交流、讨论和共享学习心得。对于分数加减法的教学,学生可以组成小组进行共同探究和解决问题,相互讨论和辅导,提高彼此的学习效果。教师可以通过在线答疑、作业批改等方式及时给予学生反馈和指导,巩固学生的学习成果。[①]

5. 双线融合,教学实践效果加倍

5G 通信网络资源为师生提供丰富的学习资料和互动学习平台。在学习分数加减法内容时,教师可以利用电子教案、教学课件等教学资源,结合教学目标和重点,设计和准备丰富的教学材料,如分数加减法的概念解释、实例演示、练习题和答案等,以便更好地引导学生进行学习和练习;学生可以通过在线视频课程、数学学习网站或者教育 App 来获取与分数加减法相关的教学视频、动画、练习题等资源,提高学习的效果。

不仅如此,利用网络还可进行线上线下的混合教学。陶小平老师是新疆农七师 127 团学校的资深教师,到我校交流一年。离开新疆这一年,陶老师十分挂念新疆的孩子们,孩子们也很想念陶老师,想听陶老师再给他们上一节课。于是一次特殊的互动教学研讨活动就此展开。课堂上,来自 3800 多公里外的新疆农七师 127 团学校的 30 多名同学和淮师一附小的 50 多名同学坐到了同一节课上,共同聆听来自新疆农七师现在我校交流的陶老师教学的《认识角》。

课堂上,陶老师基于国家智慧教育平台上的资源,创设了找一找、描一描、分一分、比一比等教学活动,并运用平板终端的上传、作图、点评、儿歌等功能,让淮师一附小和新疆的小朋友们共同感受了双师课堂的无限魅力。过程中,两地的同学围绕相同的问题开展讨论、观察不同的资源进行比较、尝试发表意见互相补充。在"互联网+"和"双师课堂"架起的金桥上两地学生共同学习、一起成长。课前,他们遥致问候,课后他们依依不舍,相互发出了热情的邀请,活动加深了两地师生的情谊。

运用双线混融的数学思想教学,不仅拓宽了教学的物理属性,还极大地激发学生学习兴趣,让学习的发生变得主动。

[①] 王黎黎. 如何推进信息技术与小学数学教育教学融合[J]. 试题与研究,2023(31):114—116.

6. 数字评价，增强数学思想实践的反馈

借助信息技术评价数学思想实践，不仅可以避免传统评价中主观因素，还可以建立基于学生的长程评价系统，帮助每一位任课老师全面了解学生的学习情况。数字评价的方法很多，结合数学思想中的核心概念，形成创新评价，以"百分数的应用"为例：

(1) 借助在线测验建立评价。借助在线测验平台，教师可以设计一系列与百分数应用相关的题目，让学生在线回答。平台可以自动批改并生成成绩报告，教师可以及时了解学生的掌握情况和常见错误。这样的评价方式可以提供实时反馈，帮助学生及时纠正错误，减少薄弱环节。

(2) 借助数据可视化找薄弱点。利用电子表格生成图表和图形，直观地展示学生在百分数应用方面的学习数据，比如柱状图、折线图等。学生通过观察和分析不同的图表数据找到自己的薄弱点。

(3) 借助数学游戏让学生乐于评价。根据知识内容，开发数学游戏，让学生在虚拟环境中进行百分数的应用实践，如设计一个购物模拟器，让学生扮演买家或卖家，计算打折后的价格或利润率。数学游戏的互动体验增加学生的参与度和学习动力，也为教师教学提供了很好的反馈。[1]

借助信息技术的教学评价不仅提高了教学反馈的速度，还促使数学思想方法的实践形成螺旋式上升的良性闭环，为学生核心素养的培养提质增效。

第四节 第一学段教材内容对应的核心素养主要表现及蕴涵数学思想方法的梳理

表3-4-1 一年级上册教材内容对应的核心素养主要表现及数学思想方法

领域	内容	渗透的数学思想	数学思想简述	核心素养主要表现
数与代数	0~5的认识和加减法	抽象 对应 符号化 推理 数形结合	经历把事物数量抽象成数的过程，渗透抽象思想、对应思想、符号化思想；在数数、用小正方体表示数、比较数的大小和加减法计算等活动中，渗透对应思想；探索表征和表达0~5的加减法计算方法的过程，感悟推理思想；用数轴表示数，感悟数形结合思想	数感 符号意识 几何直观 推理意识 运算能力

---

[1] 王黎黎.如何推进信息技术与小学数学教育教学融合[J].试题与研究，2023(31)：114—116.

续表

领域	内容	渗透的数学思想	数学思想简述	核心素养主要表现
数与代数	6~9的认识和加减法	抽象 对应 符号化 推理 数形结合	经历把事物数量抽象成数的过程,渗透抽象思想、对应思想、符号化思想;在数数、用小正方体表示数、比较数的大小和加减法计算等活动中,渗透对应思想和按群计数思想;感受在数轴上用箭头表示加减法运算的过程与结果,渗透对应思想、推理思想和数形结合思想	数感 符号意识 运算能力 推理意识 模型意识 几何直观
	10的认识和加减法	抽象 推理 模型 对应 符号化 按群计数 数形结合 方程	经历把具体数量抽象成数的过程、用小正方体或计数器表示"十"的过程,感悟计数单位"十"的形成过程,渗透抽象思想、对应思想、符号化思想;在数数、用小正方体表示数、进行加减法计算等活动中,渗透对应思想、按群计数思想、推理思想;经历探索和理解加减法运算的算理与算法、加减法实际问题的数量关系、求加法算式中未知加数等活动过程,渗透推理思想、模型思想、对应思想;用数轴表示数和数的计算,渗透数形结合思想	数感 符号意识 运算能力 推理意识 模型意识 几何直观 应用意识
	认识11~19	抽象 对应 数形结合	在数数、用小正方体表示数、用数轴表示数等活动中,渗透抽象思想、对应思想和数形结合思想	数感 符号意识 几何直观
图形与几何	图形的认识（一）	抽象 分类	把现实生活中物品进行分类并抽象成立体图形,渗透抽象思想、分类思想	空间观念 几何直观
综合与实践	数学游戏分享	对应 按群计数 推理 分类	经历报数拿球、报数画图等活动,渗透一一对应的数学思想;在两人游戏、一人画盘子、一人画苹果等活动中,渗透按群计数的思想;在搭一搭、拼一拼、围"草地"等活动中,渗透抽象思想、推理思想;在把玩具分类等活动中,渗透分类思想	数感 推理意识 几何直观 数据意识
	生活中的位置	抽象	用前、后、上、下、左、右等方位词描述生活中的位置,渗透抽象思想	空间观念
	好玩的"抢十"	推理	在探索凑十方法、探寻赢得游戏的策略等活动过程中,渗透推理思想	数感 推理意识

表3-4-2 一年级下册教材内容对应的核心素养主要表现及数学思想方法

领域	内容	渗透的数学思想	数学思想简述	核心素养主要表现
数与代数	进位加和退位减	对应 推理 模型 数形结合	经历借助小正方体理解20以内进位加和退位减的算理与算法的过程，渗透对应思想、推理思想；感受用数轴表示运算的过程和结果，感悟数形结合思想；经历用进位加和退位减解决问题的过程，感悟模型思想	数感 推理意识 模型意识 几何直观 应用意识
数与代数	认识20~99	抽象 符号化 位值 数形结合	在认识计数单位"十"和"一"，十位的数表示几个十、个位数表示几个一的过程中，感悟位值思想、对应思想、符号化思想和抽象思想；在用数轴表示数的过程中，渗透数形结合思想	数感 符号意识 几何直观
数与代数	两位数加、减整十数和一位数	对应 位值 推理 模型	在探索两位数加、减整十数、一位数口算方法的过程中，渗透对应思想、位值思想和推理思想；在用加、减法计算解决简单实际问题的过程中，渗透模型思想	运算能力 几何直观 推理意识 模型意识 应用意识
数与代数	简单的数量关系（一）	推理 模型	经历分析和理解有关两个数相差关系的三类实际问题，感悟推理思想和模型思想	推理意识 模型意识 应用意识
图形与几何	图形的初步认识（二）	抽象 分类	在从立体图形中剥离出平面图形、复制图形以及图形的分解与组合的过程中，感悟抽象思想；经历给图形命名的过程，感悟分类思想	空间观念 几何直观 推理意识
图形与几何	观察物体（一）	推理	从不同角度观察同一物体，感受看到形状的异同，感悟推理思想	空间观念 推理意识
统计与概率	数据分类（一）	分类	根据简单数据的共性与差异，给数据分类，渗透分类思想和推理思想	数据意识 推理意识
综合与实践	图形的拼组	推理	把简单图形拼组成有趣的图案，把已知的图形分解成简单图形，渗透推理思想	推理意识 几何直观 空间观念
综合与实践	50有多大	推理	借助不同物品，感悟50的实际大小，渗透推理思想	数感 量感 推理意识
综合与实践	数学连环画	推理	以连环画的形式呈现自己的数学经历、理解、体验、经验，渗透推理意识	推理意识 应用意识

表 3-4-3 二年级上册教材内容对应的核心素养主要表现及数学思想方法

领域	内容	渗透的数学思想	数学思想简述	核心素养主要表现
数与代数	1~6的表内乘法	抽象 推理 模型 按群计数 符号化 数形结合	在认识几个几相加、建立乘法概念的过程中，感悟按群计数思想、抽象思想、符号化思想；在编乘法口诀、计算相关的乘法的活动中，渗透推理意识；在用数轴表示乘法运算的思考过程中，渗透数形结合思想；在用乘法运算解决问题的活动中，渗透推理思想	数感 运算能力 推理意识 模型意识 应用意识
数与代数	1~6的表内除法	抽象 推理 模型 符号化	在认识平均分、除法等活动中，感悟抽象思想、符号化思想；经历用除法运算解决问题的过程，感悟推理思想、模型思想	数感 运算能力 推理意识 模型意识 应用意识
数与代数	7~9的表内乘除法	推理 模型 数形结合	在编乘法口诀、用乘法和除法运算解决问题的过程中，感悟推理思想、模型思想；在用数轴表示运算过程和结果的过程中，感悟数形结合思想	运算能力 推理意识 模型意识 应用意识
数与代数	认识三位数	抽象 推理 位值 数形结合	在数数、认识计数单位"百"、用小正方体或计数器表示数的过程中，感悟抽象思想、位值思想、符号化思想；在用数轴表示数的过程中，感悟数形结合思想；在用数估计物体数量的过程中，感悟推理思想	数感 符号意识 几何直观 推理意识
数与代数	两位数加、减两位数	推理 模型	探索两位数加、减两位数的口算方法，渗透推理思想、模型思想	运算能力 推理意识 模型意识 几何直观 应用意识
数与代数	有余数的除法	推理 模型	通过平均分的操作建立余数的概念，初步了解余数的变化规律，感悟推理思想、模型思想	运算能力 推理意识 模型意识 应用意识
综合与实践	奇妙的七巧板	推理	用七巧板拼出各种有趣的图形、图案，感悟推理思想	空间观念 几何直观 推理意识
综合与实践	生活中的方向	推理	在认识东、南、西、北等方向，用方向进行描述和判断中，感悟推理思想	空间观念 推理意识 应用意识

续表

领域	内容	渗透的数学思想	数学思想简述	核心素养主要表现
综合与实践	欢乐购物街	推理 模型	在模拟购物、用所学计算解决问题的过程中，感悟推理思想、模型思想	运算能力 模型意识 推理意识 应用意识

表3-4-4 二年级下册教材内容对应的核心素养主要表现及数学思想方法

领域	内容	渗透的数学思想	数学思想简述	核心素养主要表现
数与代数	简单的数量关系（二）	抽象 推理 模型	在认识倍的过程中，拓展对乘法概念的认识，感悟抽象思想；经历用倍解决问题的过程，感悟推理思想、模型思想	推理意识 模型意识 几何直观 应用意识
数与代数	两位数乘、除以一位数	推理 模型	借助小正方体等直观方式，探索和理解两位数乘、除以一位数的算理与算法，感悟推理思想、模型思想	运算能力 几何直观 推理意识 模型意识 应用意识
数与代数	认识四位数	抽象 推理 符号化 数形结合	在数数、认识计数单位"千"、理解四位数的含义，认识近似数并用近似数表达和估计的过程中，感悟抽象思想、符号化思想、推理思想；在用数轴表示数、借助数轴进行估计的过程中，感悟推理思想、数形结合思想	数感 符号意识 几何直观 推理意识 应用意识
数与代数	两、三位数的加法和减法	推理 模型 位值	在探索两、三位数加减法的算理与算法的过程中，理解相同计数单位的数才能直接相加减的道理；用加法运算解决简单实际的过程中，感悟位值思想、推理思想和模型思想	运算能力 几何直观 推理意识 模型意识 应用意识
图形与几何	厘米和米	推理 模型 量化	经历从用非标准单位量到用标准单位量的过程，感悟量化思想；在探索厘米和米之间的进率、进行简单换算的过程中，感悟推理思想、模型思想；在用长度单位厘米和米解决问题的过程中，感悟推理思想	量感 推理意识 模型意识 几何直观 应用意识
图形与几何	图形的初步认识（三）	抽象 推理 分类	在给图形分类、探索图形的共性与差异的过程中，感悟分类思想、抽象思想；在根据图形特点进行判断或解决问题的过程中，感悟推理思想	空间观念 几何直观 推理意识

续表

领域	内容	渗透的数学思想	数学思想简述	核心素养主要表现
统计与概率	数据分类（二）	推理 分类	根据解决问题的需要，按不同标准对简单数据进行逐层分类，用网络结构图表示分类结果，感悟分类思想、推理思想	推理意识 数据意识 几何直观
综合与实践	我们的"身体尺"	量化 推理	在发现"身体尺"、用"身体尺"解决问题的过程中，感悟推理思想、量化思想	量感 推理意识 应用意识
综合与实践	时间有多长	量化 推理 模型	在认识时间单位时、分、秒，探索时、分、秒之间的进率，用时间单位解决问题的过程中，感悟量化思想、推理思想、模型思想	量感 推理意识 模型意识 应用意识
综合与实践	1200有多大	推理	在数数、估计等活动中感悟1200的实际大小，感悟推理思想	数感 推理意识

第五节 第二学段教材内容对应的核心素养主要表现及蕴涵数学思想方法的梳理

表3-5-1 三年级上册教材内容对应的核心素养主要表现及数学思想方法

领域	内容	渗透的数学思想	数学思想简述	核心素养主要表现
数与代数	混合运算与数量关系（一）	推理 模型	结合实际问题的事理，理解两步混合运算的运算顺序；用所学计算解决两步计算实际问题的过程中，感悟推理思想、模型思想	运算能力 推理意识 模型意识 应用意识
数与代数	两、三位数乘一位数	推理 模型 转化	根据乘法的意义、乘法运算律，探索和理解两、三位数乘一位数的算理与算法，感受从已知向未知转化的过程，感悟推理思想、转化思想；在运用所学计算解决实际问题的过程中，感悟模型思想	运算能力 几何直观 推理意识 模型意识 应用意识
数与代数	两、三位数除以一位数	推理 模型 转化	在借助生活经验、直观图示探索和理解两、三位数除以一位数算理和算法的过程中，感悟推理思想、转化思想；在运用所学计算解决实际问题的过程中，感悟模型思想	运算能力 几何直观 推理意识 模型意识 应用意识

续表

领域	内容	渗透的数学思想	数学思想简述	核心素养主要表现
数与代数	数量关系的分析（二）	推理 模型	经历从条件或问题出发分析数量关系的过程，感悟模型思想和推理思想	几何直观 推理意识 模型意识 应用意识
	间隔排列（探索规律）	推理 模型 符号化	从生活现象中发现一一间隔排列的实物模型，借助文字、符号、图形等表征方式发现并表达规律，感悟符号化思想、推理思想、模型思想	符号意识 推理意识 模型意识
图形与几何	毫米、分米和千米	量化 推理 模型	在测量情境中认识毫米、分米和千米，感悟量化思想；探索和理解长度单位之间的进率，感悟模型思想；在测量、估计、解决简单实际问题的过程中，感悟推理思想	量感 推理意识 模型意识 应用意识
	平移、旋转和轴对称	分类 抽象 推理	从日常生活现象中感悟物体的运动，在分类中认识平移和旋转现象，感悟分类思想、抽象思想；在结合实例认识轴对称图形的过程中，感受抽象思想；在运用所学知识解释生活现象、解决简单实际问题的过程中，感悟推理思想	空间观念 几何直观 推理意识 应用意识
	观察物体（二）	推理	经历从前面、右面和上面观察由几个小正方体组成的几何体的过程，借助直观想象理解从不同位置看到的视图，感悟推理思想	空间观念 几何直观 推理意识
统计与概率	数据的收集与整理	分类 统计	在解决问题的过程中，感受生活中有许多问题需要通过调查收集数据，感悟统计思想；在整理和描述数据的过程中，感悟分类思想	数据意识 推理意识 应用意识
综合与实践	一天的时间	推理 模型 量化	在记录一天活动的过程中，认识一天的时间，感悟量化思想；在用24时计时法描述生活现象、解决实际问题的过程中，感悟推理思想、模型思想	几何直观 推理意识 模型意识 应用意识
	曹冲称象的故事	推理 转化 量化	通过讨论曹冲称象的基本原理和方法，感受根据等量的等量相等进行简单推理的过程，感悟推理思想、转化思想；结合解决问题的过程，认识质量单位克、千克和吨，渗透量化思想	量感 推理意识 应用意识 创新意识
	了解你的好朋友	推理 统计	从了解自己好朋友的需要出发，经历设计调查表，用调查表示收集、整理和表示数据的过程，感悟统计思想、推理思想	数据意识 推理意识 应用意识

表 3-5-2　三年级下册教材内容对应的核心素养主要表现及数学思想方法

领域	内容	渗透的数学思想	数学思想简述	核心素养主要表现
数与代数	加法数量关系	抽象 推理 模型 数形结合 方程	经历由具体问题抽象出加法和减法的意义及其关系、借助数轴表征加减法运算的过程，感悟抽象思想、数形结合思想；经历把一类问题的数量关系抽象成数学模型、应用模型解决逆叙的实际问题的过程，感悟抽象思想、模型思想、推理思想和方程思想	符号意识 推理意识 几何直观 模型意识 应用意识
	两位数乘两位数	推理 模型 转化	借助乘法含义和已有的乘法运算经验，借助长方形图，探索和理解两位数乘两位数的算理与算法，感受从已知向未知转化的过程，感悟推理思想、转化思想；在运用所学计算解决实际问题的过程中，感悟分析数量的过程，感悟推理思想、模型思想	运算能力 几何直观 推理意识 模型意识 应用意识
	分数的初步认识	抽象 推理 符号化	结合生活实例，初步认识分数和一位小数，认识等值分数，运用分数解决一些简单的实际问题，感悟抽象思想、推理思想、符号化思想	数感 符号意识 几何直观 推理意识 应用意识
	简单的周期（探索规律）	抽象 推理 模型 符号化	通过观察主动发现生活中简单的周期现象，借助语言、文字、图形、符号等表征方式，发现、归纳和表达周期现象中隐含的规律，感悟抽象思想、推理思想、模型思想、符号化思想；应用周期规律解释日常生活现象，解决简单实际问题，感悟模型思想	符号意识 几何直观 推理意识 模型意识 应用意识
图形与几何	角	抽象 推理 分类 量化	在从现实物体的面上抽象出线段和角、由线段的一端或两端无限延长引入直线和射线、给图形分类等活动中，感悟抽象思想、分类思想；在度量角的大小的过程中感悟推理思想、量化思想；在用直尺和圆规画与已知线段等长的线段的过程中，感受根据等量的等量相等进行简单数学论证的过程，感悟推理思想	空间观念 几何直观 量感 推理意识 应用意识
	长方形和正方形	抽象 推理	结合实例，抽象出平行线、垂线、长方形、正方形的特征，了解平行线和垂线、长方形和正方形之间的关系，感悟抽象思想、推理思想；探索平行线的性质、点到直线的距离，并应用这些结论进行推理、判断、解决问题，感悟推理思想	空间观念 几何直观 推理意识 应用意识

续表

领域	内容	渗透的数学思想	数学思想简述	核心素养主要表现
统计与概率	统计表和条形统计图（一）	统计 推理	以问题为引领，了解生活中有许多问题需要通过调查收集数据，经历设计调查方案，收集、整理和表示数据的过程，感悟分类思想、统计思想、推理思想	数据意识 推理意识 几何直观 应用意识
综合与实践	年、月、日的故事	推理 分类 量化 模型	通过观察年历和月历，发现一年中大月和小月的排列是有规律的，通过分类认识大月和小月，感悟推理思想、分类思想；在了解年月日有关知识、一年中的节气、"土圭之法"等知识的过程中，渗透量化思想、模型思想	推理意识 几何直观 量感 应用意识 创新意识
综合与实践	垃圾分类中的数学问题	分类 推理	在了解垃圾分类标准、计算单位时间内的垃圾总量、了解垃圾回收方式以及垃圾再利用方法的过程中，感悟分类思想、推理思想	运算能力 推理意识 应用意识
综合与实践	寻找"宝藏"	抽象 推理	结合寻找"宝藏"的游戏，认识东北、西北、东南、西南等方向，借助平面图描述方向和位置，并用认识的方向解决一些简单的生活问题，感悟抽象思想、推理思想	空间观念 几何直观 推理意识 应用意识

表3-5-3 四年级上册教材内容对应的核心素养主要表现及数学思想方法

领域	内容	渗透的数学思想	数学思想简述	核心素养主要表现
数与代数	两、三位数除以两位数	推理 模型 转化	借助图形直观理解整十数除以整十数的口算方法，结合已有经验探索和理解两、三位数除以两位数的算理与算法，感悟推理思想、转化思想；在运用所学计算解决问题的过程中，感悟推理思想、模型思想	运算能力 几何直观 推理意识 模型意识 应用意识
数与代数	乘法数量关系	抽象 推理 模型 转化 数形结合	结合实例，借助数轴表征乘法和除法运算，抽象乘法和除法的意义，感悟抽象思想、模型思想和数形结合思想；经历把一类数量抽象成一个数学模型的过程，感悟抽象思想、模型思想；在运用模型解决问题的过程中，感悟推理思想、模型思想和转化思想	几何直观 推理意义 模型意识 应用意识
数与代数	混合运算和数量关系（二）	推理 模型 转化	在分析和解决三步计算实际问题数量关系的过程中，掌握三步混合运算的顺序，感悟推理意识；经历用所学计算解决实际问题的过程，感悟推理思想、模型思想、转化思想	运算能力 推理意识 模型意识 应用意识

续表

领域	内容	渗透的数学思想	数学思想简述	核心素养主要表现
数与代数	多位数的认识	抽象 推理 转化	结合生活实例，认识多位数，了解十进制计数法，感悟抽象思想、符号化思想；在描述和估计生活中大数的过程中，感悟推理思想、转化思想	数感 符号意识 推理意识 应用意识
	大数的运算	推理 模型 转化	在探索三位数乘两位数、用计算器计算和探索规律、用所学计算解决问题的过程中，感悟推理思想、模型思想和转化思想	运算能力 推理意识 模型意识 应用意识
图形与几何	周长与面积	抽象 推理 模型 量化 转化	结合实例，认识周长与面积的含义及其相互间的关联，感受抽象思想；借助尺规把三角形的边展开在一条直线上，感受周长是一条线段，体会用低维描述高维的方法，感悟转化思想；经历从用非标准单位量到用标准单位量的过程，感受单位的形成过程，感悟推理思想、量化思想；在探索长方形、正方形周长和面积计算方法的过程中，感悟推理思想、模型思想、符号化思想；在运用所学知识解决问题的过程中，感悟推理思想、模型思想	量感 符号意识 空间观念 几何直观 推理意识 模型意识 应用意识
	周长与面积的变化（探索规律）	推理 模型 转化	结合实例，探索面积不变周长变化，以及周长不变面积变化的规律，感受周长与面积之间的内在关联，感悟推理思想、模型思想和转化思想	几何直观 空间观念 推理意识 模型意识
综合与实践	制订旅游计划	推理	在设计旅游方案、进行旅游费用预算等活动过程中，感悟推理思想	运算能力 推理意识 应用意识
	度量衡的故事	推理 模型 量化	通过查阅资料，初步了解我国计量单位的发展历程，了解度、量、衡的含义，认识升和毫升，感悟推理思想、模型思想和量化思想	量感 推理意识 模型意识 应用意识
	生活中的大数	推理	通过以小推大的策略，感受1亿等大数的实际大小，建立数感，感悟推理思想	数感 推理意识 应用意识

表3-5-4 四年级下册教材内容对应的核心素养主要表现及数学思想方法

领域	单元内容	渗透的数学思想	数学思想简述	核心素养主要表现
数与代数	运算律	抽象 推理 模型 数形结合 转化	结合实例，归纳和总结加法和乘法的运算律，借助数轴等直观方式描述，用含有字母的式子表达运算律，感悟抽象思想、推理思想、模型思想、符号化思想、数形结合思想；在应用运算进行简便计算、解决实际问题的过程中，感悟推理思想、模型思想、转化思想	运算能力 符号意识 几何直观 推理意识 模型意识 应用意识
数与代数	数量关系的分析（三）	推理 模型	经历画图描述实际问题的条件和问题、借助直观图示分析数量关系并解决问题的过程，感悟抽象思想、模型思想	几何直观 推理意识 模型意识 应用意识
数与代数	小数的意义和加减法	抽象 推理 模型	结合度量情境，在把计量单位进一步细分的过程中，理解小数的意义和性质，感悟抽象思想、推理思想、符号化思想；结合实例，探索小数加减法的计算方法，感悟推理思想、模型思想	数感 符号意识 几何直观 推理意识 模型意识 应用意识
数与代数	图形与算式（探索规律）	推理 模型	经历从简单现象中发现和提出问题、借助图形直观探索正方形数中隐含的规律、归纳并用数学语言表达规律的过程，感悟推理思想、模型思想	几何直观 推理意识 模型意识 创新意识
图形与几何	三角形和四边形	抽象 推理 模型 分类 转化	经历从实际物体中抽象出三角形、四边形的过程，感悟抽象思想；经历把三角形、四边形按一定的标准分类的过程，感受分类标准与结果的关系，感悟分类思想；经历用尺规画三角形的过程，感受三角形的稳定性，感悟抽象思想；经历借助尺规作图探索三角形三边关系、根据两点间的距离论证三角形两边之和大于第三边、借助操作和密铺探索三角形内角和的过程，感悟数学结论的确定性，渗透推理思想、模型思想；在应用所学知识解决问题的过程中，感悟推理思想、模型思想、转化思想	空间观念 几何直观 推理意识 模型意识 应用意识
统计与概率	平均数	推理 模型 量化	结合实例，理解平均数的意义，感受用一个数描述一组数据集中趋势的价值，感悟推理思想、模型思想和量化思想；经历用平均数解决实际问题的过程，感受平均数的基本特点，感悟推理思想、模型思想	数据意识 几何直观 推理意识 模型意识 应用意识

续表

领域	单元内容	渗透的数学思想	数学思想简述	核心素养主要表现
综合与实践	运动与身体变化	推理 量化	结合常见的体育运动，探索和发现不同运动方式引起的身体变化并用平均数进行描述，感悟推理思想、量化思想	数据意识 推理意识 应用意识
	图形的密铺	推理	在结合实例认识图形的密铺、探索哪些图形可以密铺的过程中，感受推理思想；在设计密铺图案的过程中，积累操作、想象、推理等活动经验，感悟推理意识	空间观念 几何直观 推理意识 创新意识
	盒子的展开与折叠	推理	在把纸盒展开、把展开图折叠、通过操作画出展开图等活动过程中，积累操作、想象、推理等活动经验，感悟推理思想	空间观念 几何直观 推理意识 创新意识

第六节 第三学段教材内容对应的核心素养主要表现及蕴涵数学思想方法的梳理

表3-6-1 五年级上册教材内容对应的核心素养主要表现及数学思想方法

领域	内容	渗透的数学思想	数学思想简述	核心素养主要表现
数与代数	小数的乘法和除法（一）	推理 模型 转化	在经历探索和理解小数乘整数、小数除以整数的算理与算法的过程中，感悟推理思想、转化思想；在运用小数乘除法解决实际问题的过程中，感悟模型思想	运算能力 几何直观 推理意识 模型意识 应用意识
	因数和倍数	抽象 推理 分类 集合	在结合实例，探索和理解因数和倍数、奇数和偶数、质数和合数、公因数和公倍数等数学概念的过程中，感悟抽象思想、分类思想和集合思想；在探索2、3、5的倍数的特征，借助直观理解其蕴含的道理的过程中，感悟推理思想	推理意识 几何直观

续表

领域	内容	渗透的数学思想	数学思想简述	核心素养主要表现
数与代数	用字母表示数量关系（一）	抽象 推理 模型 符号化	经历用字母表示数量关系、计算公式、运算律的过程，初步形成代数思维，感悟符号化思想、抽象思想、模型思想；经历从一些简单的基本事实（关系的传递性、等式的性质）出发，进行推理和论证的过程，感受数学的严谨性，感悟推理思想	符号意识 推理意识 模型意识 应用意识
	钉子板上的多边形	推理 模型 符号化	经历探索和发现钉子板上多边形的面积与它边上钉子数、内部钉子数之间的关系，并用符号表达的过程，感悟推理思想、模型思想、符号化思想	推理意识 模型意识 符号意识 几何直观
图形与几何	图形的运动	抽象 推理	结合实例，探索和理解图形的平移、旋转和轴对称图形的特征，在想象和描述图形运动过程和结果等活动中，渗透抽象思想；在运用图形的运动理解图形特征的过程中，感悟推理思想	空间观念 几何直观 推理意识
	多边形的面积	推理 模型 符号化 转化 方程 区间套	经历探索和理解平行四边形、三角形、梯形面积计算公式，认识公顷、平方千米等土地面积单位的过程，感悟转化思想、推理思想、模型思想、符号化思想；在正向和逆向运用多边形面积公式解决问题，计算组合图形的面积等活动过程中，感悟推理思想、模型思想、方程思想；在估计不规则图形面积过程中，感悟推理思想、区间套思想	量感 符号意识 推理意识 模型意识 几何直观 应用意识
	观察物体（三）	推理	在从前面、上面和右面观察由小正方体摆成的几何体，根据摆成的物体想象从不同角度看到的图形，根据从不同角度看到的图形想象摆出的物体等活动中，感悟推理意识	空间观念 几何直观 推理意识
统计与概率	统计表和条形统计图（二）	统计 推理 分类	经历收集和整理数据、用复式统计表和复式条形统计图描述数据的过程，感悟统计思想、分类思想；在用统计方法解决问题、分析数据的过程中，感悟推理思想	数据意识 几何直观 推理意识
	可能性	随机 推理	结合摸球、摸牌等游戏活动，认识简单随机现象，感受简单随机事件发生的可能性的大小，感悟随机思想、推理思想	数据意识 推理意识 应用意识

续表

领域	内容	渗透的数学思想	数学思想简述	核心素养主要表现
综合与实践	图案的还原	推理 符号化	在探索图案还原方法、记录并描述图案还原步骤、根据描述将图案还原等活动中，感悟推理思想、符号化思想	空间观念 几何直观 符号意识 推理意识
	绿色出行	推理	在选择出行时的交通工具、规划出行路线、撰写"绿色出行"倡议书的过程中，感悟推理意识	空间观念 几何直观 推理意识
	农田收入调查	推理	在调查、计算、估算农作物种植成本和收入的过程中，感悟推理思想	运算能力 推理意识

表3-6-2 五年级下册教材内容对应的核心素养主要表现及数学思想方法

领域	内容	渗透的数学思想	数学思想简述	核心素养主要表现
数与代数	数量关系的分析（三）	推理 模型 转化	经历分析数量关系，并把复杂问题转化成简单问题的过程，感悟推理思想、模型思想、转化思想；在运用所学知识和方法解决问题的过程中，感悟模型思想、推理思想	几何直观 推理意识 模型意识 应用意识
	分数的意义和加减法	抽象 推理 模型 符号化 转化 数形结合	经历分数意义的抽象与概括，用分数表示除法运算的商，用分数表示两个数量的倍数关系，认识真分数、假分数等活动过程，感悟抽象思想、符号化思想；经历探索和理解分数的基本性质并应用分数的基本性质进行约分、通分的过程，感悟推理思想、转化思想；经历探索和理解分数加减法的算理与算法的过程，感悟转化思想、推理思想；经历用数轴表示分数的过程，感悟数形结合思想；经历用分数知识解决问题的过程，感悟推理思想、模型思想、转化思想	数感 符号意识 推理意识 模型意识 运算能力 几何直观 应用意识
	分数乘法和除法	推理 模型 转化	结合实例，探索和理解分数乘法和除法运算的算理，感受分数与分数相乘等于分数单位个数相乘的积作分子，分数单位与分数单位相乘的积作分母，分数与分数相除，要先通分再计算的合理性，感悟推理思想、转化思想；在应用分数乘法和除法解决实际问题的过程中，感悟推理思想、模型思想	运算能力 几何直观 推理意识 模型思想 应用意识

续表

领域	内容	渗透的数学思想	数学思想简述	核心素养主要表现
图形与几何	长方体和正方体	抽象 推理 模型 符号化	经历把生活中常见的长方体、正方体形状的物体抽象成长方体和正方体，把长方形、正方体表面展开的过程，感悟抽象思想；在探索长方体、正方体表面积计算方法，认识常用的体积（容积）单位，探索长方体、正方体体积计算方法的过程中，感悟推理思想、模型思想、符号化思想；在解决有关长方体、正方体表面积、体积实际问题的过程中，感悟推理思想、模型思想	量感 符号意识 空间观念 几何直观 推理意识 模型意识 应用意识
	表面涂色的正方体	推理 模型 符号化	经历将正方体分割成若干个同样大的小正方体、观察并发现表面涂色的小正方体中隐含的规律的过程，感受规律的表达与正方体顶点的个数、棱的条数、面的个数之间的关联，感悟推理思想、模型思想和符号化思想	空间观念 几何直观 推理意识 模型意识 符号意识
统计与概率	折线统计图	统计 分类 推理	经历通过实验收集和整理数据、用折线统计图表示数据、借助统计图分析数据的过程，感悟统计思想、推理思想和分类思想	数据意识 几何直观 推理意识 应用意识
综合与实践	包装的学问	推理	在了解包装盒设计方法、自主设计包装盒的过程中感悟推理思想	几何直观 推理意识
	我们的身高和体重	统计 推理 模型	经历通过测量收集身高和体重数据、用统计或统计图表示数据、分析和比较数据的过程，感悟统计思想、推理思想；在了解体重指数、运用体重指数评价自己的身高和体重的过程中，感悟推理思想、模型思想	数据意识 推理意识 模型意识 几何直观 应用意识
	生活中的正数和负数	抽象 推理	结合现实生活中的温度、海拔高度等数量，了解负数的含义，借助数轴理解正数和负数是具有相反意义的量，感悟抽象思想、符号化思想；在用正负数描述生活现象的过程中，感悟推理思想	抽象 推理 几何直观 符号化

表3-6-3 六年级上册教材内容对应的核心素养主要表现及数学思想方法

领域	单元内容	渗透的数学思想	数学思想简述	核心素养主要表现
数与代数	小数乘法和除法（二）	推理 模型 转化	利用分数乘法，解释并理解一个数乘小数、一个数除以小数的算理，掌握相应的算法，感悟推理思想、转化思想；在运用小数乘法、小数除法解决问题的过程中，感悟推理思想、模型思想	运算能力 推理意识 模型意识 应用意识
数与代数	混合运算和数量关系（三）	推理 模型 转化	经历把整数四则运算的运算顺序、整数运算律推广到小数的过程，感悟推理思想；经历用小数运算进行估算、解决稍复杂的分数乘法实际问题、工程问题的过程，感受从已知向未知的转化，感悟推理思想、模型思想、转化思想	推理意识 模型意识 几何直观 应用意识
数与代数	数的运算的再认识	抽象 推理 模型	回顾整数、分数和小数的计数方法，通过进一步抽象与概括，提炼出"计数单位"这一核心概念，感受整数、分数和小数都是计数单位累加的结果，感悟抽象思想；回顾整数、分数和小数的四则运算，进一步从计数单位的角度沟通不同运算之间的关联，感悟推理思想、模型思想；在根据等量的等量相等、等式的基本性质，证明分数除法运算法则的过程中，感悟推理思想	数感 运算能力 推理意识 模型意识 应用意识
数与代数	比和比例	抽象 推理 模型 符号化 转化	结合实例认识并理解比是对两个数倍数关系的表达，理解比的基本性质；认识比例，理解比例的基本性质，感悟抽象思想、符号化思想；在应用比、比例知识等解决实际问题的过程中，感悟推理思想、模型思想、转化思想	符号意识 推理意识 模型意识 应用意识
数与代数	二进制的秘密（探索规律）	抽象 推理 模型	在二进制数与十进制数的互相转化中，感受二进制数与十进制数在计数方法上的共性与差异，感悟抽象思想、推理思想和模型思想	推理意识 模型意识
图形与几何	圆	抽象 推理 模型 转化 极限 符号化	从日常实例中抽象出圆，通过观察、操作、比较和分析，探索圆的特征，感悟抽象思想；在探索圆周长的计算方法的过程中，感受圆的周长与直径的比是一个定值，感受推理思想、模型思想、转化思想、符号化思想；在探索圆面积计算公式的过程中，感受把圆转化成近似的长方形的过程，感悟推理思想、模型思想、转化思想、极限思想、符号化思想；在运用圆的周长、面积计算公式解决问题的过程中，感悟推理思想、模型思想	空间观念 几何直观 符号意识 推理意识 模型意识 应用意识

续表

领域	单元内容	渗透的数学思想	数学思想简述	核心素养主要表现
图形与几何	放大和缩小	推理 模型 转化	在用比的知识将图形放大和缩小的过程中，感受图形在放大和缩小前后的变化规律，并借助图形的放大和缩小理解比例尺的含义，感悟推理意识、模型意识；在应用放大和缩小、比例尺等知识和方法解决问题的过程中，感悟推理思想、模型思想和转化思想	空间观念 几何直观 推理意识 模型意识 应用意识
图形与几何	确定位置	抽象 推理 符号化 数形结合	结合班级的位置认识数对，初步建立平面直角坐标系（即第一象限），感受用有序数对、方向和距离描述平面上点的位置的方法，感受不同参照系之间的内在关联，感悟抽象思想、模型思想、符号化思想和数形结合思想；在用数对、方向和距离描述生活中二维空间中物体位置的过程中，感悟推理思想、模型思想、数形结合思想	符号意识 空间观念 几何直观 推理意识 模型意识 应用意识
综合与实践	生活中的分段计费	推理 模型 转化	在调查不同生活情境中分段计费的收费标准的过程中，了解分段计费的合理性，并根据计费标准解决实际问题，感悟推理思想、模型思想和转化思想	推理意识 模型意识 应用意识
综合与实践	神奇的黄金比	推理 模型	结合实例，探索和认识黄金比，感受数学的神奇和美妙，感悟推理思想、模型思想	推理意识 模型意识
综合与实践	体育中的数学	推理 模型	通过调查、走访、查阅资料，了解一些常见的体育运动或比赛的规则及其与数学的关联，感受跨学科知识的融合，感悟推理思想、模型思想	推理意识 模型意识 应用意识

表3-6-4　六年级下册教材内容对应的核心素养主要表现及数学思想方法

领域	单元内容	渗透的数学思想	数学思想简述	核心素养主要表现
数与代数	用字母表示数量关系（二）	抽象 推理 模型	结合实例，经历从简单现象中归纳并用字母表达式表示简单数学规律的过程，感悟抽象思想、推理思想、模型思想；经历从概念、法则、性质，以及两个基本事实出发，论证有关的数学命题和结论的过程，感悟推理意识、模型意识	符号意识 几何直观 推理意识 模型意识 应用意识

续表

领域	单元内容	渗透的数学思想	数学思想简述	核心素养主要表现
数与代数	正比	抽象 推理 模型 符号化 数形结合	在结合真实的问题情境认识正比，并用表格、文字表达式、字母表达式等不同方式表征成正比的数量关系等活动过程中，感悟抽象思想、模型思想、符号化思想；在借助图象表征正比关系、利用图形进行判断和推理的过程中，感悟推理思想、模型思想、数形结合思想；在运用正比关系进行判断、推理、解决问题的过程中，感悟推理思想、模型思想、数形结合思想	符号意识 几何直观 推理意识 模型意识 应用意识
	和的奇偶性（探索规律）	推理 模型	在探索和的奇偶性并进行形式化论证的过程中，感悟推理意识、模型意识	推理意识 模型意识
图形与几何	圆柱和圆锥	抽象 推理 模型 符号化 分类 转化 极限	结合实例认识和理解圆柱和圆锥的特征，感悟抽象思想、分类思想；经历探索圆柱展开图、圆柱表面积计算方法的过程，感悟推理思想、模型思想；经历把圆柱转化成近似的长方体并推导出圆柱体积计算公式的过程，感悟推理思想、模型思想、符号化思想、极限思想、转化思想；经历通过实验探索圆锥体积计算公式的过程，感悟推理思想、模型思想、符号化思想、转化思想；经历用圆柱表面积和体积计算方法、圆锥体积计算方法解决问题的过程，感悟推理思想、模型思想	空间观念 符号意识 几何直观 推理意识 模型意识 应用意识
统计与概念	百分数	抽象 随机 推理 模型 符号化	结合生活实例，理解百分数是对两个数倍数关系的表达，感受百分数（百分比或百分率）对于描述和比较数据集中趋势的意义与价值，感悟抽象思想、符号化思想；在用百分数（四分位数，即25%、50%、75%）解决有关标准制订的问题、借助百分数对简单事件发生的可能性作出推断等活动中，感受数据的意义，感悟随机思想、推理思想、模型思想	符号意识 数据意识 推理意识 模型意识 应用意识
综合与实践	储蓄与纳税	推理 模型	在调查存款利率、税率，解决有关存款利息、个人所得税等实际问题的过程中，感悟推理思想、模型思想	推理意识 模型意识
	珍贵的水资源	推理 模型	在调查和了解水的用途、节约用水的措施、污水处理方式等活动中，感悟推理思想；在进行节水实验、根据实验结果进行推算的过程中，感悟推理思想、模型思想	运算能力 推理意识 模型思想 应用意识

续表

领域	单元内容	渗透的数学思想	数学思想简述	核心素养主要表现
综合与实践	校园平面图	推理	在了解校园平面图的制作方法、设计平面图制作方案、实际测量并绘制平面图的过程中，感悟推理思想	量感 空间观念 几何直观 推理意识
	营养午餐	推理 模型	在了解常见食物中的营养成分、对学校一周的营养午餐进行分析和比较、设计营养午餐菜谱等活动中，感悟推理思想、模型思想	推理意识 模型意识 数据意识

注：六年级总复习，无论是数与代数部分，还是图形与几何或统计与概率部分，都会涉及小学阶段大多数的数学思想方法，核心素养的主要表现也与课标中的要求相对应，无需在此一一列举。

第四章

小学数学思想教学的实践案例

一、分数的初步认识

教学内容：苏教版三年级数学下册

教学目标：

1. 使学生在动手操作的基础上,学会表示多个物体作为整体的几分之一。

2. 使学生充分认识到几分之一所表示的意思,并能够区分每份的个数和其中一份之间的关系。

3. 在经历知识形成的过程中,培养学生的推理意识,提升学生的思维能力。

教学重难点：

1. 理解把几个物体组成整体时分数表示的意思。

2. 区分每份的个数和份数。

教学准备：

课件、代替桃子的圆形纸片、作业纸等。

教学过程：

（一）创设情境，复习引入

谈话：一天,猴妈妈和猴爸爸带4个孩子去山上玩。到了半山腰,孩子们都累了,猴妈妈拿出一块蛋糕,准备分给孩子们吃。你说猴妈妈会怎么分呢?

(板书:平均分)怎么平均分？请你说一说！

把一块蛋糕平均分成4份,那每只小猴可以分到这块蛋糕的几分之几?(1/4)

这个四分之一是怎么得到的？指2~3人说。

今天这节课我们就在这些知识的基础上继续来研究分数。(板书课题:认识分数)

[设计意图] 通过学生喜欢的猴爸爸猴妈妈带孩子上山游玩的情境展开本节课的教学,拉近了学生与数学知识之间的距离,使学生产生学习的欲望,为更好地学习本课的知识打下伏笔。在情境中将学生已有的把一个物体平均分成几份,表示这样的一份的知识进行复习,找准学生的知识生长点,为教学"多个物体的几分之一"做好充分的准备。

（二）动手操作，学习新知

1. 认识四分之一

吃了那块蛋糕之后,猴宝宝们还是觉得很饿,都嚷嚷着还要吃。于是猴妈妈又拿出了准备好的一盒桃准备分给孩子们吃。你说,公平起见,猴妈妈会怎样分呢?

(平均分成四份)

那每只小猴可以分得这盒桃的几分之几?

我们来看一看,盒子里到底有几个桃。(出示:4个桃)

你能帮猴妈妈分一分吗？动手试试看！（生用圆片代替桃子来分一分，也可以用图片来分一分）

现在，谁来把自己的分法和大家汇报一下！

每只小猴都分到了一个桃，也就是这盒桃的几分之几？

你是怎么想的？请2—3人回答。

同桌互说：四分之一的由来。这里的4是什么意思？1呢？

教师小结：把这4个桃平均分成4份，每份是这盘桃的四分之一。

质疑：刚才猴妈妈把一块蛋糕平均分成4份，每份是这块蛋糕的四分之一，现在又把4个桃平均分成4分，每份也是这盘桃的四分之一。两个四分之一一样吗？

小组讨论，汇报。（一个是一个物体，一个是许多个）（板书：几个物体作为整体）

揭示：原来我们今天学习的是把多个物体作为整体的几分之一。

【设计意图】让学生在用实物替代物和图片分一分的过程中，充分感知把整体平均分成几份的过程，为学习多个物体的几分之一提供充分的探索时间，这样学生的学习就很深入，对几分之一的理解就能够更加深刻。通过对这个四分之一和前面四分之一的比较，发现不同，进一步增进学生对于今天所学知识的理解。

2. 认识二分之一

吃了桃，小猴们爬山带劲了，他们很快来到了山顶，开心地玩了起来。这时猴爸爸和猴妈妈也累了，他们坐在草坪上聊起天来，把带来的另一盒桃拿出来吃。

瞧，这一盒里有几个桃？（4个）

把这4个桃平均分给猴爸爸和猴妈妈，你会分吗？

拿出4个圆片来分一分，也可以在图片上分一分，分好后和你的同桌说一说！

他们每人可以分得这盒桃的几分之几？

你是怎么想的？

这里的2是什么意思？1呢？

比较：都是4个桃，前面分给猴宝宝的时候，为什么每人分到了四分之一，分给猴妈妈和猴爸爸的时候，每人就分到二分之一了？

把你的想法和你的同桌说一说。

汇报：前面是平均分给4个人，也就是平均分成了4份；这个只平均分给了2个人，也就是平均分成了2份。平均分的份数不同，所以得到的分数就不同。

【设计意图】这一环节，继续让学生在动手分一分、画一画的过程中，感悟多个物体的二分之一的来由，使学生对多个物体的几分之一有了更加深入的理解。这里同样设计了比较环节。都是4个桃，平均分的时候一个得到的是四分之一，一个是二分之一。之所以得到的分数不一样，是因为平均分的份数发生了变化。在比较、交流中学生加深了对平均分成的份数的理解。

3. 在比较中归纳几分之一的意义

延伸：那如果有8个桃，平均分成2份，每份是这些桃的……？

有12个桃，平均分成2份，每份是这些桃的……？

有20个桃，平均分成2份，每份是这些桃的……？

怎么桃的个数不同，得到的分数都一样啊？

如果把一些桃平均分成3份，每份是这些桃的……？

把一些饼干平均分成5份，每份是这些饼干的……？

从刚才的交流中，你感受到了什么？

小结：把一些物体平均分成几份，每份就是这些物体的几分之一。（完善板书）

【设计意图】这个环节让学生从给定物体的个数，说每份是几分之一，到不给定物体的个数，说每份是几分之一，不断深化对几分之一的理解。在师生交流对话中学生不断向分数的本质接近：把一些物体看作一个整体，平均分成几份，每份就是这个整体的几分之一。这个过程看似平淡，实则独具匠心，是学生对分数的认识不断推进的过程。

（三）多层次练习，巩固新知

1. 填一填，说一说。

每个球是这一盒的 $\dfrac{(\ \ )}{(\ \ )}$。每个蘑菇是这一盘的 $\dfrac{(\ \ )}{(\ \ )}$。

每份是这些苹果的 $\dfrac{(\ \ )}{(\ \ )}$。

学生汇报，并说说想法。

2. 用分数表示每个图里的涂色部分。

学生口答，说理由。

教师引导学生比较异同：为什么都是12个正方体，表示的分数却不一样？

每份的个数不一样，也就是平均分成的份数不一样，所以分数也不一样。

3. 在每个图里涂上颜色表示它上面的分数。

学生汇报时着重让学生说说自己是怎么想的。

4. 12根小棒，说说你能表示出这些小棒的几分之一。

学生操作，表示出自己想表示的分数，并说说为什么。

在汇报交流中引导学生发现有多种方法，进一步感受到平均分成的份数不同，得到的分数也不同。

【设计意图】从给定分法写分数练习到不给定分法学生自由操作表示分数，这个过程中学生学习的知识得到了不断的巩固和深化，应用分数来表示多个物体平均分成几份中的一份的本领也在增强，对分数意义的理解又进了一步。

（四）全课总结，畅谈收获

通过这节课的学习,你有哪些收获？还有什么不明白的地方吗？

【设计意图】 学生在谈自己收获的过程中了解自己的不足,也在了解别人收获的过程中对自己的掌握情况进行了反思和整理。学生的倾听能力和梳理知识的能力不断得到增强。

【总说明】

本节课的教学内容是在三年级上册"认识一个物体的几分之一"的基础上进行的。

1. 找准知识生长点,奠定学习基础

因此,课的开始便设置了小猴一家上山游玩吃蛋糕的场景,让学生在分蛋糕的过程中,回忆相关的分数知识,为接下来的认识做好铺垫。从分蛋糕得出每人分得这块蛋糕的几分之几的过程中,学生能够抓住分数产生的关键是"平均分",平均分成几份,每份就是这块蛋糕的几分之一等重要信息。

2. 抓住对比的重要时机,层层深入分数的本质

在新课的认知环节,设计了两次对比。一次是两个四分之一的对比,一次是四分之一和二分之一的对比。第一次是关于两个四分之一的对比,一个是以一个蛋糕作为一个整体,一次是以一盒桃(4个)作为一个整体。学生在观察、比较、讨论交流中感受到:虽然两次对应的整体不同,但都是将整体平均分成四份的过程,因此都可以用同一个分数来表示。第二次对比中两个整体都是4个桃,一个用四分之一来表示,一个却用二分之一来表示。对比中学生能够感受到,同样是4个桃作为一个整体,写出的分数不同是因为平均分的份数不一样。两次对比,学生对多个物体作为整体的分数有了越来越深刻的认识,平均分成的份数不同,表示其中一份的分数就不一样。

二、分数单位

教学内容： 苏教版五年级数学下册

教学目标：

1. 从度量的角度理解分数单位产生的必要性及意义,能用合适的分数单位度量分数,能找出分数单位的个数,理解度量的结果可以是大于0而小于1的量,也可以是大于或等于的假分数。

2. 结合制作数轴、分数墙等活动,认识分数单位。

3. 在认识分数单位的过程中,培养学生量感等核心素养。

教学重难点：

从度量的角度理解分数单位产生的必要性及意义。

教学准备：

教学课件、不同规格纸条、练习纸。

教学过程：

(一) 初次度量，遭遇挑战

操作：用老师提供的纸条，量一量课桌的长与宽各是多少个纸条？

提问：先用纸条量课桌的宽，是多少个纸条？

预设1：我们用三根纸条拼起来正好和宽一样长。

预设2：用纸条量三次，正好量完。

提问：再用纸条量课桌的长，有什么发现？

预设：量了4次没量完，比四根纸条多一些。

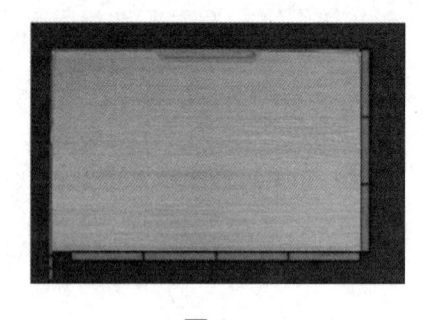

图 1

【设计意图】引导学生测量课桌面的宽度，精确测量三次，接着测量课桌面的长度，会发现长度有剩余。这种分段设计有助于学生首先积累测量经验，然后在遇到挑战时，理解分数单位产生的必要性。

(二) 实践操作，自主探究

1. 二次度量，初步感知

讨论：用纸条量课桌的长，量了四次还剩一些，到底剩多少呢？你能用一个数表示吗？怎么量？

操作：把纸条对折，折了以后再量。

生1：我把纸条对折，平均分成2份，每份就是$\frac{1}{2}$，用纸条一半去量发现比剩余的课桌长一些。

小结：虽然没成功，但是跨出了关键一步。就是通过将单位"1"平均分，得到更小的单位$\frac{1}{2}$。(板书：$\frac{1}{2}$)

生2：我把纸条对折再对折，平均分成4份，每份就是$\frac{1}{4}$，用$\frac{1}{4}$去量正好一样长。

小结：不断对折纸条，得到的纸条长度越来越短。

【设计意图】学生度量时通过不断将纸条均分成更短的纸条(即产生不同的分数单位)去度量剩余长度，初步理解分数单位的意义。让学生经历将纸条(单位1)不断均分的过程，积累均分的活动经验。

2. 再次度量，加深理解

交流：看，牛牛同学又剪了一根浅色彩带。（如图2）

讨论：如果以"1根深色彩带"的长度为标准去量，这根浅色彩带有多长呢？怎么量呢？

操作：可以把深色彩带对折，测量浅色彩带长度。

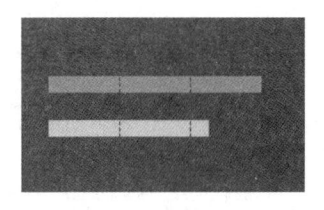

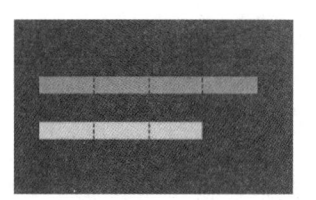

图 2

生1：因为浅色彩带比深色彩带短一些，直接量不好量，所以把它对折，平均分成2份，用它的 $\frac{1}{2}$ 去量。浅色彩带比 $\frac{1}{2}$ 根深色彩带长一些。

小结：虽然没成功，但是跨出了关键一步。就是通过将单位"1"平均分，得到更小的单位 $\frac{1}{2}$。

生2：把深色彩带平均分成3份，用它的 $\frac{1}{3}$ 去量。发现浅色彩带比2个 $\frac{1}{3}$ 根深色彩带还是长一些。

小结：以 $\frac{1}{3}$ 为标准，这又是一个新的分数单位。虽然还是失败了，但是感觉离成功越来越近了。

生3：把深色彩带对折2次，平均分成4份，每份就是 $\frac{1}{4}$ 根，浅色彩带有3个 $\frac{1}{4}$ 根深色彩带那么长，所以是 $\frac{3}{4}$ 根深色彩带长。

小结：通过均分深色彩带得到 $\frac{1}{4}$ 根，用这个新的分数单位数数，1个 $\frac{1}{4}$ 根、2个 $\frac{1}{4}$ 根、3个 $\frac{1}{4}$ 根，所以就是 $\frac{3}{4}$ 根。原来这个分数是先分后数得到的。

【设计意图】再次引领学生们踏上一场彩带均分的探险之旅，让他们深入领略分数单位的内涵。经过这一系列度量活动的洗礼，学生们的理解逐渐升华，积累了丰富的运用分数单位度量的经验。

3. 想象推理，拓展认知

谈话：当然，数学除了要动手操作，也离不开想象和推理。我们不妨顺着这个思路继续往下想。请看，如果还有一根2号浅色彩带。你能用分数表示它的长度吗？（课件出示，如图3）

图3

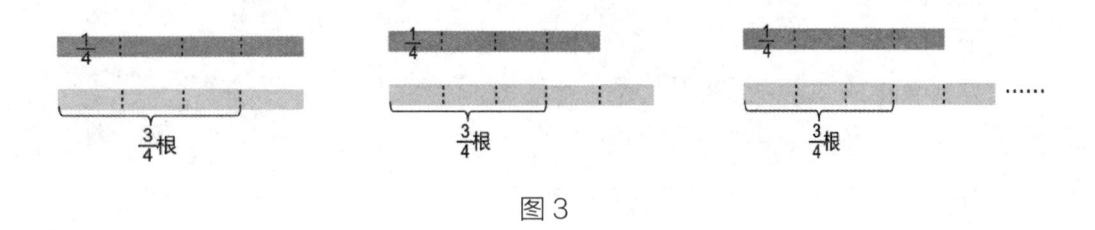

汇报交流。

提问：大胆想象一下，照着这个思路一直想下去，还会出现哪些分数呢？

总结：把一根深色彩带作为单位"1"，平均分成4份，就得到新的分数单位$\frac{1}{4}$，不断累加，就可以得到更多分母为4的分数。

【设计意图】在操作的基础上，让学生通过想象和推理，进一步理解分数单位的意义，提升学生的认知。

4. 不断均分，提炼模型

提问：还有其他的分数单位吗？请看。（课件出示绿色彩带，并动画演示，如图4）

总结：研究到这，我们不禁可以大胆想象。单位"1"累加可以得到许多整数，单位"1"不断均分，可能得到$\frac{1}{2}$、$\frac{1}{3}$、$\frac{1}{4}$……不同的分数单位。而这些分数单位不断数，就可以得到许许多多的分数。

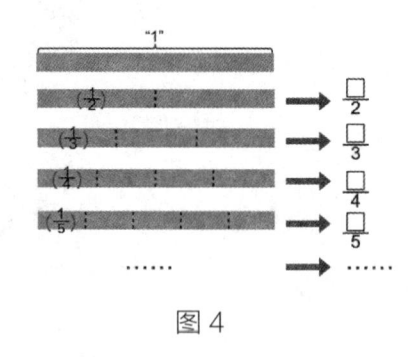

图4

"1" 平均分若干份 → $\frac{1}{n}$ 数 → $\frac{□}{n}$ (n≠0)

板书：单位"1"→均分→分数单位→数（累加）→分数

【设计意图】依次出示"分数墙"，学生体会到通过单位"1"的不断均分，可以得到不同的分数单位，感受通过度量产生分数单位及分数的过程，提炼分数单位、分数的模型。

(三) 举一反三，强化认识

活动：请同学们想好一个分数，在圆片上通过涂色把它表示出来。你能用这个圆片表示出哪些不同的分数？

谈话：没有和同学合作就表示出分数的请举手，你们猜，这些同学表示出的分数可能是哪些？说说你的想法。

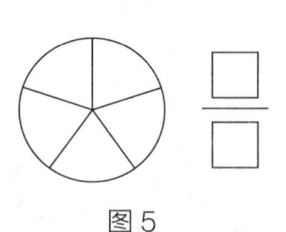

图5

总结:因为我们把圆平均分成5份,得到分数单位$\frac{1}{5}$,所以可以表示出分母为5的许多分数。

【设计意图】本环节将长彩带换成了圆形纸片,变换了模型,拓宽学生认知视野。

(四) 建立标准,进行分类

讨论:这么多分数,如果给这些分数分分类,可以分几类?说说你的想法。

生1:可以分成3类,分子比分母小的一类,分子和分母相等的一类,分子比分母大的一类。

生2:可以分成2类,分子比分母小的一类,分子和分母相等、分子比分母大的一类。

总结:在数学上,我们规定分子比分母小的叫真分数,分子比分母大或者分子和分母相等的叫假分数。

交流:结合今天的学习,你能理解为什么这样分类吗?

【设计意图】学生经历了度量产生分数的过程,对原有认知中部分与整体关系的分数,是一次拓展与超越。基于度量视角下的分数意义认识,学生对假分数的认识水到渠成。

(五) 巩固练习,及时反馈

1. 独立完成下面两题。

(1) 下列铅笔分别是几分之几分米?　　(2) 请在数轴上描出下列数的点。

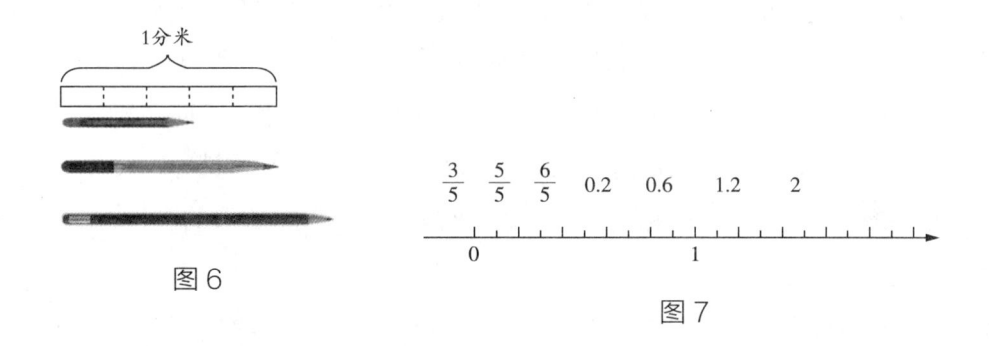

图6

$\frac{3}{5}$　$\frac{5}{5}$　$\frac{6}{5}$　0.2　0.6　1.2　2

图7

2. 交流:你是怎么做的?又是怎么想的?

【设计意图】第一道习题是分数度量意义的生活应用,巩固新知;第二道习题的数轴是由上一题彩带动画抽象而成。通过在数轴上找这几个整数、小数、分数对应点的过程,学生可以体会到它们都是由一个个计数单位累加得到的,感受到整数、小数、分数三者认识的一致性。

(六) 总结全课,升华延伸

交流:通过今天的学习,你对分数又有了哪些新的认识?

理解:分数和整数、小数的产生是一回事吗?

```
分数
自然数      计数  ┤  ①定标准（计数单位）
小数                ⇓
……              ②去计数（数数）
                    ⇓
                ③得结果（得到数）
```

图8

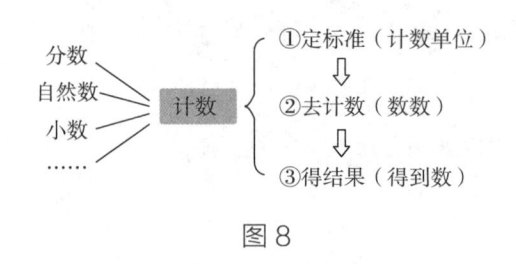

总结：数起源于数，都是"定标准→去累加→得结果"。

【设计意图】在学生的数学学习过程中，分数、整数和小数是三个重要的概念。它们在实际生活中有着广泛的应用，为学生提供了解决实际问题的多种手段。让学生认识到分数和整数、小数的产生的一致性，有助于他们形成知识的结构化，进一步提高数学素养。

首先，从分数的角度来看，它起源于整数的分割。当整数不能表示某个具体问题时，人们便发明了分数来表示部分与整体之间的关系。例如，将一个苹果分成若干份，可以用分数来表示每一份的大小。而小数则是在分数的基础上发展而来的，它用来表示整数与分数之间的数值差距。例如，将一个整数分成若干份，每一份的大小可以用小数来表示。

其次，从整数和小数的角度来看，它们都与分数有密切的联系。整数可以看作是分母为1的分数，而小数则是分数的另一种表现形式。在实际问题中，有时候需要将整数和分数相互转换。例如，将一个整数转换为分数，可以得到一个分母为1的分数；将一个分数转换为整数，可以找到一个整数和一个分数相等。这种转换有助于学生更好地理解整数、分数和小数之间的关系。

此外，在教学过程中，教师可以引导学生通过实例来感受分数、整数和小数的产生过程。例如，在讲解分数时，可以让学生实际操作，将一个苹果分成若干份，从而体会到分数的意义；在讲解小数时，可以让学生观察和分析生活中的实例，如计量长度、重量等，了解小数在实际生活中的应用。通过这些实例，学生可以更好地理解分数、整数和小数的含义，提高数学应用能力。

总之，让学生认识到分数、整数和小数产生的一致性，有助于他们形成知识的结构化。在这个过程中，教师应注重引导学生通过实例来感受这三个概念的产生过程，加深他们对数学知识的理解。同时，教师还应关注学生的数学素养培养，提高他们的数学应用能力，使他们在解决实际问题时能够灵活运用所学知识。

三、用字母表示数（二）

教学内容：苏教版六年级数学下册

教学目标：

1. 结合具体情境，能够用含有字母的式子表示奇数、偶数，能根据字母所取得值，求含有字母的式子的值,并能用含有字母的式子验证任意两个奇数的和是偶数,任意两个偶数的和是偶数的规律,感受用字母表示数的概括性和简洁性,以及用含有字母的式子验证规律的严谨性。

2. 在观察、归纳、类比等活动中,发现规律、表达规律,进一步感受数学抽象,体会用字母表示数的简洁和便利。同时,在用字母式验证规律的过程中,培养比较、分析和简单的推理能力,积累数学活动经验。

3. 在探究、思考的过程中,感受给定事物中隐含的规律,能用含有字母的式子刻画事物间的相互关系,感受数学表达的严谨性,发展符号化思想,增强对数学学习的好奇心。

教学重点:

能用含有字母的式子表示数、数量关系,表示规律与验证规律。

教学难点:

理解用含有字母的式子表示的规律,能够用含有字母的式子说明规律。

教学准备:

多媒体课件、作业单、数字磁卡、信封、方格图。

教学过程:

(一)游戏导入,发现规律

谈话:同学们,你瞧,老师手中是什么?——信封。这个信封里装的是什么?——小方格。你是怎么知道的?——信封上写着。大家观察得真仔细,这个信封里装有小方格,我们来摸摸看。

操作:我摸出来了,你瞧,几个?——2个

再来摸一次,几个?——4个

我再摸一次,几个?——6个

接下来,我继续摸,可能是?——8个,6个旁边再多两个。

提问:你是怎么知道的?说一说你的想法。

小结:每个图形中小方格的个数都可以写成乘法算式。第一个图形中有1个2,就是 $1×2=2$;第二个图形中有2个2,也就是 $2×2=4$;第三个图形中有3个2,即 $3×2=6$。所以后面的应该是 $4×2=8$ 个,再朝后就是第几个图形就用几×2。

【设计意图】由于学生在此之前已经有一定的找规律的经验,这部分内容主要利用"大信封"的游戏,激发学生兴趣,同时在摸图形的过程中,引导学生发现规律,用自己的方式表达规律,在观察、归纳、类比等活动中,发现规律、表达规律,为接下来用字母表示规律做铺垫。

(二)抽象感知,用字母表示规律

1. 用字母表示偶数

引导:嗯,这位同学发现了小方格个数与图形个数之间的关系,用乘法算式总结了其中的规律。

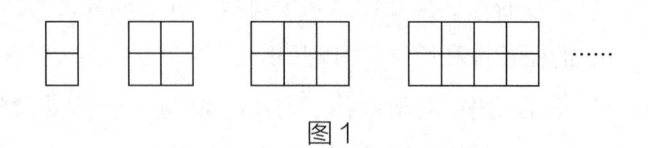

图1

提问:按照这样的规律,第 n 个图形中一共有(　　)个小方格?

思考:如果用 n 表示自然数,那么偶数可以怎样表示?同桌两人相互说说你的想法。

学生交流讨论。

小结:是的,数形结合是数学学习中非常重要的思想方法,根据这里的图,联系到数,我们可以得到偶数的表示方法,偶数可以表示为 $2n$。

2. 用字母表示奇数

过渡:刚才,我们在观察小方格个数的过程中,发现了其中的排列规律,并且通过数形结合,用字母表示出了偶数。那么下图中各有几个小方格?说说你能发现什么?

图2

思考:

1. 小方格的个数分别是1、3、5、7……都是奇数。

2. 第一个图形有1个小方格,第二个图形比第一个图形多2个,第3个图形比第2个图形多2个……

第1个是1

第2个是 $1+2=3$

第3个图形有:$1+2+2=5$

第4个图形有:$1+2+2+2=7$

……

提问:按照这样的规律,第 n 个图形中一共有(　　)个小方格?与同桌交流。

方法一:$1+(n-1)\times 2$

$\qquad =1+2\times n-1\times 2$

$\qquad =1+2n-2$

$\qquad =2n-1$

方法二:因为每个图形中的小方格数都比相应的偶数少1,第一个偶数是2,第二个是4,第3个是6,第4个是8,第 n 个是?——$2n$。所以这里第 n 个图形就有 $2n-1$ 个小方格。

追问:这里的 n 最小表示几?可能是0吗?为什么?

明确：这里的 n 最小表示1，不可能是0。

思考：如果用 n 表示自然数，那么奇数还可以怎样表示？同桌两人相互说说你的想法。

学生交流讨论。

小结：是的，同学们再次利用数形结合思想，学会用字母表示奇数，如果 n 表示自然数，那么奇数可以表示为 $2n-1$ 或 $2n+1$。

3. 求含有字母式子的值

过渡：刚刚我们根据图形中小方格的个数找到了其中的规律，并且用字母表示了奇数，那么当 $n=1$ 时，$2n-1$ 表示的奇数是几？$2n+1$ 表示的奇数又是几呢？你是怎么想的？

明确：可以代入数字求值。

当 $n=4$ 时，$2n-1=$ ____，$2n+1=$ ____。

提问：通过刚才的活动，你有什么体会？

小结：同学们通过刚才观察小方格的个数，学会了用字母表示数。如果用 n 表示自然数，那么偶数可以用 $2n$ 表示，奇数可以用 $2n-1$ 或 $2n+1$ 表示。而且根据 n 的取值，我们还能就算出相应的含有字母的式子的值。

【设计意图】 学生发现规律后，用具体的数字或算式表示小方格的个数，再顺势提出第 n 个图形有几个小方格的问题，既凸显了字母表示数的高度抽象性、概括性的特点，又有利于学生在由具体到抽象的演变过程中自主领悟方法。紧接着提出"如果 n 表示自然数，那么如何表示偶数"的问题，引导学生进一步思考，同时渗透数形结合的思想。偶数的探究方法为后续的奇数的探究方法提供了参考，学生在学习过程中进一步积累用字母表示数的经验，感受数学抽象，体会用字母表示数的简洁和便利。同时，学生认识到，根据字母所取的具体数值，可以用代入的方法去求含有字母的式子的值。

（三）运用字母，验证规律

思考：在以前的学习中我们探究过和与积的奇偶性。关于和的奇偶性，我们知道，任意两个奇数相加，和是偶数。想一想，你会怎样说明这个结论呢？

小组四个人可以相互交流讨论一下。

1. 举例说明规律

交流：谁愿意说说你们小组的想法？

思考：

1. 两个不同奇数相加，和是偶数。

我们可以举例说明，任意两个奇数相加，和是偶数。比如，$1+3=4$，$3+9=12$，$5+21=26$，……

追问：举例说得完吗？找到反例了吗？

谈话：找不到反例，说明我们发现的规律"任意两个奇数相加，和是偶数"是正确的。他有不同意见。他发现刚才同学举的例子都是两个不同的奇数相加。如果两个相同的奇数相加，会有什么样的情况？写一写，和你的同桌说一说你发现了什么。

2. 两个相同奇数相加，和是偶数。

谁愿意说说你的想法？

这位同学发现，两个相同的奇数相加，和是这个奇数的2倍，是偶数。

比如，$1+1=1×2,3+3=3×2,5+5=5×2,……$

提问：这样的例子举得完吗？能找到反例吗？嗯，这样的例子也举不完。

总结：在我们之前的学习中，我们就是用这样举例说明的方法，发现"两个不同的奇数相加，和是偶数""两个相同的奇数相加，和也是偶数"，进而得到规律：任意两个奇数相加，和是偶数。

2. 尝试用含有字母的式子验证规律

引导：这节课，我们学会了用字母表示所有的奇数，我们是怎么表示奇数的？——是的，可以用 $2n-1$ 或 $2n+1$ 表示。

提问：现在，如果用 $2n-1$ 表示一个奇数，用 $2m+1$ 表示另一个奇数，你能算出它们的和吗？试一试。（找一名学生黑板上写）

交流：这位同学在黑板上是这样做的，你能向大家介绍一下你的想法吗？

$2n-1+2m+1$

$=2n+2m$

$=2(n+m)$

追问：大家听明白了吗？你有什么想问的？——这里最后一步是怎么得到的？应用的是什么运算律？

明确：这里用的是乘法分配律，$2n+2m$ 就是 $2×n+2×m$，它们都×2，那么就可以利用乘法分配律写成 $2(n+m)$。

思考：$2(n+m)$ 表示的一定是偶数吗？为什么？

明确：不论 $n+m$ 的和是多少，$2(n+m)$ 都是2的倍数，2的倍数一定是偶数。所以任意两个奇数相加，和是偶数。

小结：之前的学习，我们用的是举例说明，寻找反例来说明规律的正确性，今天我们又学会了用什么验证规律的正确性？你有什么体会呢？

学生说一说。

3. 试一试：用含有字母的式子验证规律

刚才我们用含有字母的式子说明了"任意两个奇数相加，和是偶数"。那么"任意两个偶数相加，和是偶数"，你会用字母式说明吗？试一试。（3秒）

谁来说说你的验证方法？

交流：一个偶数用 $2n$ 表示，另一个偶数用 $2m$ 表示，那么两个偶数的和就是 $2n+2m=2(m+n)$，这里 $2(m+n)$ 一定是偶数。所以任意两个偶数相加，和一定是偶数。

【设计意图】用含有字母的式子表示规律、验证规律有利于学生进一步完善对用字母表示数的意义和方法的认识。这部分内容主要是引导学生用字母式说明之前学习中发现的规律，能用字母式验证"任意两个奇数的和是偶数""任意两个偶数的和是偶数"，进一步感受用含有字母的式子验证规律的严谨性，感受数学表达的概括性和简洁性，感受数学抽象的意义，培养简单的推理能力。

（四）练习巩固，深化认识

通过前面的学习，我们不仅学会了用含有字母的式子表示奇数和偶数，而且还用含有字母的式子说明了我们之前发现的"和的奇偶性"的一些规律。下面我们接着摸卡片。

1. 用字母表示数量关系

拿出信封，我们再来摸，——这是？$\dfrac{a}{b}$ 表示什么？——分数。

思考：

一个分数 $\dfrac{a}{b}$（b 不为 0），a 和 b 有什么关系？和你的同桌说一说你是怎样想的。

2. 用字母表示数

（1）用字母表示两位数

如果这是一个两位数，现在个位上的数字是 a，十位上的数字是 b，这个两位数怎样表示呢？

思考：1. ab，2. ba，3. $b\times10+a\times1=10b+a$，这三种表示方法都对吗？

验证猜想。

引导：我们的猜想是否正确呢？接下来我们就利用下面表格的数据，验证一下。

十位上的数字	个位上的数字	组成的数
3	5	3×10+5
8	2	
6	0	

交流：谁愿意说说你的发现？

小结：是的，通过验证，我们发现一个两位数，如果个位上的数字是 a，十位上的数字是 b，

这个两位数是 $10b+a$。

(2) 用字母表示三位数

刚才我们分析了两位数,那三位数你敢试一试吗?请同学们观察表格,填一填,然后和你的同桌说说你的想法。

百位上的数	十位上的数	个位上的数	组成的三位数
2	6	3	$2\times100+6\times10+3$
5	0	8	$5\times\quad+0\times\quad+8\times$
1	3	0	
9	4	7	

谁愿意来交流你的想法?

学生交流。

交流汇报:$a\times100+b\times10+c\times1$

追问:如果一个三位数中的个位数字是0,十位数字是 m,百位数字比 m 大1,这个三位数可以表示为?请你写一写,然后和同桌说说你的想法。

思考:$(m+1)\times100+m\times10+0=100m+100+10m=110m+100$

3. 用含有字母的式子验证规律

问题:一本书随意打开后,左右两页的页码之和是奇数还是偶数?为什么?

学生尝试说明。

方法一:把一个奇数用 $2n+1$ 表示,另一个偶数用 $2m$ 表示。那么两个数的和就是 $2m+2n+1=2m+2n+1=2(m+n)+1$;这里 $2(m+n)$ 一定是偶数,比偶数多1的数一定是奇数。

方法二:把一个奇数用 $2n-1$ 表示,另一个偶数用 $2m$ 表示。那么两个数的和就是 $2m+2n-1=2m+2n-1=2(m+n)-1$;这里 $2(m+n)$ 一定是偶数,比偶数少1的数一定是奇数。

两种方法都验证了"奇数+偶数,和是奇数"。

4. 小结

提问:现在对于本节课学习的用字母表示数,你有什么体会?

明确:是的,用字母表示数非常简洁、方便,用含有字母的式子不仅可以表示数、数量关系,还可以表示规律,验证规律。

【设计意图】通过不同的练习形式,在不同情境中让学生进一步感受用字母式可以表示数和各种数量关系,不断加深对字母表示数的意义的理解,掌握用字母表述数的方法。用含有字母的式子验证规律,有利于学生加深对用字母表示数的理解,丰富对用字母表示数的特点的认识,提高用字母式分析和表示数量关系的能力。

（五）回顾反思，总结质疑

现在你们都会用含有字母的式子去说明和验证规律了吗？都做对的请向我挥挥手。挥手意味着再见,今天这节课到这里就结束了,通过本节课的学习,你有什么想说的吗？还有什么疑问？课后有兴趣的同学可以去研究一下用字母表示数的历史。

四、数量关系的分析(一)

教学内容：苏教版三年级数学上册

教学目标：

1. 让学生在解决问题的过程中,借助线段图初步学会从条件出发展开思考,分析、理解数量关系,并解决相关问题。

2. 使学生在对解决实际问题的不断反思中,感受数量关系的价值,发展分析、归纳和简单的推理能力。

3. 使学生进一步积累解决问题的实际经验,增强解决问题的策略意识,获得解决问题的成功经验,增强学好数学的信心。[1]

教学重难点：

1. 借助线段图,清晰地梳理信息和问题,建立数量关系,理解数量关系,分析并解决实际问题,厘清先算什么,再算什么。

2. 准确找出数量关系,分析且能完整地表述。

教学过程：

（一）情境导入，引发思考

1. 阅读材料，了解港珠澳大桥相关信息

师：通过阅读材料你知道了什么信息？

你知道海底隧道的长度吗？

2. 回顾基础，复习简单的数量关系

师：咱们的好朋友小猴欢欢,它喜欢吃桃,说说图中这里告诉了我们什么？

师：我们把这些已经告诉我们的称之为"条件"。（板书：条件）有几个条件？

那么根据这两个条件你想到可以求出什么呢？

师：这就是咱们根据条件想到的"问题"。（板书：问题）

---

[1] 李红琴.《解决问题的策略——从条件想起(一)》教学设计[J].知识文库,2018(04):97.

根据刚才的条件和问题，大家能填写数量关系线段图吗？

学生板书，填写线段图。

师：根据两个相关条件解决一个问题是我们特别熟悉的方法，今天呀，我们就继续用这样的方法来解决稍复杂些的问题好不好？

【设计意图】由两个相关联的"条件"，必然可以提出一个"问题"，这一学习的经验学生在以往的学习中已然有了。通过简单的导入唤醒学生这一经验，有助于为学习新知做好铺垫的同时也为学生指引思考的方向。

（二）经历过程，感悟策略

1. 呈现问题情境，产生策略需求

师：秋天，新疆的哈密瓜再次大丰收了，瞧，工人们正在忙着将一箱箱哈密瓜运往全国各地呢！（出示例题）

师：哪个小朋友能读一读题目？

其实呀，读题目往往一遍是不够的，需要反复读，来读懂题意。（出示：读懂题意）

下面请你再自由读，边读边想。

师：题目中告诉我们哪些条件？要解决什么问题？找到了几个条件？是哪三个？这三个条件你读懂了吗？

【设计意图】"读懂"就是"理解"，真正的理解是在"读"的同时，就厘清解决的思路，例题中的第2个关键条件，是一个随之变化的条件，要让学生着重读，反复读，边读边说，说说自己的理解，解题思路自然水到渠成。

2. 理清解题思路，感悟策略价值

(1) 完成线段图

让学生根据题目信息，完成数量关系线段图。

(2) 理解数量关系

① 探究数量关系

师：现在让我们来想一想题目中的数量之间的关系，确定解题思路（出示：确定思路），根据这三个条件，你打算先算什么，再算什么呢，接下去呢？

学生边说，教师边出示数量关系。

② 理解数量关系

第一种数量关系式：

师：一共的箱数−上午运走的，得到的是什么？

谁能完整地说说每一步算的是什么？

第二种数量关系式：

师：除了从条件想起，还可以从哪里想起？

上午运走的＋下午运走的，得到的是什么？

谁能完整地说说每一步算的是什么？

【设计意图】数学追求深刻的思考、简洁的表达。根据孩子的表述展示数量关系，让学生理性地思考，通过简洁的流程图进行表达，将条件之间的关系与之能解决的问题结构化地呈现，既是思维的外化，也是思路的明晰。不同的解决方法，相同的思考路径。从条件想问题，看似没有方向，在现阶段其实就是抽丝剥茧、顺其自然，学生在解决的过程中不断反思、比较、调整前行的方向，最终问题得以解决，形成策略的意识，解决的能力，这才是我们这节课努力的方向。

(3) 回顾数量关系

师：让我们一起来回顾刚才解题的过程，用一共的箱数依次减去运走的箱数，得到了最后还剩下的。当然，解决这道题目时，我们也可以从问题想起，问题求"还剩多少"，就得知道运走多少，也可以先算出上午和下午运走的总数，再算出还剩的，从而解决问题。

师：解决问题时，我们既可以从条件想起，也可以从问题想起，弄清先算什么，再算什么，从而解决问题。

（三）变式练习，内化策略

1."想想做做"第1题。

读题，说说先算什么，再算什么，最后列式解答，交流。

2."想想做做"第2题。

读题，理解数量关系，列式计算。

3."想想做做"第3题。

说说先算什么，再算什么。

完成表格，理解数量关系，列式计算。

4."想想做做"第4题。

读题，先在图中填一填，再列式解答。

5."想想做做"第5题。

读题，理解数量关系，列式计算。

【设计意图】五道题目，既有意思又有意义，解题的策略思路相同，但所用的方法各有特色，列式画图都是不错的选择，根据条件推想问题，依此推进直至解决题目。但是始终紧抓"先算什么，再算什么"，引发思考，调整思路，深化理解。

师：看来呀，同学们很快就掌握了从条件想起的策略。最后，作为奖励，咱们来玩一个运用策略猜一猜的游戏。

这是一些大小相同的正方形,看第一个正方形里有几个圈?这是一个条件。再看这个条件(读),根据这两个条件你想到了?你怎么得到是4个的呢?(出示)再这样想下去第三个呢?第四个呢？出示问题。到底谁猜得对呢?我们来验证一下。

（四）回顾总结

同学们,通过今天的学习,你有哪些收获和体会?

五、简单的数量关系

教学内容: 苏教版一年级数学下册

学习目标:

1. 探索"求两数相差多少的实际问题"的计算方法,知道"较大数－较小数＝相差数",能运用数量关系解决简单的实际问题。

2. 结合具体情境,经历将生活中的具体问题抽象成数学模型并运用模型解决问题的过程,加深对减法运算含义的认识。

3. 能发现用"较大数－较小数＝相差数"解决的实际问题,感受数学知识的应用特点,体会数学与生活的密切联系,初步感受模型思想。

教学重难点:

1. 借助直观理解"求一个数比另一个数多(或少)几"要用减法进行计算。

2. 理解减法模型的概括性。

教学过程:

（一）新授中让学生学会表达

师:同学们,我们是几年级的小朋友?上学期我们已经学习过比多少了,我们一起做个比一比的游戏,好吗?比比看,看谁抢答得快。

板块一:运用对比性题组,揭示一一对应思想。

1. 课件出示第一题。

图1

提问:你能看出谁多?多多少个?

2. 出示一堆散落的深色气球和一堆散落的浅色气球。

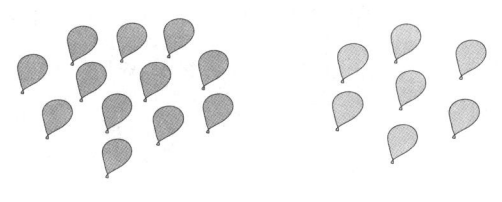

图2

问:你能看出谁多?多多少个吗?学生回答有所停顿,追问:为什么这一次没有刚才快了?怎样才能一眼就看出谁多谁少?

师:对,我们可以动手画一画、排一排,再比一比。请在学习单上试一试吧!

请看这位小朋友的作品,请他说一说是怎样想的。

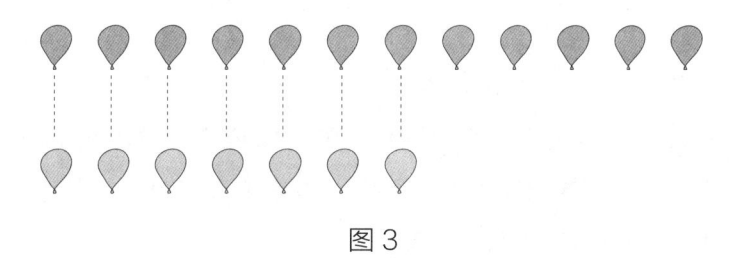

图3

听明白了吗?他为什么把气球画成一排呀?深色气球为什么要和浅色气球这样一个一个对应起来呀?

师:是的,这样对齐摆放,一一对应(板书:一一对应),能更好地看出来深色气球比浅色气球多多少个。

【设计意图】学生通过视觉冲击的对比,立马就能发现刚刚是一一对齐摆放的,所以能一眼看出来谁多谁少,这个没有对齐摆放。学生明白了想要快速知道谁多谁少,必须要对齐摆放,这是成功解决问题的钥匙,进而产生一一对应的需求,由学生揭示出了一一对应的数学思想。显然,这样的对比和操作能为接下来相差关系的学习打下良好的基础,让孩子在对比中理解数学知识。

(二)练习中让学生学会思考

板块二:运用递进性题组,深入理解算理。

1. 除了画图比较,还可以怎样知道深气球比浅气球多多少个呢?

学生介绍减法算式。(板书:12-7=5个)

师:为什么可以用减法计算呢?

要求深气球比浅气球多多少个,可以用深气球个数－浅气球个数＝深气球比浅气球多的个数。

师：是的。其实深气球这部分还可以看作和浅气球同样多的部分，这些是比浅气球多的部分。所以这道减法算式还可以看作是我们以前学过的整体－部分＝另一部分。

2. 出示题组：浅气球比深气球少多少个？该怎么列式？

师：你是怎样想的？

生：少的部分和多的部分是同样多。

师：你的意思是还是求这部分个数，所以还是用12－7＝5(个)。

追问：除了多多少个，少多少个，这个问题还可以怎么说呢？对，还可以说浅气球再添几个就和深气球同样多？或者深气球去掉几个就和浅气球同样多？

3. 比较总结：同学们，仔细观察，为什么问法不同，但都可以用同一个算式12－7＝5(个)来解决呢？

小结：几种问法都是同一个意思，都是求两个数量相差多少，所以都用减法计算。

【设计意图】 学生观察发现，问法不同但都是用同一个算式12－7＝5(个)来解决，因为他们都是同一个意思：求相差多少。"相差"这个比较抽象的概念就变成了四个常见的问法，强调相同的说法，这样的教学，不仅有助于学生理解并掌握"求两数相差多少"实际问题的基本思考方法，而且有助于他们积累分析和解决问题的经验，发展数学思维能力。

板块三：运用相似性题组，得出数量关系。

1. 我们接着看这两道题，你能试着写出算式吗？

(1) 小兔跳了23下，小牛跳了6下。小牛比小兔少跳多少下？

(2) 哥哥和妹妹读同一本课外书，哥哥读了45页，妹妹读了40页。妹妹再读多少页就和哥哥同样多？

集体反馈。师：这两道题和气球题有什么相同的地方？

小结：每题中都有一个大的数量也就是较大数，一个小的数量叫较小数，多出来的数叫相差数。我们都是用"较大数－较小数＝相差数"来计算的。这就是今天学习的简单的数量关系。(板书课题)

2. 你能用上面12－7＝5这道算式自己来编一道相差实际问题吗？

【设计意图】 在学生完成题组后，组织讨论这两幅图和花片图当中都有什么相同的地方，继而发现每道题中都有一个大的数量叫较大数，一个小的数量叫较小数，多出来的数叫相差数。最终得出数量关系"较大数－较小数＝相差数"。在此环节设计的题组有一定的内在联系性，题组之间存在逻辑关系。学生先通过列式计算来解决这组问题，再来研究列算式的思考过程，学生的解决问题能力得到提高，同时也增加了自信心。

板块四：运用变式性题组，灵活学生思维。

根据问题选条件列算式：

(1) 王伯伯的农场里原来有15只小白兔，＿＿＿＿＿＿，现在有多少只小白兔？

① 跑走3只小白兔 ② 跑走3只小灰兔

（2）王伯伯的农场里原来有15只小白兔，_____，小白兔和小灰兔相差多少个？

① 跑来3只小白兔 ② 跑来3只小灰兔

提问：这两道题有什么不同和相同之处？

【设计意图】设计变式题组练习，引导学生比较发现部总关系和相差关系的异同之处，更细化理解并区分这两个数量关系——两个物体作比较产生的差距叫相差，更好地掌握"相差关系"知识的本质，达到触类旁通的效果，为后续学习其他简单数量关系的应用题以及复杂应用题奠定学习方法基础，逐步提高学生思维的抽象程度和运用知识解决问题的实际能力，锻炼思维的开放性和深刻性。

（三）总结中让学生学会反思

回顾学习历程。

总结：一起回顾今天的学习历程。我们先进行抢答游戏，通过观察、探索，发现了两个数相差问题的数量关系。接着进行拓展运用，加深了对关系的理解。运用简单的数量关系，可以帮助我们今后解决更多的实际问题。

六、用数对确定位置

教学内容：苏教版四年级数学下册

教学目标：

1. 学生在真实情境中认识列、行的含义，知道确定列、行的规则，初步理解数对的含义，会用数对表示具体情境中物体的位置。

2. 学生经历由具体的座位图抽象成用列、行表示的平面图的过程，初步感悟数形结合的思想方法，培养初步的抽象思维能力，发展空间观念。

3. 体验数学与生活的密切联系，进一步增强用数学的眼光观察生活的意识，体验规则的重要性。

教学重难点：

初步理解数对的含义，能正确地用数对表示具体物体的位置。

教学过程：

（一）情境创设，引入课题

师：同学们喜欢《西游记》里面的孙悟空吗？

生：喜欢！

师：孙悟空神通广大，拔一根毫毛，就能进行万千变化，请看（出示图1），这里有6个一模一样的悟空，可是只有1个真的孙悟空！

图1

师：你能帮助这位小女孩找到他吗？有困难吗？

大家有困难，老师就给一个与数学有关的提示（板书数字"3"）。现在知道他在哪了吗？

师：你认为真孙悟空在哪里啊？谁来圈一圈。

生1：我认为是这个，因为你给的提示是"3"，我就从这里数出3个，我就认为从这里数的第3个就是真孙悟空（生指着图，从左往右数），这是我的想法，谁要补充？

生2：我认为还有一种圈法就是，这个（生从右往左指着第3个）。

师：你怎么跟"3"联系起来的呢？

生2：我认为这个"3"不仅可以正着数，还可以倒着数。

师：什么是正着数，什么是倒着数？

生2：从最后一个往回数。

师：也就是从右……

生2：从右往左数的。

师：来，数一数！

生2：1、2、3（生指着图，从右往左数），我的想法是这样。

师：两个同学说的都有道理，也就是说他们的意见有了分歧。有分歧怎么办？那我们就要有一个……

生：准确的。

师：准确的方案，准确的规则对不对？那好下面有这样一个规则，大家请看（师在黑板上画出从左向右箭头→），现在你知道真悟空在哪里了吗？

师：上来指一指、说一说。

生：因为你在黑板上写了一个从左往右的箭头，所以我知道了真悟空应该是从左往右正数第三个（指着数一数）。

师：同意吗？

生：同意！

师：我们来验证一下是不是真悟空呢？果真是真悟空（教师验证，出示图2）。

图2

【设计意图】在一行或一列(即一维空间)中,"一个数"和"方向"结合就能确定位置。在此环节中,让学生初步感受到确定一个物体位置的必要性,也为后面在二维、三维空间确定物体准确位置的教学做好铺垫。

(二)尝试探索,逐步建构

1. 认识"列"与"行"

师:同学们想法真棒!刚刚,我们用了一个"数"和一个"方向"确定了真悟空的位置,今天我们将继续研究确定位置。我们帮这位小朋友解决了这个难题,大家都很开心,可是悟空就不开心了,他说:"小样,火眼金睛的本领是这么好学的吗?"于是他又拔了一根毫毛,一吹,变成了多少个?(出示)

师:36个真假悟空(出示图3),但是只有1个真悟空,知道他在哪儿吗?同学们,(指着板书的数字"3")提示还是它。

图3

真悟空的位置在哪儿呢?把你的想法说一说。

生1:根据老师给我们的提示是"3",所以说他有可能是横着的"3",也可能是竖着的"3"。

师:那我们先解决他说的一个"3"好不好,他说横着的"3",怎么来的?

生1:1、2、3所以我认为是这个(生指着第1行左数第3个)。

师:这个啊,还有没有?谁来补充?

生2:因为老师说的是3,我认为是从右往左数的第3个(生指着第1行右数第3个)。

师:这是从右往左数,我们来从左往右一项一项有次序地研究可不可以?

生3:还可以是第2排的第3个(生指着第2行右数第3个)。

师:还可以想到什么?

生4:还可以是第3排的第3个。

师:还有吗?上来圈出。

生5:我觉得还可以是第4排的、第5排的、第6排的第3个。

师:也就是我把他这样,都可以?那怎样和这个3联系起来呢?这样的竖排,我们把它叫做列。谁来说说,我们怎么和数字3联系起来?

图4

生：这是第1列，这是第2列，这是第3列（生将尺子竖着拿，从左往右数，图4）。

师：你再带着大家数一数。

生：第1列，第2列，第3列（生带领，从左往右数）。

师：怎么样？受她的启发，你还有什么想法吗？

生：我认为还可能是从右往左数的第3列。

师：告诉大家，你是怎样把他和数字3结合起来的？

生：就是从右往左数的，这是第1列，第2列，第3列。

师：掌声。还有吗？谁愿意来？

生：还可以从上往下数，这是第1排，这是第2排，这是第3排。

师：同意吗？掌声。但是我要稍微纠正下，这是横排，我们把它叫做行。我们站在这位小女孩的角度看，这里是不是离我们比较近，叫前面；这里离小女孩比较远，我们把它叫做后面。刚刚那位同学是怎么说的？

生：从后往前数的。

师：很好，同学们是乐于倾听、善于学习的孩子。第1行、第2行、第3行，还有吗？（师示范数）

生：还可以从前面往后面数，第1行、第2行、第3行（图5）。

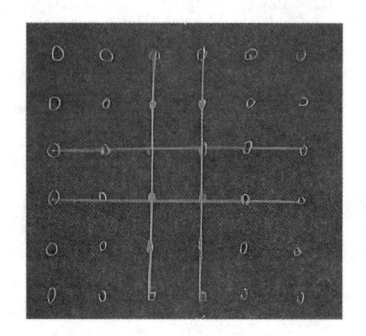

图5

师：掌声，非常好，同学们找到了这么多可能，还有吗？没有了吧，但是我们根据一个数字3，现在有了20种可能，本来有36种可能，可能性变小了，但是你能确定悟空的唯一位置吗？不能，那该怎么办？

生：定规则。

【设计意图】根据数字"3"，找出"真悟空"的位置，把每个悟空都看作一个小圆圈，是一个逐步抽象的过程。根据学生所指教师用粉笔连起来，得到20种可能性。引导学生讨论：为什么这20个位置都能和数字"3"联系起来？在此基础上，让学生明确"竖排叫做列，横排叫做行"。这样明确列和行的意义，就成了学生内在自发的一种需要。

2. 探究数对表示的规则（顺序、方向）

师：还不行，再增加一个数字"5"。这时候，你想到什么规则了，你来说？

生：可能是第3行，第5列。

师：也就是说真悟空既要和3，也要和5相关。大家自己开动脑筋，想一想，真孙悟空位置在哪里？请标在研学单的第二个表格中。标好的同学，用磁铁在黑板上表示出真悟空的位置。（学生先在自己的研学单上标，多名学生上黑板用磁铁表示出自己的研学单上"真悟空"的位置）

师：可不是随便贴的，要和数字3和5联系起来。有没有其他可能了？请当初贴这个位置的同学说说你是怎么和数字3、5联系起来的。（图6）

图6

生：我是从左往右数第3列，然后从后往前数第5行。

师：同意吗？掌声！这个点是谁确定的？

生：我是从左往右数第5列的，然后第3行。

师：还有规则吗？

3. 体悟数对表示的规则

师：还是定规则，那么你认为要想确定悟空的唯一位置，定规则需要注意什么？同桌相互讨论一下。好，谁说？你来。

生：我认为应该加上一个合适的单位，比如第3行、第5列或者说第3列、第5行。

师：你的意思是到底这个"3"表示"列"还是"行",同意吗？那掌声呢？也就是3和5是以什么样的顺序出现的。还有吗？

生：我觉得还要再加上是从左往右数的还是从右往左数的。

师：同意不同意？我们发现,要想制定规则,我们首先需要考虑顺序是什么？方向又是什么？但是下面的提示我可不直接给了,给出一个数学家的表示方式,大家能不能发现其中的规律,这个点,数学家这么表示的(图7)：

(5,4)【师边板书,边说："括号、5、逗号、4、括号。"】；

(3,2)【师边板书,边说："括号、3、逗号、2、括号。"】。

师：根据数学家的写法,请想一想规则是什么？把你所想的在组内交流交流,看看有没有什么要完善补充的。(小组讨论)

师：小组讨论得怎么样了？谁来分享？

图7

生：我觉得(5,4)就是从左往右数的第5列,然后4是从前往后数的第4行。然后就得出(5,4)的意思。大家还有什么补充吗？(生指着磁铁,边数边说,(图7))

师：他由(5,4)产生了一个猜想,他认为第一个数表示的是？

生：列

师：第二个数4表示的？

生：行。

师：他认为,列是从左往右数的,行是从前往后数的(师生齐说),别急别急。他是由1个数据得到的猜想,需不需要有一个……

数学猜想完后,还需要一个验证,用哪个来验证呢？

生：用(3,2)来验证。

师：刚他用(5,4)进行了猜想,还可以用(3,2)验证猜想。

生：我是从左往右数的,第3列,1,2,3,2是从前往后数的,这是第2行。

师：同意吗,他提出了一个猜想,还把猜想进行了验证,还得到了一个规则,谁来把我们刚刚的规则总结给大家听一听？

生：前面的一个数代表从左往右数的列数，后面一个数代表从前往后数的行数。

师：你认为列是从左往右数，行是从前往后数，第一个数表示列，第二个数表示行。像数学家写的这样：括号，第一个数表示列，第二个数表示行，这样一对有规律的数，在数学上把它叫作数对。我们今天就是学习"用数对来确定位置"（揭示课题，板书），那这个数对怎么读呢？和我一起读一读：数对，3，5。

生：数对3，5。

师：好，那现在你能找到悟空的唯一位置吗？同意吗？说一说。

生：3是从左往右第3列，1、2、3；5是从前往后第5行，1、2、3、4、5。（生指着磁铁，边数边说）

师：同意吗？掌声送给他。我们有了完整的规则，就确定了真悟空的唯一位置。那这个点（师指着其中的一个点），大家能把他的位置用数对表示吗？请大家在研究单上写一写。

师：请看这个同学写的，同意吗？这个表示第5列，第3行。

【设计意图】根据一个数字"3"不能确定真悟空的位置，就顺势引进一个数字"5"，明确真悟空既要和"3"相对应，也要和"5"对应。在补充、质疑中学生找出8种可能，师生进而反思、商讨问题的症结。学生最终明白，光有两个数还不行，还必须要有一个统一的规定，切实感受到规定的必要性。

（三）联系实际，深化理解

1. 座位中的数对

师：用数对我们能表示出真悟空的位置，其实在我们的教室里，也有着这样的数对，请第1列同学站起来，有人犹豫了吗？看看，是不是又有分歧了，有分歧该怎么办？

生：定规则！

师：看来还要定一个规则，其实呢，我们说的第1列第1行都是站在观察者的角度来确定的。现在站在老师的这个角度来看从左往右的第一列是哪一列呢？你呢，你是第几列啊？

生：第8列。

师：好，请坐，第3列同学请鼓掌，第5列同学请举手，第7列同学请起立，第3行同学请鼓掌，第5行请向老师挥挥手。

看看，刚开始是犹豫有分歧，现在明确规则有问题了吗？

现在请大家用数对表示自己在教室里的位置。我们一起开火车说。

生：我用(1,7)。

师：有问题改正一下。

生：(7,1)。

下面：(7,2)，(7,3)，(7,4)，(7,5)，(7,6)，(7,7)。

师:有的同学肯定有发现,你来说。

生:刚刚那一列人数的第一个数都是7。

师:因此,你有什么样的联想啊?同列的第一个数都是7,那第5列的第一个数呢?

生:5!

师:5。好善于思考。你还有什么样的联想?

生:我发现第七列的第二个数是1、2、3、4、5、6、7,按照行的顺序数的。

师:刚刚说的是列,如果是行呢?

第四行同学,说说你们的数对。

生:(1,4),(2,4),(3,4),(4,4),(5,4),(6,4)。

师:你有什么发现吗?

生:第二个数都是4。

师:那你有什么想法呢?

生:因为他们都是第四行的,所以第二个数都是4。

师:也就是只要他们的行数一定,则第二个数一样。

2. 平面图形中的数对

师:教室里有数对,在我们的几何图形当中也有数对哦。(图8)

大家看研究单上的第二题,请完成第一小问。写完的同学抱臂坐正,请做好展示的准备。

1.用数对表示下面各点的位置。

A 点的位置是(　　　),B 点的位置是(　　　),
C 点的位置是(　　　),D 点的位置是(　　　)。

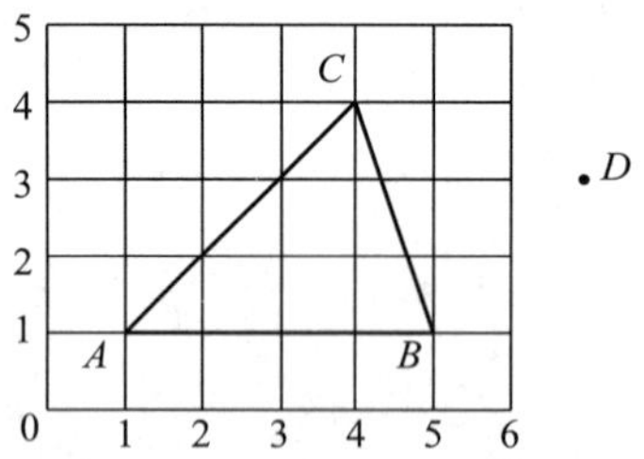

图8

生:我是这样想的,A 是第一排的。

师:A 是第一列的第一个,这是第一行的第一个,所以用数对(1,1)表示。

生:B 是在第一列的第5个,也是第一行的第5个。

师:先说列,再说行。

生:在第五列的第一行,所以用数对(5,1)表示,C 点在四列的第四行,所以用数对(4,4)表示,D 点在第7列?

228

师:你确定吗,在第七列,你们可以画一画,发现在第七列第三行,所以用——

生:(7,3)。

师:嗯,掌声送给他,虽然有点紧张,但是还是勇敢地站上来了,非常好,我们要遵守规则用数对表示这些点的位置。

3. 立体空间中的数对

师:悟空又不服气了,于是他又跑到这样的魔盒中(图9),你能确定他的位置吗?

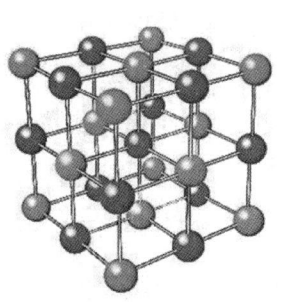

生1:我认为,要确定真悟空的位置可能需要更多的数。

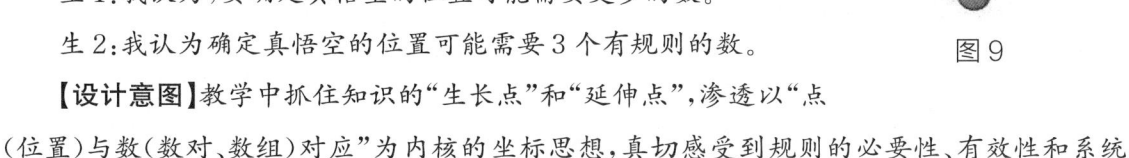

生2:我认为确定真悟空的位置可能需要3个有规则的数。

图9

【设计意图】教学中抓住知识的"生长点"和"延伸点",渗透以"点(位置)与数(数对、数组)对应"为内核的坐标思想,真切感受到规则的必要性、有效性和系统性,帮助学生形成层次分明、相互联系、具有生长力的认知结构。

(四)课堂总结,交流收获

师:数学是有规则的,那么关于规则,你有什么想说的?

生1:今天学习的数对的规则,第一个数表示列,第二个数表示行,让我们能够用数对准确地找到一个物体的位置。

生2:数学课上,计算是有规则的,不按照规则计算,就会出错。

生3:我们生活中也是有交通规则的,不遵守交通规则就会发生危险。

……

师:看来,生活中、数学中都有它的规则。让我们一起做一个遵守规则的好公民。

【设计意图】把理性化数学规定重新"激活",实现数学学科知识与学生经验、成长需要的有机嫁接,理性看待数学规定,进而审视、理解和遵从一切现存的规定,从而促进学生核心素养的发展。

七、三角形的三边关系

教学内容: 苏教版四年级数学下册

教学目标:

1. 在用直尺和圆规作三角形的过程中,感悟三角形三边之间的关系,理解"三角形任意两边长度的和大于第三边",并能根据这一结论进行判断和应用。

2. 经历观察、操作、推理、验证等活动过程,进一步发展学生的空间观念、几何直观和推理意识。

3. 感受尺规作图的价值,体会数学知识间、数学与生活的密切联系,激发学生的数学学习兴趣,提高学好数学的信心。

教学重难点:

1. 感悟三角形三边之间的关系,理解"三角形任意两边长度的和大于第三边",并能根据这一结论进行判断和应用。

2. 在观察、操作、推理、验证等活动过程中,探究并理解三角形的三边关系。

教学准备: 多媒体课件、探究单、圆规、直尺、铅笔。

教学过程:

(一)唤醒经验,引出问题

谈话:同学们,在以前的学习中我们已经初步认识了三角形,关于三角形,你已经了解了它的哪些知识?

出示并提问:这里有4条线段,从中任选3条,可以怎么选?

【设计意图】本环节的目的是调动学生对三角形的已有基本认识,通过重点突出"首尾相接"和"围成",为接下来的操作探究活动作铺垫。

(二)操作体验,初步感悟

1. 合作探究

谈话:4种不同的选法,都能围成三角形吗?(学生分组用直尺和圆规画图)

互动:画完之后在小组里互相说一说,你是用哪三条线段围的,有没有围成三角形?

2. 交流展示

预设、交流:

① 用3 cm、4 cm、5 cm这三条线段围,能围成三角形。

② 用4 cm、5 cm、8 cm这三条线段围,能围成三角形。

③ 用3 cm、4 cm、8 cm这三条线段围,不能围成三角形。

交流:3 cm和4 cm这两条线段太短了,也就是不能首尾相接。

④ 用3 cm、5 cm、8 cm这三条线段围,发现这3条线段不能围成三角形。

设疑:3 cm、5 cm、8 cm这三条线段到底能不能围成三角形?(组织讨论)

3. 直观演示,想象感悟

课件演示作图过程,引导学生观察、想象。

追问:如果针尖固定在点B上画5 cm的弧时,会出现什么情况?(三条线段重合了,所以不能围成三角形。)

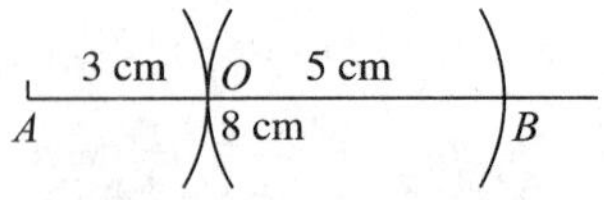

图1

4. 引导小结

总结：通过刚才的操作，你能说说看怎样的三条线段不能围成三角形吗？

【设计意图】本环节主要是让学生亲身经历用直尺和圆规围三角形的过程，并在画图过程中初步感知能围成三角形和不能围成三角形的线段特点，引导学生思考并发现不能围成三角形的线段特点，发展学生的几何直观和推理意识。

（三）交流对话，发现规律

1. 交流对话

引导：怎样的三条线段能围成三角形？以围成三角形的这两组线段为例，具体说说你的想法。

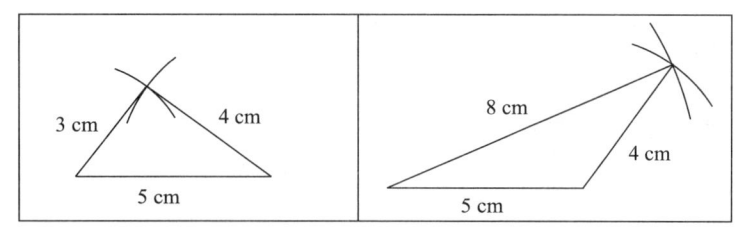

两条较短线段长度的和大于最长的线段。

图 2

小结：两条较短线段长度的和大于最长线段时，能围成三角形。

2. 探究发现

追问引思：如果是长度相等的 3 条线段能围成三角形吗？

（1）自主活动。

（2）组织交流：你选定三条线段的长度都是几厘米？围成三角形了吗？

（3）设疑启发：这里 3 条线段都一样长！没有较短的线段，也没有最长的线段，为什么也围成了三角形？

总结：任意两条线段长度的和都大于第三条线段。

（4）回归演绎：回到刚才围成三角形的这两组线段，是不是任意两条线段长度的和都大于第三条线段呢？说说你的想法。

3. 推理验证

（1）指导：我们把围成三角形的三条线段叫作三角形的边，在一个三角形中，这句话就可以说成（任意两条边长度的和都大于第三条边）。

（2）设问：是不是对于任何一个三角形，任意两边长度的和都大于第三边？

课件出示并引导：这个三角形中，点 A 和点 B，AB 是两个点之间的线段，$AC+CB$ 会不会大于 AB 呢？你能不能结合以前学过的知识说一说？（两点之间线段最短）

追问：看 AC 这条线段，你还能得到什么？（$AB+BC>AC$）同样的道理你还有什么发现？（$AC+AB>BC$）

(3) 引导：通过让任意两条边相加，和第三条边作比较，你发现对于任何一个三角形，三条边之间都有什么关系？（三角形任意两边长度的和大于第三边）

【设计意图】首先在"去伪"的基础上引导学生类比推理出能围成三角形的线段特点，继而结合具体实例得出这一一般性结论。然后从一般过渡到特殊，发现任意两条线段长度的和都大于第三条线段。再由特殊回到一般，得出一般性的结论。最后由对线段的研究抽象出对三角形三边关系的探讨，这一环节重在引导学生结合"两点之间线段最短"这一命题来推理、说明三角形的三边关系。这部分的教学，在让学生动手操作的基础上，重在引导学生经历说理、推理的过程，发展学生的抽象能力和推理意识。

（四）应用深化，拓展延伸

1. 判一判

出示，下面三组线段，哪组可以围成一个三角形？

学生交流，说清楚哪组能围成，哪组不能围成，并说明原因。

2. 围一围

谈话：这里有5根小棒，你能从中任意选择3根，摆出不同的等腰三角形吗？

组织交流，强调：选择时需要同时满足两个条件，注意思考的有序性。

3. 找一找

谈话：班级图书角要制作一个三脚架，要求三条边都是整厘米数，已经有了12厘米和18厘米的两根木条，第三根木条选取多少厘米合适？

思考：（　　）厘米＜第三根木条＜（　　）厘米（先独自思考，然后小组讨论，最后借助教具演示）

【设计说明】这一部分安排了三组练习，基础练习在运用任意两边之和大于第三边这一命题的基础上，注重了进行方法优化；应用练习从给定线段判断，上升到有序选择并判断，对学生的抽象能力提出更高的要求；拓展练习重在让学生在找第三条边长度的过程中，深化学生对三角形三边关系的深度理解。

（五）回顾整理，反思提升

谈话：在一些特殊的三角形中，比如直角三角形，它的三条边之间有着更特殊的关系。听说过勾股定理吗？有兴趣的同学课后可以继续研究研究。

八、立体图形体积复习

教学内容：苏教版六年级数学下册

教学目标：

1. 通过复习进一步掌握长方体、正方体、圆柱和圆锥的体积计算方法及体积公式的推导过程,沟通这些立体图形体积之间的内在联系,使学生所学的知识系统化、结构化。

2. 通过实践活动,培养学生动手操作能力,发展空间观念,体会转化等数学思想方法,提高解决实际问题的能力。

3. 引导学生在解决实际问题中感受数学与生活的密切联系,体验数学学习的乐趣。

教学重难点:

1. 重点:理解立体图形体积计算公式的内部关联,并解决生活中简单的立体图形的实际问题。

2. 难点:从图形运动的角度看立体图形与平面图形的关系。

教学过程:

课前谈话:同学们,现在已经进入毕业总复习阶段,上了那么多的复习课,你觉得应该怎样来复习?(同桌交流)

师:我们通常要对所学过的知识点进行回顾和梳理,在梳理中实现全面的理解和内化,从而达到认识上、思维上进一步提升。

(板贴:梳理—内化—提升)

(一) 回顾梳理,建立框架

1. 回顾基础知识

师:今天我们来复习"立体图形的体积"。想一想,我们已经认识了哪些立体图形?

生:正方体、长方体、圆柱、圆锥。

师:课前已经让同学们对这部分知识进行了回顾和整理,下面就以小组为单位互相交流一下。

出示小组活动要求:

(1) 小组交流整理的内容;分别说一说不同图形体积计算公式的推导过程;

(2) 在整理与反思的过程中,有哪些新的发现或还有哪些问题,可以与小组成员讨论并尝试解决。

生活动:小组交流。

反馈:指明一人汇报。

师根据学生的汇报,适时板书:

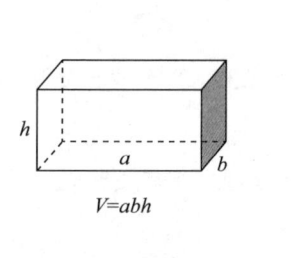

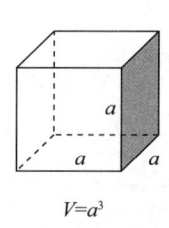

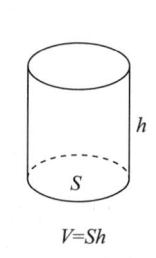

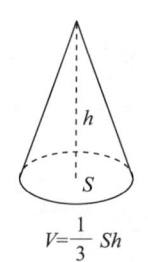

$V=abh$ $V=a^3$ $V=Sh$ $V=\dfrac{1}{3}Sh$

图1

2. 回顾体积计算公式推导过程

师：请几位同学说说图形体积计算公式的推演过程是怎样的。（根据学生的描述用动画直观演示）

生1：长方体的体积是通过拼、摆1立方厘米的小正方体得到的。

生2：正方体体积公式是由长方体体积公式推导而来，因为正方体是特殊的长方体。

生3：把圆柱转化成近似的长方体。

生4：等底等高的圆柱和圆锥，把圆锥里面装满沙子，倒入圆柱，三次倒满。这也是转化。发现圆锥的体积是与它等底等高圆柱体积的$\frac{1}{3}$。

师：每位同学说得都非常好。

3. 沟通联系

提问：为什么最先认识长方体？（同桌交流）

课件呈现：

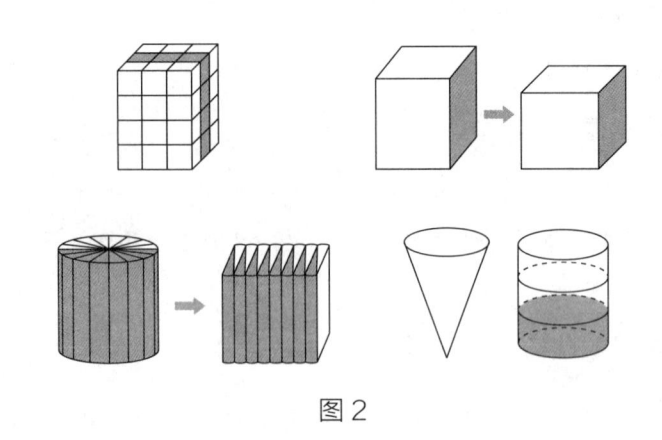

图2

小结：长方体是立体图形的根，根据这样的理解，可以用箭头表示出图形之间体积计算的关系。

4. 基础练习

【设计意图】这一环节安排了三个层次，课前自主整理、回忆提炼；组内交流互为补充，并向全班汇报；借助媒体的直观演示，让学生对立体图形计算公式之间的推导过程与转化思想有更明晰的认识。最后将自主整理过程中不完善的知识脉络，并用符号架构有效的认知结构，内化为个人知识网络。

（二）重构知识，内化关联

过渡：刚才我们回顾了这几种立体图形体积公式的推导过程，在梳理中发现了它们之间的内部关联。

启发：如果从图形运动的角度看，立体图形与平面图形之间是否有关联呢？

生：有。（长方形旋转形成圆柱，直角三角形旋转成圆锥）

师:思考圆柱除了可以由长方形旋转而成,还可以看成是什么平面图形通过怎样的运动形成的呢?

生:还可以看作圆形平移形成的。

师:课件演示圆平移形成圆柱过程。

那长方体和正方体呢?

课件演示长方形、正方形平移形成长方体和正方体过程。

课件出示:

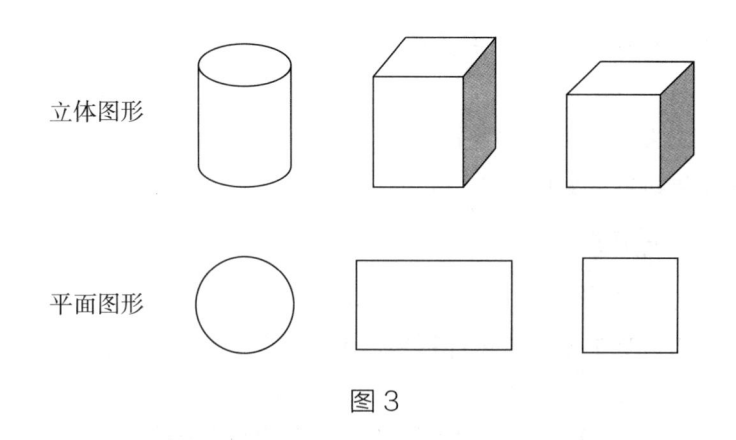

图 3

沟通:看来,都有这样的共同特征,它们的体积都可以用"底面积×高"来表示。

(三) 合情推理,提升思维

启发:除了长方体和正方体,还有哪些多边形通过平移形成立体图形的?(同桌互相讨论)

生回答,教师课件演示:五边形六边形垂直平移形成的五棱柱、六棱柱。

小结:像这样的立体图形在数学上称之为直柱体。底面边数不断增加,越来越接近圆柱。它们的体积怎么计算?

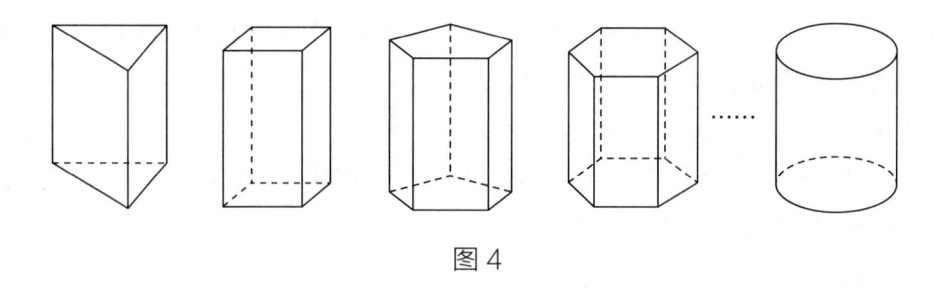

图 4

生:都可以用"底面积×高"来表示。

【设计意图】从常见的几种立体图形到一般的直柱体,学生通过对"面→体"的直观演示,在变中找到不变的规律,这时,学生对"形"与"体"的内部联系理解更加深入。教师无形中向学生渗透"化曲为直"的极限思想,进一步拓宽了空间观念。

（四）联系实际，解决问题

1. 师：你能根据图形的运动编出求立体图形体积的实际问题吗？（如灌溉渠）

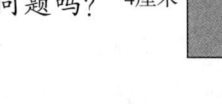

2. 师：如图5，你能想办法让长方形变成一个圆柱体吗？

生交流：运动的角度（旋转）+卷（铁皮桶）。

3. 通过旋转得到新的立体图形。

师：如图6，下面的直角三角形绕轴旋转一周，形成的立体图形分别是怎样的？每种立体图形的体积分别是多少立方厘米？

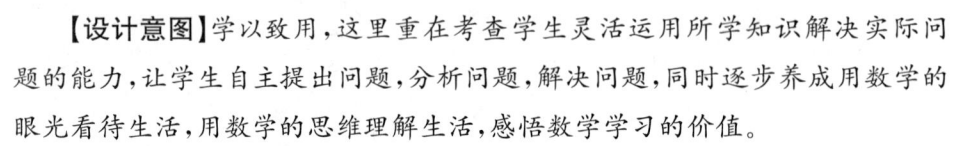

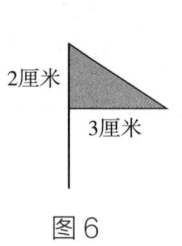

【设计意图】 学以致用，这里重在考查学生灵活运用所学知识解决实际问题的能力，让学生自主提出问题，分析问题，解决问题，同时逐步养成用数学的眼光看待生活，用数学的思维理解生活，感悟数学学习的价值。

（五）总结全课，拓展延伸

总结：通过今天的复习，你对立体图形的体积有了哪些新的认识？

拓展：《九章算术》中关于图形体积计算的讲解。

九、按不同标准分类整理数据

教学内容： 苏教版一年级数学下册

教学目标：

1. 学生联系现实生活的场景，经历简单的分类收集、整理数据的过程，初步学会按不同标准分类，能用自己的方法记录、表示数据，初步体验记录、整理、分析数据的方法，能对数据整理的结果进行简单的分析。

2. 学生通过按不同标准分类和记录、整理数据，体会分类可以有不同标准，初步感受不同标准下数据分类整理的不同结果；初步体会符号的作用；初步了解在生活里可以收集数据，体会数据能说明信息，发展初步的数据分析观念。

3. 学生初步体会数据存在于日常生活的现实情境里，初步学习用数据眼光观察生活；在小组学习中感受合作学习的作用；主动参与数据收集、整理活动，尝试回顾数据收集、整理活动过程，感受数学学习的收获。

教学重难点：

1. 按不同标准分类记录、整理数据的方法。
2. 分类标准和记录方法。

教学准备：

多媒体课件。

教学过程：

（一）图形分类，激活经验

出示图形

三角形1红1绿，圆形3红2绿，正方形2红1绿。

小朋友看这些图形，如果按它们的不同特点分类，你会怎样分？

学生汇报，演示。

你是按什么分类的？分成了几类？各有几个？

说明：按什么来分类，是分类的标准，我们把这些图形按不同的标准分类。按形状分类，分成了3类；按颜色分类，分成了2类。（板书：按不同的标准分类）

生活里有许多事物都可以按不同标准分类，分类的标准不同，分的结果也不同。今天，我们就根据自己想了解的问题，从不同标准分类开始，学习新的本领。

【设计意图】由学生熟悉的给图形按照不同的标准进行分类引入本课的学习，学生情绪高涨，学习积极性高，为学习按照不同标准分类整理数据打下良好的伏笔。

（二）分类整理，经历过程

1. 出示例图

（1）引导提问。

出示例1场景图，说明这里是校园一角。

引导：请小朋友仔细观察，图中有哪些人，分别在做什么？

指出：是的，图中有老师、学生，他们有的在看书，有的在下棋，有的在做游戏。（板书：老师、学生；看书、下棋、做游戏）

提问：你还想知道些什么？

（2）根据不同标准分类。

小朋友想知道的问题真多，要想知道这些问题，首先得把图中的这些人分分类，才能整理出来。

交流：你准备怎样分类，分成几类？

小结：这里可以按不同标准分类。一种可以按老师和学生的不同身份分类，分成两类；一种按不同的活动分类，分成三类；还可以按男女性别分类，分成两类。

（3）整理数据。

引导：要解决大家提出的各有多少人的问题，在分类以后还要整理出每一类各有多少人，才能知道结果，这就是整理数据。

从图中怎样知道每一类各有多少人，你有什么好方法？

怎样数才能不重复，不遗漏？

数一数，老师有多少人，学生有多少人？查一下，有没有遗漏？

小朋友想一想,如果按老师和学生的标准分类在纸上整理,你有什么好办法让大家看出老师和学生各有多少人呢?

我们先来看一看小萝卜是怎样整理的。

出示小萝卜的整理表格。

从表格中你知道了什么?

一个"钩"表示多少?

你还想用什么符号表示?

(启发学生想出可以用符号、表格或画图、文字记录下来,有几个记录几个)

小组合作讨论,学生记录、整理数据,教师巡视指导。

现在,你能整理出下棋、读书、做游戏的人数吗?

用自己喜欢的方法把分类的结果表示出来。

学生记录,整理。

分析:大家看整理的数据,你们一开始想知道的问题现在解决了吗?图中有多少位老师,多少位学生?参加每种活动的各有多少人呢?各是从哪种分类中知道的?

引导:你还能从这些分类结果里知道些什么?先在小组里互相说说,再来和大家分享。

2. 交流体会

回顾整理的过程,你有什么体会?

说明:整理数据时,要先按一种标准分类,再写文字或画图画、画符号记录每一类的人数,这样就能清楚地看出各是多少人。

板书:分一分,数一数,记一记。

【设计意图】本环节给予学生充分的时间对分类标准进行讨论,在学生进行数据的分类整理之前注重方法的指导。如提醒学生怎么数才能做到不重复不遗漏,你有什么好方法,等等。便于学生在自己收集数据时有法可循,为他们高效快捷地完成数据的收集整理打下伏笔。对于数据整理的过程,不同的学生有不同的体会和收获。给他们充分的时间进行交流,进一步提炼了方法,提升了他们学习的能力。

(三)运用新知,解决问题

1. 做"想想做做"第1题。

提问:这两个表格是什么意思?是怎样分类的?

用你喜欢的方法把分类的结果表示出来。

从这两个分类结果中,你知道了什么?

2. 做"想想做做"第2题。

了解题意。

提问:这些邮票可以怎样分类整理?

交流整理结果,说说各是用什么方法表示分类结果的。

3. 做"想想做做"第3题。

提问:你们小组里一共有多少个同学?

如果让你分一分,你会按什么标准分?说说自己的想法。

你能选择一种标准分一分,说出各有几人吗?独立地分一分、做一做。

整理结果。

汇报交流:你是怎样分类的,可以知道什么?

【设计意图】在多层次多角度练习中,学生体会到按不同标准收集整理数据的作用,感受到数学与生活的密切联系,更深刻地体会到了数学的巨大作用。

(四)课堂总结,交流收获

提问:通过今天按不同标准分类整理数据,你又掌握了哪些新本领?你有哪些收获和体会?

【设计意图】学生在表达自己的收获体会以及聆听别人的学习体会的过程中能够感受到分享的快乐,也能从别人的所得中看到自己的不足,为自己今后的继续努力找到方向。

十、可能性

教学内容: 苏教版四年级数学上册

教学目标:

1. 初步学会用"一定""可能""不可能"等词语来描述现实生活中的简单现象,能够列出简单试验所有发生的结果;培养学生表达能力,提高数学思考能力。

2. 引导学生在具体摸球情境中初步体验有些事情的发生是确定的,有些事情的发生是不确定的,体验数据的随机性。

3. 经历观察、猜想、验证等数学活动过程,能有条理地阐述自己的观点;主动参与数学活动,在活动中获得积极的情感体验,培养学生求实态度和合作意识。

教学重难点:

1. 初步学会用"一定""可能""不可能"等词语来描述现实生活中的简单现象。

2. 结合生活实例判断事件发生的确定性和不确定性。

教学用具:

多媒体课件、盒子、乒乓球、涂色卡、水彩笔。

教学过程:

课前谈话:摸奖抽出一名"幸运儿"。

可能性是一个比较抽象的概念，又是四年级学生第一次接触。上课之前安排了教师抽奖产生"幸运儿"，如此看似信手拈来的轻松、愉悦的师生交流唤醒了学生的概率意识，酝酿了学习情绪，颇有"未成曲调先有情"之意味！

（一）激趣引入，揭示课题

1. 师与生玩"剪刀、石头、布"的游戏，猜一猜谁会赢？

2. 师生共玩3次，验证学生的猜测。

3. 揭示课题。（板书：可能性）

【设计意图】良好的开端是成功一半。我采用了学生感兴趣的"剪刀、石头、布"的师生比赛游戏引入，既调动了学生参与的热情，又使他们初步感受到生活中的可能性现象，自然而然揭示课题，达到润物细无声的效果。

（二）操作探索，丰富体验

1. 活动一：派男、女生摸球比赛，体验"一定""不可能"

（1）各请一名男、女生代表，进行摸球比赛。

（2）比赛后先猜测两个袋子装球的情况，再打开验证。

（3）观察1号袋子，谁能用"一定"来描述摸球情况？（板书：一定）

（4）观察2号袋子，谁能用"不可能"来描述摸球的情况？（板书：不可能）

（5）小结：确定

2. 活动二：通过小组学生摸球活动，体验"可能"

（1）思考：2号袋子怎样才能摸出红球？（师装3黄3红）

（2）猜测：任意摸一下，可能是什么颜色？

（3）验证：根据活动要求，开展小组活动。（其中有一组5黄1红，其他几组为3红3黄）

（4）汇报摸球的情况。质疑：究竟第几次摸出红球能确定吗？

（5）再次观察数据得出结论。（板书：可能   不确定   ）

3. 初步感受"可能性有大有小"

（1）出示5黄1红的摸球情况（事先安排一组学生验证）

（2）（出示多黄1红）质疑：还有可能摸出红球吗？

（3）小结："可能""不可能"可以相互转化。

【设计意图】本环节的活动安排有三个层次：第一层次，通过男女生比拼摸球，体验"一定"和"不可能"；第二层次，组织学生小组摸球，体验"可能"，由确定现象过渡到不确定现象，并重点研究了不确定现象，让学生经历了"观察—猜测—验证—结论"探究学习过程，丰富了对确定及不确定现象的活动体验，突破了难点；第三层次，适机挖掘摸球资源，让学生初步感受可能性的大小，拓展了学生的思路，又渗透概率及极限的数学思想。

（三）巩固新知，内化提高

1. 判断课本 P105 例 2 的事件，并说明理由。说一说生活中的例子。

2. 摸一摸：幸运蛋

(1) 如果让你去摸幸运蛋，你想摸几号蛋？为什么？

(2) 为了摸到金蛋4，这三组卡片你会选择哪一组？

    3、3、4、4   1、1、2、2   4、4、4、4
    第一组   第二组   第三组

3. 课本练习第二题。

【设计意图】新课标指出数学学习要联系生活实际，学有用的数学。因此，我创造性使用教材，把例 2 作为巩固加深理解题。借助说一说、摸金蛋、涂一涂等不同层次的练习，环环相扣，为学生提供了具有价值的学习内容，开放学生的思维空间，提高思维含量，学生在观察辨析比较中进一步理解和掌握概率知识。

（四）全课总结，梳理学法

【设计意图】通过学生的整理总结再次回顾本节课的重难点，在"唤醒—梳理—渗透"学法中，完善学生认知结构，为他们的后续发展奠定基础。

【总说明】

一堂有价值的数学课，给予学生的影响应该是多元而立体的，有知识的传授、能力的培养，更有方法的领悟、思想的启迪、情感的熏陶。为此，我以《2022 标准》所关注的活动体验、渗透数学思想方法为目标，创造性地使用教材，通过学生观察、猜想、验证、归纳等活动，自主建构数学知识的过程，使他们在玩中学，玩中乐，玩中悟。具体有以下四点做得比较好：

1. 教材使用凸显创造性

"可能性"是第一学段新增的教学内容，属于"概率"范畴。概率知识比较抽象，低年段学生理解起确定与不确定事件更显困难。教材只是提供了教学的基本内容、基本思路，我在尊重教材的基础上，根据学情对教材内容进行有目的地改编、补充和调整。将教材中例 1 改编成男女比拼摸球、小组合作摸球的情境，帮助学生体验确定与不确定事件；补充了"多黄一红"的摸球资源，渗透一些可能性的大小，为下一节课做铺垫；把例 2 调整为巩固练习加深理解"一定""可能""不可能"，并联系生活举例子，引导学生感受数学就在身边。

2. 教学过程凸显探究性

课中，我不仅和学生研究了"可能性"，更重要的是让学生体验到事情发生的确定性与不确定性。我把重点放在研究"不确定"，让学生小组摸球（三黄三红），之后又让学生感受"五黄一红"和"多黄一红"的体验，层层深入引导学生亲历"不确定"的过程。构建了"观察—猜测—验证—结论"的探究学习方式，体现学生是学习的主人，教师是教学活动的组织者、引导者和参与者。

3. 练习设计凸显有效性

练习内容有趣。从"说一说、摸金蛋、涂一涂"等不同层次的练习，层层深入，为学生提供了具有价值的趣味内容，开放学生的思维空间，提高思维含量。尤其在"摸金蛋"中，先让学生选择几号是幸运蛋，说说为什么，然后再选择能摸出 4 号金蛋相应的卡片数字，这样学生在观察、辨析、比较中进一步由感性认识提升到理性认识。整个练习过程既巩固了新知，又扎实、有效。

4. 思想方法凸显渗透性

课中适机挖掘"多黄一红"的摸球资源，让学生想象在千千万万个黄球中有一个红球，他能摸到红球吗？使学生初步感受可能性的大小，拓深了学生的思路，又渗透概率及极限、转化的数学思想。课尾小结"猜想－验证—结论"的学习方法，达到授人以渔的目的。在整节课的教学过程中，数学思想方法一一获得凸显，成为超越于知识之上更高的数学课堂追求！

十一、百分数的认识

教学内容：苏教版六年级数学上册

教学目标：

1. 结合解决实际问题的过程，体会百分数产生的必要性，探索百分数的意义，感受百分数的统计意义；认识到百分数可以对确定数据和随机数据进行刻画与表达。

2. 在实际情境中，解决与百分数有关的简单问题，在认识及应用百分数的过程中形成数据意识，发展应用意识。

3. 了解百分数的发展历程，感受从古至今百分数在数据统计领域的应用。[1]

教学重难点：

1. 探索百分数的意义，感受百分数的统计意义，认识到百分数可以对随机数据与确定数据进行分析与刻画。

2. 百分数意义的理解，百分数在统计领域的应用。

教学过程：

（一）游戏冲突，激发认知需要

师：这是体育课上同学们套圈比赛的过程，大家将比赛的成绩统计了下来，并对数据进行了整理，一起看看。如果让你选出一名套圈水平最高的去参加比赛，怎么去选？说一说你的理由。

---

[1] 张亚兰.以实为基　研究究本——"百分数的认识"教学实践[J].小学数学教师，2023(02)：70—73.

师：好，来继续看这张表，现在你有什么想法？

师：那到底怎么比较才能比出哪名选手的套圈水平高呢？你有什么解决的方案？请在小组内交流一下。

学生小组交流，确定方案。

师：看来，只要能先求出套中次数占套圈总次数的几分之几，再进行比较，就能解决刚才的问题了。你们太棒了！

其实啊，在统计活动中，为了便于对数据进行分析、比较，我们通常把这些分数的分母统一变成100，再比较，老师啊也按照你们的方法进行了通分，你们看！

请大家思考一下，通分成分母是100的分数有什么好处？

师：是的，分母是100的分数便于比较，我们的生活中应用还很广泛，因而变成了一种具有特殊性质的数，你们知道是什么数吗？（引出百分数）

【设计意图】 通过创设套圈活动情境，了解数据是随机产生的，百分数是对随机现象的一种表达；知道在现实生活中，为了便于统计和比较，通常用百分数来表达统计量，从而体会百分数产生的必要性，激活生活经验，形成数据意识。

（二）新课讲授，深化意义

师：这节课，我们就来认识百分数。百分数通常不写成分数形式，有哪位同学能上黑板尝试将这些分数改写成百分数。请你来带领大家读一读，在这里64%代表的是什么意思？

师：是的，这些百分数都表示的是套中次数占总次数的百分之几，我们一般叫做套圈的命中率，命中率越高，套中的可能性就越大，能帮助我们做出决策。

师：那生活中你还见过哪些百分数？

张老师也带来了一些百分数，我们一起来看一看。（看图说意义）

学到这里，我相信大家都知道百分数是怎么一回事了，那到底什么是百分数呢？你能给大家概括总结一下吗？

师：它表示两个量之间的倍数关系，所以我们也叫它百分率或者百分比。同学们，你们很厉害，已经学会了读、写百分数，知道了它有什么含义，还知道百分数可以统计，可以表示一个随机数据，帮助我们更好地做出决策。

师：关于百分数，你还有什么疑惑之处？还有什么感兴趣的问题吗？（深化百分数的意义）

师：百分数的用处这么多，那它是怎么来的呢？我们一起来看一下。（播放视频）

师：这就是百分数的由来！同学们学得真不错，那下面我们就带着学到的知识锦囊，一起来看看这些问题你能不能帮老师解决。

【设计意图】 学生初步了解了百分数的概念、读法和写法。在这个环节中，学生初步体会到百分数是两个量之间倍数关系的表达，既可以表示随机数据，也可以表达确定数据，感悟到百分数在生活中非常常见，应用也很广泛。

（三）应用巩固，感受价值

师：下面哪些分数可以用百分数来表示，哪些不能，为什么？

【设计意图】得出分数与百分数的区别与联系，引出百分率。

师：下一题，请你来填一填，把你的答案写在本子上，好，你来说一说。

总结：原来百分数还可以写成比的形式，所以百分数也叫作百分比。

师：学校科学小组用两种不同的大豆种子做发芽试验，结合表格思考三个问题。（追问，为什么？发芽的颗数与总颗数是部分与总量的关系）

师：老师昨天查阅了未来一周五天的天气预报情况，你能来分析一下哪天需要带伞吗？哪天带伞用到的可能性最大？说说你的理由。

师：天气预报都是科学家通过统计得到的，用百分数来表示这种随机数据，给我们提供了判断的依据，方便了我们的日常生活。

最近双十一活动十分火热，张老师想买一个地球仪，考察了三个店铺，你能帮我选一家店铺吗？这里的好评率是什么意思呢？

【设计意图】利用生活中的实际例子，加深学生对百分数的意义的理解，让学生学会表达百分数刻画的倍数关系，体会百分数的好处。从实际生活出发，让学生学会对随机数据进行刻画与表达，明白百分数既可以表示确定随机数据，也可以表示确定数据，这些数据帮助我们做出预测与决策，方便了我们的日常生活。数学来源于生活，并应用于生活。

师：好，这节课到这里，你有什么收获与感受？

师：看来同学们都能将知识融会贯通，今天这节课我们学习的是百分数，往前看，它与我们学过的除法、分数和比都有联系，都是求两个量之间的倍数关系，百分数还能能够帮助我们统计数据，帮助我们做出决策与预判，等等；往后走，百分数还能结合图形帮助我们解决更多的问题。

好，下面张老师留下一个问题请大家课后思考。六年级2班举行套圈比赛，第1组10名同学套中的平均个数为25个，但只有30%的同学在平均水平之上，你能尝试着写一写这10名同学的套中个数吗？

【设计意图】知识讲究融会贯通，既融合之前学习的分数、除法和比——都可以表示两者之间的倍数关系，又进行了深化拓展——百分数可以通过统计数据、分析数据，帮助我们做出决策。结合平均数与百分数，留下思考题，为下节课设置"达标线"埋下伏笔。

十二、有趣的乘法计算

教学内容：苏教版三年级数学下册

教学目标：

1. 探索发现十位相同，个位合成十的乘法的计算规律，并能运用规律直接写出相应算式的乘积。

2. 在探索活动中，进一步感受探索和发现规律的一般过程，发展合情推理的能力。

3. 经历观察、猜想、验证、归纳的过程，提高运用一般方法开展数学学习的兴趣和主动性，培养数感和科学的探索精神。

教学重难点：

1. 经历探索十位相同，个位合成十的乘法算式的计算规律的过程。

2. 借助图形，探究十位相同，个位合成十的乘法算式的算理。

（一）情景导入，激发兴趣

看《最强大脑》视频。

师：最强大脑，闪电心算，厉害吗？通过今天这节课的研究，你们一定会向最强大脑靠近一点点，有信心吗？

（二）互动设疑，引发思考

师：今天我一起来研究有趣的乘法。有趣，什么意思呢？

生：有趣就是好玩。

师：有趣就是好玩，我们就来玩一玩。怎么玩？很简单，你说一个两位数，我也说一个两位数。

生：58。

师：老师说的两位数是52。把这两个数相乘，你能立刻说出得数是多少吗？

生：不能。

师：老师可以，我来算，你们用计算器验证。

生验证结束，掌声响起。

师：厉害吧？再来试一个？

生：65。

师：你出65，老师也出65。还是我来算，你们用计算器验证。

生再次验证。

师：从同学们惊讶的目光中看到了对老师的敬佩。谁再来说一个数？

生：87。

师：你觉得老师会出哪个数？

生：我觉得老师会出83。

师：你是怎么想的？

生：刚才的两位数乘两位数，个位上的数相加都是十，十位上都相同。比如说58×52，个位上的数8和2相加是10，十位上都是5。所以我觉得老师会出83，因为7和3合起来是10，十位上都是8。

师：原来，老师说的两位数和同学说的两位数之间是有联系的，你真善于观察，善于思考。你们也发现了吗？这样的算式，还能说吗？我们继续玩，这回我先说。我出28。

生：我出22。

师：我出34。

生：我出36。

师：我出53。

生：我出57。

师：你们是怎么想的？

生：这样的算式，十位相同，个位上的数相加是十。

（板书：十位相同　个位合成十）

师：你们看，一边玩，一边仔细观察，不知不觉，我们就有了数学的发现。（板书：观察）

【设计意图】兴趣是最好的老师。上课伊始，潘老师用视频点燃学生学习计算的兴趣，接着又通过互动游戏，师生一起玩一玩计算，让学生体会到其中必有奥秘，引发学生学习的欲望，使学生以愉悦的情绪投入学习活动之中。同时又将"十位相同，个位合成十"的规律巧妙地渗透在游戏中，为学生学习新知做好了铺垫。

（三）合作探究，寻找规律

1. 观察算式，提出问题

师：像这样的算式，老师能马上说出得数，你们要借助计算器，这时，在你的脑子里一定有了一个新的问题。

生：老师，我的问题是，你是怎么算的？

2. 提出猜想，研究问题

师：是呀，像这样的算式，老师是怎么算的？那我们就先来研究怎么算。让我们的目光聚焦到刚才我算的三道算式，看看，老师算的得数和乘数之间有什么联系呢？看着看着，你一定会有新的发现。细细地看，静静地想。有一点感觉，有一点发现了吗？先不说，想在心里。

师：用你现在的猜想，来算一算这里（指屏幕）的三道算式，再用计算器验证。如果你现在还没有发现，可以直接用计算器算出得数，再想一想：可以怎么算？最后和同桌交流你的发现。

学习研究单(一)

(1) 算一算：

算式	猜想的得数	计算器验证的得数
22×28		
34×36		
57×53		

(2) 想一想：可以怎么算？

(3) 说一说：你有什么发现？

师：谁来分享你的发现。孩子，你现在是小老师了，一个一个指着，先说说得数，再说说你的发现。

生：22×28的得数是616，我发现个位上的数相乘，2×8=16，就是积的后面两位，前面的数是6，正好是十位上的数2×3，也就是2乘了比它大1的数3；34×36的得数是1224，个位上的数相乘，4×6=24，就是积的后面两位，前面的12，正好是十位上的数3×4；57×53的得数是3021，和前面两道是一样的，个位上的数相乘，3×7=21，十位上的数5×6=30。

师：他的发现，你们听明白了吗？我们一起来回顾一下这位同学的思考过程，边说课件边演示：

师：我们再来看看，老师是不是这样算的？

结合板书：

16是怎么算出来的？2×8

16前面的6又是怎么算出来的？2×3

……

师：老师算的这三道题，和你们的发现也是一样的。真了不起！

3. 验证发现，解决问题

师：十位相同，个位合成十，你觉得一定有这样的计算规律吗？该怎么办呢？

生：我觉得我们还得举例子来验证刚才的发现。

师：是的，像刚才这样，在数学上仅仅只能算是猜想(板书：猜想)，我们必须要举例验证。

(板书：验证)

师：请你先举一个这样的例子，用刚才的发现直接写出得数，再用计算器来验证。

学习研究单(二)

(1) 我的举例：

举例的算式	直接口算的得数	计算器验证的得数

(2) 说一说：

我举的例子是_____，

直接口算的得数是_____，计算器验证的得数是_____。

生：……

师：刚才同学们举的例子都是成功的，老师特别想知道，有没有同学举的例子，用刚才的发现算出来的得数和用计算器验证的得数是不一样的。

生：我举的例子是21×29，根据刚才的发现算出来是69，可我用计算器验证出来是609。

师：看到这样的结果，你是怎么想的呢？

生：我认为69肯定是不正确的。21接近20，29接近30，20×30＝600，不可能是69，所以我觉得609是正确的。

师：通过这个例子，你又有什么新的发现？

生：我发现个位上的数相乘，就是积的末两尾，当得数是9的时候，十位上要用0占位。

师：你们看，通过验证，我们又有了新的发现。

【设计意图】教师首先通过一定量的练习，让学生观察算式，从中发现这些算式都是有规律的，即"十位相同，个位合成十"。再让学生自主地展开猜想，有这样规律的算式，可能是怎么算的，通过完成学习研究单的任务，保证学生有足够的时间去比较和发现其中的规律，凸显了教材中"探索规律"活动的核心价值——经历探索和发现规律的过程，积累发现和提出问题的经验。学生依据已有的材料和知识积累作出符合一定经验与事实的猜想属于合情推理。接着展开了师生互动的学习活动，在学生交流、老师点拨螺旋式上升的过程中，学生能进行合情推理，做出合理猜想，初步感知规律。最后，教师再次安排了学习研究单的任务，由特殊到普遍，再次让学生感知规律的同时，将个位相乘的积是一位数的情况进行了学习，进一步完善算法。

（四）借助直观，理解算理

1. 理解算理

以 22×28 为例，借助图形，研究为什么个位上的数相乘就是积的末两位，十位上的数乘比它大 1 的数就是末两位前面的数。

师：老师有一个特别特别会思考的学生，他说，一个一个举例，多麻烦呀！他回家也和爸爸一起研究，为什么可以这样算呢？想着想着，他画了一幅图，想看吗？

课件动态出示：

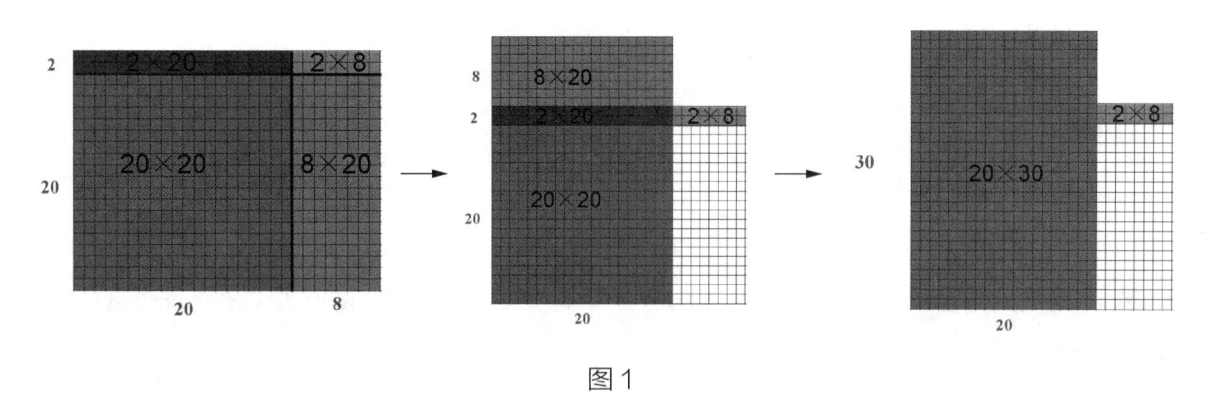

图 1

师：22×28＝616，积的末两位 16 是怎么算的，末两位前面的 6 又是怎么算的？

生：……

师：这个同学一直在思考：为什么个位上的数相乘，就是积的末两位呢？为什么十位上的数乘比它大 1 的数，就是末两位前面的数呢？你能从图上找到对应的部分吗？

生：2×8 我找到了，是绿色的部分。

生：把 8×20 那个部分旋转一下，往上移，一直移到 2×20 的上面，8 个 20 和 2 个 20 合起来就是 10 个 20，10 个 20 再和下面的 20 个 20 合起来就是 30 个 20，也就是 20×30。

师：经过转转、移移、拼拼，我们从图上找到了"为什么"，你们都看清楚了吗？学习就是要这样，不但要知其然，更要知其所以然。我们不但要知道怎么算，更要知道为什么这样算。

2. 操作验证

以 34×36 为例，学生动手剪一剪，拼一拼，说一说，深化认识。

师：受刚才这个同学的启发，你能以 34×36 为例，自己剪一剪，拼一拼，说一说为什么吗？

学生动手操作并交流。

【设计意图】教师采用数形结合的方式，不仅仅验证了学生发现的计算规律，而且更好地理解了算法背后的算理是什么，获得了探索规律的方法。通过"以形助数"，可以使复杂问题简单化，抽象问题具体化。正如华罗庚所说，数缺形时少直观，形少数时难入微，数形结合百般好，数形分离万事休。数形结合更有利于培养学生的合情推理能力。

（五）总结归纳，发现规律

师：刚才我们通过举例子，爱思考的孩子又通过画图，都验证了刚才的猜想是正确的，现在，它已不再是猜想，而是一种规律。（板书：规律）

师：你能用自己的话来说说这种计算的规律吗？（板书：归纳）

生：十位相同，个位合成十，个位上的数相乘就是积的末两位，十位上的数与比它大1的数相乘，就是末两位前面的数。

师：回顾我们是怎样发现十位相同，个位合成十的计算规律的？

生：对算式仔细观察，有了初步的猜想，再验证，完善发现，确认规律。

【设计意图】遵循观察、猜想、尝试、发现、验证的规律探究过程，让学生经历动脑、动口、动手的学习历程，在交流中完善。

（六）运用规律，拓展延伸

1. 学生出题

师：研究到这里，你是不是向最强大脑靠近一点点了？接下来，我们试一试。请你出一道题，考考大家。

□□×□□

选取几道算式，贴在黑板上，全班同学算一算并核对。

2. 教师出题

□3×□7＝3021　　3□×3□＝1224　　□□×□□＝4209

辨析：38×33＝1224吗？

生：不可以这样填，因为8和3不合成十，所以不能运用今天的规律来算。

师：同学们，今天我们研究了十位相同，个位合成十的乘法，有趣吗？能不能说说你的研究体会？

生：这样的乘法真有趣。我学会了研究一个问题的过程，要仔细观察，提出自己的猜想，然后再举例验证猜想是否正确。

生：……

师：十位相同，个位合成十，还可以称为——头同尾合十。

3. 拓展延伸

课件出示：十位相同，个位合成十的算式，乘数交换位置。

22×28＝　　　22×82＝

34×36＝→43×63＝

57×53＝　　　75×35＝

师：你发现了什么？现在的算式还有特点吗？

生：个位相同，十位合成十。

师：那这样的算式，我们就可以称为——尾同头合十。尾同头合十的算式，你觉得计算还有规律吗？希望同学们下课后还能继续探索发现之旅，用今天学到的研究方法去探索，去研究。

【设计意图】先让学生自己出题，再由教师出题，让学生在练习中巩固，在练习中提升。学习的时空不仅在课堂上，乘法计算的一些规律也不仅存在于教师提供的素材中。通过拓展练习，引发学生继续探索的欲望，将学生的探索热情和活动由课内向课外延伸，提升数学素养。

参考文献

[1] [法]福柯.自我技术:福柯文选Ⅲ[M].汪民安译,北京:北京大学出版社,2015.

[2] [美]兰登·温纳.自主性技术:作为政治思想主题的失控技术[M].杨海燕译,北京:北京大学出版社,2014.

[3] 杨庆余等著.现代数学思想方法[M].贵阳:贵州人民出版社,1994.

[4] 林崇德.21世纪学生发展核心素养研究[M].北京:北京师范大学出版社,2016.

[5] 王林等著.小学数学课程标准研究与实践.南京:江苏教育出版社,2011.

[6] 周友士,柏传志.数学课程改革与教学研究[M].苏州:苏州大学出版社,2012.

[7] 孔企平,吉智深,尹瑶芳.小学数学课程与教学[M].上海:华东师范大学出版社,2016.

[8] [加]安德鲁·芬伯格.技术体系:理性的社会生活[M].上海社会科学院科学技术哲学创新团队译,上海:上海社会科学院出版社,2018.

[9] [英]卡鲁姆·蔡斯.人工智能革命:超级智能时代的人类命运[M].张尧然译,北京:机械工业出版社,2017.

[10] Jacques Ellul. *The Technological Society*[M].New York:Alfred A. Knopf,1964.

[11] John G. Burke. *The New Technology and Human Values*[M].California:Wadsworth Publishing,1967.

[12] 吴国盛.由史入思:从科学思想史到现象学科技哲学[M].北京:北京师范大学出版社,2018.

[13] 叶澜.回归突破:"生命·实践"教育学论纲[M].上海:华东师范大学出版社,2015.

[14] 刘铁芳.追寻生命的整全——个体成人的教育哲学阐释[M].北京:高等教育出版社,2017.

[15] 余清臣.教育实践的哲学[M].北京:北京师范大学出版社,2018.

[16] 中华人民共和国教育部.义务教育数学课程标准(2011版)[M].北京:北京师范大学出版社.2012.

[17] 中华人民共和国教育部.普通高中数学课程标准(2017版)[M].北京:人民教育学出版社.2017.

[18] 中华人民共和国教育部.普通高中数学课程标准(2022版)[M].北京:北京师范大学出版社.2022.

[19] 胡友志,冯建军.教育何以关涉人的尊严[J].教育研究,2017(9):12—22.

[20] 顾建军.技术的现代维度与教育价值[J].华东师范大学学报(教科版),2018(6):1—

18,154.

[21] 祝智庭等.未来学校已来:国际基础教育创新变革透视[J].中国教育学刊,2018(9):57—67.

[22] 朱秋禹,刘徽."真实数学教育":荷兰数学教育成功的秘密.上海教育 2019(14):66—69.

[23] 韦芳,覃贤.教师"数学广角"问题与解决策略.中国教育学刊[J].2011(11):89—90.

[24] 周淑红.小学数学核心素养培养研究[D].哈尔滨:哈尔滨师范大学.2017.

[25] 綦春霞.数学课程论与数学课程教材改革[M].北京:北京师范大学出版社.2001.

[26] 孙政.小学数学思想怎么教[M].南京:江苏凤凰美术出版社.2016.

[27] 孙政.小学生数学核心素养培养实践研究[M].天津:天津科学技术出版社.2017.

后 记

教育是一项育人的活动，为社会发展提供人力支撑，其中"思想"是实现该目标的桥梁。数学专家学者十分注重对数学思想方法内涵的探究，并聚焦于如何将其运用于课程实践来达成学习者核心素养的培养。

本书是教育部重点规划课题"基于核心素养培育的数学思想方法渗透教学实践体系研究"的重要研究成果。课题组成员认真学习领会习近平总书记关于教育的重要论述，全面落实有理想、有本领、有担当的时代新人培养要求。随着《义务教育数学课程标准（2022 年）》的颁布，为了适应教育发展新需要与时代发展新挑战的"双减"要求，让教师进一步认识到"培养什么人、怎样培养人、为谁培养人"的教育命题。研究过程中，理论上能挖掘数学思想方法在数学素养培育目标中的育人价值，建构小学生数学核心素养培养中渗透数学思想方法的理论体系，探索新技术视域下教与学方式的变革，在教学实践中开展多种混合式学习方式，形成结构化、体验式等教学体系；实践上培养学生在学习过程中感悟数学基本思想，会用数学的思想、方法解决问题，将尝试把渗透数学思想方法、数学素养目标内涵和学科心理素养纳入到教材体系、单元和课时能级目标中，丰富学生对相关知识的认识和新的学习方式的体验，真正意义上做到"减负提质"。

针对目前国际学生评价项目（简称 PISA）的"全球学生素养评价"对数学素养的界定，课题组提出：数学素养是学生有了一定的知识基础，掌握一定的方法后，能以数学的眼光看待和转化问题，以数学的方法分析和解决问题，在此过程中能反映数学思想、数学思考、情感态度等融于身心的心理素养。结合教育部学生发展核心研究组颁布的《中国学生发展核心素养》，同时考虑学生年龄特点、心理素养与数学学科特征，适应其终身发展需求和社会发展需要，小学阶段的学生应该是集知识与技能、数学思考、情感与态度、价值观等多要素的综合体，需形成正确的价值观、必备品格和关键能力，以此来凸显数学学科的育人价值。发展学生数学核心素养，其核心在于培养其从数学的视角发现问题、提出问题并加以分析和解决的"三会"综合素养。"三会"是对学生数学素养培育的未来期望，也就是说，学习数学的本质就是学会数学化，学会"戴一副数学的眼镜"观察问题、思考问题以及分析处理问题。

编写时，借教育部重点规划课题研究和江苏省小学数学孙政名师工作室、江苏省乡村骨干教师培育站和淮安市孙政教育名师工作室近 200 人团队建设平台，集课题组、工作室和培育站孙欣、唐永玲、孙丽、顾健、王平、朱凯敏、翟海燕、陈婷婷、伍浩波、戴俊、别巍魏、郑鹏、刘燕、徐艳梅、王美艳、丁志根、郑云芳、沈潮来、纪梅花、陈珍、郭海珊、潘美娟、杨小艳、柏广芹等成员智慧，展示成员共学共研水平。其中顾健老师参与编写达 8 万字，孙欣、王平、孙丽老师参与部分章节编写，唐永玲老师参与审校工作。

课题研究和此书编写的顺利进行,得益于唐玉辉校长的鼓励与支持,得益于江苏省教育科学规划办公室董林伟主任、江苏省教研室郭庆松主任、著名特级教师华应龙老师、苏教版教材编委楚平老师和淮安市教研室方学法科长以及淮阴师范学院周友士教授的帮助与指导,特别是江苏省教育科学规划办公室董林伟主任还在百忙之中欣然作序,此外还参考了一些专家的著作和文章,在此一并表示感谢!

由于水平有限,疏漏之处在所难免,敬请读者批评指正!

教育部重点课题主持人,江苏省名师工作室主持人,特级教师、正高级教师　孙　政

2024 年 6 月